今注本二十四史

南史

一七

傳〔一四〕

唐 李延壽 撰

趙凱 汪福寶 周群 主持校注

中国社会科学出版社

南史　卷七二

列傳第六十二

文學

丘靈鞠 子遲 從孫仲孚　檀超 熊襄 吴邁遠 叔道鸞[1]
卞彬 諸葛勗 袁嘏 高爽 孫抱　丘巨源 孔廣 孔逭 司馬憲
袁仲明 虞通之 虞龢 孫詵　王智深　崔慰祖
祖沖之 子暅之 孫皓 來嶷　賈希鏡　袁峻　劉昭 子縚 緩
鍾嶸 兄岏 岏弟嶼　周興嗣　吴均 江洪　劉勰
何思澄 子朗 王子雲　任孝恭　顔協　紀少瑜　杜之偉
顔晃　岑之敬　何之元　徐伯陽　張正見　阮卓

[1]叔道鸞：按，大德本、汲古閣本、百衲本同，殿本、中華本“叔”作“超叔”。據正文，應補作“超叔道鸞”。

《易》曰：[1]“觀乎人文，以化成天下。”[2]孔子曰：“焕乎！其有文章。”[3]自漢以來，辭人代有，大則憲章典誥，小則申杼性靈。[4]至於經禮樂而緯國家，通古今而述美惡，非斯則莫可也。是以哲王在上，咸所敦悦。故云："言之不文，行之不遠。"[5]自中原沸騰，五馬南度，[6]綴文之士，無乏於時。降及梁朝，其流彌盛。蓋由時主儒雅，篤好文章，故才秀之士，焕乎俱集。于時武帝每所臨幸，輒命群臣賦詩，其文之善者賜以金帛。是以縉紳之士，咸知自勵。至有陳受命，運接亂離，雖加獎勵，而向時之風流息矣。《詩》云："人之云亡，邦國殄悴。"[7]豈金陵之數將終三百年乎？[8]不然，何至是也。宋史不立《文學傳》，《齊》《梁》皆有其目。[9]今綴而序之，以備此篇云爾。

[1]《易》曰：按，大德本、汲古閣本、殿本百衲本、中華本"曰"作"云"。

[2]觀乎人文，以化成天下：語見《易・賁卦》。

[3]焕乎！其有文章：語見《論語・泰伯》。

[4]杼：按，大德本同，汲古閣本、殿本、百衲本作"抒"。"杼""抒"通。

[5]言之不文，行之不遠：語本《左傳》襄公二十五年引仲尼曰："言之無文，行而不遠。"按，《孔子家語・正論解》引孔子謂子貢曰作"言之無文，行之不遠"。

[6]五馬南度：亦作五馬渡江、五馬浮江。指西晋末琅邪王司馬睿在江東重建晋政權之事。五馬，謂西晋宗室五王，即司馬睿及彭城王司馬玄、汝南王司馬宏、西陽王司馬羕、南頓王司馬宗。

[7]人之云亡，邦國殄瘁：語見《詩・大雅・瞻卬》。

[8]金陵之數：亦稱金陵王氣。金陵，戰國楚邑。楚威王曾埋金於此以鎮王氣，故名。其地在今江蘇南京市清涼山。參《太平御覽》卷一七〇引《金陵圖》。

［9］宋史不立《文學傳》，《齊》《梁》皆有其目：錢大昕《廿二史考異》卷三七以爲："《宋書》無《儒林》《文苑》之目，《齊書》有《文學》而無《儒林》，故延壽史《儒林》自梁始，《文學》則宋世竟無一人，皆承襲舊史，無所增益……是可怪也。"

丘靈鞠，吴興烏程人也。[1]祖系，秘書監。父道真，護軍長史。[2]

［1］吴興：郡名。治烏程縣，在今浙江湖州市。　烏程：縣名。治所在今浙江湖州市。

［2］父道真，護軍長史：按，《南齊書》卷五二《丘靈鞠傳》無此記述，《通志》卷一七六與本書同。

靈鞠少好學，善屬文，州辟從事。[1]詣領軍沈演之，[2]演之曰："身昔爲州職，[3]詣領軍謝晦，[4]賓主坐處，政如今日。卿將來復如此也。"[5]累遷員外郎。[6]宋孝武殷貴妃亡，[7]靈鞠獻挽歌三首，云："雲横廣階闇，霜深高殿寒。"帝擿句嗟賞。後爲烏程令，[8]不得志。泰始初，[9]坐事禁錮數年。[10]褚彦回爲吴興太守，[11]謂人曰："此郡才士，唯有丘靈鞠及沈勃耳。"[12]乃啓申之。明帝使著《大駕南討記論》。久之，除太尉參軍。昇明中，[13]爲正員郎，兼中書郎。[14]時方禪讓，齊高帝使靈鞠參掌詔策。

［1］州辟從事：諸州自行任免的佐吏。

［2］領軍：官名。領軍將軍的簡稱。職掌與中領軍同，但任職者資重於中領軍。南朝皆置。宋時掌禁軍及京都諸軍，三品。梁時

掌天下兵要，十五班。陳三品，秩中二千石。　沈演之：字臺真，吴興武康（今浙江德清縣）人。本書卷三六、《宋書》卷六三有傳。

[3]州職：州署中的屬官。

[4]謝晦：字宣明，陳郡陽夏（今河南太康縣）人。本書卷一九、《宋書》卷四四有傳。

[5]卿將來復如此也：按，《南齊書》卷五二《丘靈鞠傳》"復"上有"或"字，《通志》卷一七六與本書同。

[6]員外郎：官名。員外散騎侍郎的簡稱。初爲正員之外添差之散騎侍郎，無員數，後成定員官。西晋武帝始置，多以公族、功臣之子充任，爲閑散之職。南朝沿置，常用以安置閑退官員、衰老人士。陳時爲三公之子起家官。

[7]殷貴妃：即殷淑儀。追贈貴妃。本書卷一一有附傳。

[8]後爲烏程令：按，《南齊書·丘靈鞠傳》作"出爲剡、烏程令"，《通志》卷一七六與本書同。

[9]泰始：南朝宋明帝劉彧年號（465—471）。

[10]坐事禁錮：按，《南齊書·丘靈鞠傳》作"坐東賊黨錮"，《通志》卷一七六與本書同。

[11]褚彦回：褚淵。字彦回，本書避唐高祖李淵諱，以字行，河南陽翟（今河南禹州市）人。本書卷二八有附傳，《南齊書》卷二三有傳。

[12]沈勃：沈演之之子。本書卷三六、《宋書》卷六三有附傳。

[13]昇明：南朝宋順帝劉準年號（477—479）。

[14]爲正員郎，兼中書郎：按，《南齊書·丘靈鞠傳》作"遷正員郎，領本郡中正，兼中書郎如故"，《通志》卷一七六與本書同。正員郎，官名。即編制内定員的散騎侍郎，係與員外郎相對而言。兼，官制術語。即以本官兼任、兼行或兼領其他官職。中書郎，官名。中書侍郎的簡稱。屬中書省，爲中書監、令之副。南朝中書省事權悉歸中書舍人，故職閑官清，如缺監、令，或亦主持中書省務。宋五品。梁九班。陳四品，秩千石。

建元元年，[1]轉中書郎，[2]敕知東宫手筆。[3]嘗還東，詣司徒褚彦回别，[4]彦回不起，曰："比脚疾更增，不復能起。"靈鞠曰："脚疾亦是大事，公爲一代鼎臣，不可復爲覆餗。"[5]其彊切如此。不持形儀，唯取笑適。尋又掌知國史。武帝即位，爲通直常侍，[6]尋領東觀祭酒。[7]靈鞠曰："人居官願數遷，[8]使我終身爲祭酒，不恨也。"永明二年，[9]領驍騎將軍。[10]靈鞠不樂武位，謂人曰："我應還東掘顧榮冢。[11]江南地方數千里，士子風流皆出此中。顧榮忽引諸傖輩度，[12]妨我輩塗轍，死有餘罪。"

［1］建元：南朝齊高帝蕭道成年號（479—482）。

［2］轉：官制術語。即官吏調任品秩相同的其他官職或同職的不同任所，無升降之意。

［3］知：官制術語。兼官形式之一，即以他官暫時主持某一官署事務。

［4］嘗還東，詣司徒褚彦回别：以下至"不持形儀，唯取笑適"，按，此段記述爲《南齊書》卷五二《丘靈鞠傳》所無，《通志》卷一七六有，但"彦回"作"淵"，"公"作"卿"。

［5］覆餗：語出《易·鼎卦》："鼎折足，覆公餗。"比喻因才力不勝重任而敗事。覆，傾覆。餗，鼎中的食物。

［6］通直常侍：官名。即通直散騎常侍。以員外散騎常侍與散騎常侍通員當值，故名。職同散騎常侍。宋三品。梁十一班。陳四品，秩二千石。

［7］領：官制術語。魏晋南北朝時多爲暫攝之意，常有以卑官領高職、以白衣領某職者。　東觀祭酒：官名。宋明帝泰始六年（470）置，隸太常，職掌總明觀事務。

［8］人居官願數遷：按，《南齊書·丘靈鞠傳》作“久居官不願數遷”，《通志》卷一七六與本書同。

［9］永明：南朝齊武帝蕭賾年號（483—493）。

［10］驍騎將軍：官名。掌宫廷宿衛。宋四品。齊沿置。

［11］顧榮：字彦先，吴國吴（今江蘇蘇州市）人。《晋書》卷六八有傳。

［12］顧榮忽引諸傖輩度：按，《南齊書·丘靈鞠傳》無“輩”字，“度”作“渡”，《通志》卷一七六與本書同。

靈鞠好飲酒，臧否人物。在沈深坐，［1］見王儉詩，［2］深曰：“王令文章大進。”靈鞠曰：“何如我未進時?”此言達儉。靈鞠宋時文名甚盛，入齊頗減。蓬髮弛縱無形儀，不事家業。王儉謂人曰：“丘公仕宦不進，才亦退矣。”位長沙王車騎長史，［3］卒。著《江左文章録序》，起太興、訖元熙。［4］文集行於時。子遲。

［1］沈深：即沈淵。本書避唐高祖李淵諱改。吴興武康（今浙江德清縣）人。仕齊，與兄淡、弟沖並歷御史中丞，後又並歷侍中。事見本書卷三四、《南齊書》卷三四之《沈沖傳》。按，大德本、汲古閣本、百衲本、中華本同，殿本作“沈淵”。下同。

［2］王儉：字仲寶，琅邪臨沂（今山東臨沂市）人。本書卷二二、《南齊書》卷二三有傳。

［3］位長沙王車騎長史：按，《南齊書》卷五二《丘靈鞠傳》作“遷長沙王車騎長史，太中大夫”。《通志》卷一七六“位”作“遷”，無“太中大夫”四字。據《梁書》卷四九《丘遲傳》，遲“父靈鞠，有才名，仕齊官至太中大夫”。太中大夫與車騎長史雖同爲七品官職，但禄賜却比車騎長史高，與卿相當。

［4］太興：東晋元帝司馬睿年號（318—321）。　元熙：東晋

恭帝司馬德文年號（419—420）。

遲字希範，八歲便屬文。靈鞠常謂“氣骨似我”。黄門郎謝超宗、徵士何點並見而異之。[1]在齊，以秀才累遷殿中郎。[2]梁武帝平建鄴，引爲驃騎主簿，[3]甚被禮遇。時勸進梁王及殊禮，皆遲文也。及踐祚，遷中書郎，待詔文德殿。[4]時帝著《連珠》，[5]詔群臣繼作者數十人，遲文最美。坐事免，乃獻《責躬詩》，上優辭答之。[6]

[1]謝超宗：陳郡陽夏（今河南太康縣）人，謝靈運孫。本書卷一九有附傳，《南齊書》卷三六有傳。　何點：字子皙，廬江灊（今安徽霍山縣）人，何尚之孫。本書卷三〇有附傳，《梁書》卷五一有傳。

[2]秀才：選舉科目名。東晋、南朝時，通常揚州歲舉薦二人，諸州一人，或三歲一人。被舉薦者須經策試合格後方可任用。　殿中郎：官名。尚書省殿中曹長官。又稱殿中郎中，資深者可轉侍郎。隸尚書左僕射，常代擬詔敕，多用文學之士。宋六品。梁侍郎六班、郎中五班。陳四品，侍郎秩千石、郎中秩六百石。

[3]驃騎主簿：官名。驃騎大將軍府僚屬，與祭酒、舍人主閣内事，地位較高。

[4]文德殿：建康宫前殿。梁武帝於殿内藏聚群書，置學士省，召高才碩學者待詔其中。

[5]時帝著《連珠》：按，《隋書·經籍志四》著録“梁武《連珠》一卷，沈約注”“梁武帝《制旨連珠》十卷，梁邵陵王綸注”“梁武帝《制旨連珠》十卷，陸緬注”。連珠，文體名。起自漢代，其文不直接指説事情，而是假物陳義以諷喻之，以辭藻華麗，歷歷

如珠之在貫，故名。

［6］“坐事免”至“上優辭答之”：按，《梁書》卷四九《丘遲傳》未載此事，《通志》卷一七六與本書同。

後出爲永嘉太守，[1]在郡不稱職，爲有司所糾。帝愛其才，寢其奏。天監四年，[2]中軍將軍臨川王宏北侵魏，[3]以爲諮議參軍，[4]領記室。[5]時陳伯之在北，[6]與魏軍來拒，遲以書喻之，[7]伯之遂降。還拜中書侍郎，[8]遷司空從事中郎，[9]卒官。[10]

［1］後出爲永嘉太守：按，《梁書》卷四九《丘遲傳》“後”作“天監三年”，《通志》卷一七六與本書同。永嘉，郡名。治永寧縣，在今浙江温州市。

［2］天監：南朝梁武帝蕭衍年號（502—519）。

［3］臨川王宏：蕭宏。字宣達，梁武帝第六弟。本書卷五一、《梁書》卷二二有傳。

［4］諮議參軍：官名。南朝梁、陳王府皆置，掌咨謀衆事。梁皇弟皇子府九班。陳皇弟皇子府五品，秩八百石。

［5］記室：官署名。南北朝王府、公府、將軍府皆置，以參軍爲長官，掌文書表報。

［6］陳伯之：濟陰睢陵（今江蘇睢寧縣）人。本書卷六一、《梁書》卷二〇有傳。

［7］遲以書喻之：按，本書、《梁書》之《陳伯之傳》皆云“宏命記室丘遲私與之書”。《文選》卷四三丘希範《與陳伯之書》李善注引劉璠《梁典》曰：“帝使吕僧珍寓書于陳伯之，丘遲之辭也。”

［8］中書侍郎：官名。中書監、令之副，助監、令掌尚書奏事。如缺監、令，或亦主持中書省務。宋五品。梁九班。陳四品，秩

千石。

[9]遷司空從事中郎：按，《梁書·丘遲傳》“司空”作“司徒”，《通志》卷一七六與本書同。從事中郎，官名。南朝公府皆置，其職依時依府而異，地位較高。宋六品。梁九班至八班。陳五品至六品，秩六百石。

[10]卒官：據《梁書·丘遲傳》，其卒於梁武帝天監七年（508），時年四十五。

遲辭采麗逸，[1]時有鍾嶸著《詩評》云：[2]“范雲婉轉清便，[3]如流風回雪。遲點綴映媚，似落花依草。雖取賤文通，而秀於敬子。”[4]其見稱如此。

[1]遲辭采麗逸：以下至“其見稱如此”，按，《梁書》卷四九《丘遲傳》無此段述評，僅以“所著詩賦行於世”一語概括之，《通志》卷七六與本書同。

[2]《詩評》：書名。一名《詩品》，南朝梁鍾嶸撰，三卷，爲中國最早評論詩歌之專著。

[3]范雲：字彦龍，南鄉舞陰（今河南泌陽縣）人。本書卷五七、《梁書》卷一三有傳。

[4]雖取賤文通，而秀於敬子：《詩品》作“故當淺於江淹，而秀於任昉”。文通，江淹。字文通，濟陽考城（今河南民權縣）人。本書卷五九、《梁書》卷一四有傳。敬子，任昉。謚敬子。字彦升（《梁書》作“彦昇”），樂安博昌（今山東博興縣）人。本書卷五九、《梁書》卷一四有傳。

仲孚字公信，靈鞠從孫也。少好學，讀書常以中霄鍾鳴爲限。[1]靈鞠常稱爲千里駒也。[2]齊永明初，爲國子生。[3]王儉曰："東南之美，復見丘生。"舉高第，未調，還鄉里。家貧，乃結群盜爲之計，劫掠三吴。[4]仲孚聰明有智略，群盜畏服，所行皆果，故亦不發。爲于湖令，[5]有能名，太守吕文顯當時倖臣，[6]陵詆屬縣，仲孚獨不爲屈。

[1]讀書常以中霄鍾鳴爲限：按，大德本、汲古閣本、殿本、百衲本"霄"作"宵"。二字通。《梁書》卷五三《丘仲孚傳》無此十字，《通志》卷一七六與本書同。中霄，亦稱中夜。猶夜半、半夜。

[2]常：按，《梁書·丘仲孚傳》、《通志》卷一七六同，大德本、汲古閣本、殿本、百衲本、中華本作"嘗"。

[3]國子生：兩晋、南朝國家最高學府的學生。西晋初立國子學，入學者皆士族華胄。晋惠帝時復規定，官品第五以上得入國學。至南朝梁、陳，寒門俊才始得成爲國子生。

[4]三吴：地區名。所指説法不一。兩晋南北朝多指吴（今江蘇蘇州市）、吴興（今浙江湖州市）、會稽（今浙江紹興市）三郡。參《水經注·漸水》。亦泛指長江下游一帶。

[5]于湖：縣名。治所在今安徽當塗縣。

[6]吕文顯：臨海（今浙江台州市椒江區）人。本書卷七七、《南齊書》卷五六有傳。

明帝即位，爲曲阿令。[1]會稽太守王敬則反，[2]乘朝廷不備，反問至而前鋒已届曲阿。仲鑿長岡埭，[3]瀉瀆水，以阻其路。敬則軍至，遇瀆涸，果頓兵不得進，遂敗。仲孚以拒守功，遷山陰令，[4]居職甚有聲稱。百姓謡曰："二傅、沈、劉，不如一丘。"前世傅琰父子、沈憲、劉玄明相繼宰山陰，[5]並有政績，言仲孚皆過之。齊末政亂，頗有贓賄，爲有司所舉，將見收，竊逃還都，會赦不問。

[1]曲阿：縣名。治所在今江蘇丹陽市。

[2]會稽：郡名。治山陰縣，在今浙江紹興市。　王敬則：臨淮射陽（今江蘇寶應縣）人，僑居晋陵南沙（今江蘇常熟市）。本書卷四五、《南齊書》卷二六有傳。

[3]仲鑿長岡埭：大德本、汲古閣本、殿本、百衲本"仲"下有"孚"字。底本誤脱，應據諸本補。長岡埭，即破岡瀆中七埭之一。在今江蘇鎮江、丹陽兩市間江南運河所經夾岡上。參《資治通鑑》卷一四一《齊紀七》胡三省注。

[4]山陰：縣名。治所在今浙江紹興市。

[5]傅琰父子：傅琰及其子傅翽。傅琰，字季珪，北地靈州（今寧夏吴忠市北武市）人。本書卷七〇、《南齊書》卷五三有傳。傅翽，本書卷七〇有附傳，事亦見《梁書》卷四二《傅岐傳》。沈憲：字彦璋，吴興武康（今浙江德清縣）人。本書卷三六有附傳，《南齊書》卷五三有傳。　劉玄明：臨淮（今江蘇盱眙縣）人。事見本書、《南齊書》之《傅琰傳》。

梁武帝踐祚，復爲山陰令。仲孚長於撥煩，善適權變。吏人敬服，號稱神明，政爲天下第一。[1]後爲衛尉卿，[2]恩任甚厚。初起雙闕，[3]以仲孚領大匠。[4]累遷豫章内史，[5]在郡更勵清節。頃之卒，[6]贈給事黄門侍郎。[7]喪將還，豫章老幼號哭攀送，車輪不得前。

[1]政爲天下第一：按，《梁書》卷五三《丘仲孚傳》"政"作

“治”，本書避唐高宗李治諱改。

［2］衛尉卿：官名。原爲衛尉的尊稱。南朝梁正式定爲官稱，位列十二卿，掌宫門宿衛屯兵，巡行宫外，糾察不法等，十二班。陳沿置，三品，秩中二千石。

［3］雙闕：神龍闕與仁虎闕。梁武帝天監七年（508）下詔作於建康宫城端門、大司馬門外。見本書卷七《梁武帝紀下》及《梁書》卷二《武帝紀中》。參《文選》卷五六《陸佐公石闕銘》李善注引劉璠《梁典》。

［4］大匠：官名。即大匠卿。南朝梁以將作大匠改，掌土木工程，位列十二卿，十班。陳沿置，三品，秩中二千石。

［5］豫章：郡名。治南昌縣，在今江西南昌市。

［6］頃之卒：據《梁書·丘仲孚傳》，其卒時年四十八。

［7］給事黄門侍郎：官名。門下省或侍中省次官，與侍中俱掌門下衆事，侍從左右、關通内外。宋五品。梁十二班。陳四品，秩二千石。

仲孚爲左丞，[1]撰《皇典》二十卷，[2]《南宫故事》百卷，又撰《尚書具事雜儀》行於世。

［1］仲孚爲左丞：左丞即尚書左丞。據《梁書》卷五三《丘仲孚傳》，“左丞”爲仲孚自山陰令“超遷”的諸官職之一，其後“仍擢爲衛尉卿”。

［2］《皇典》二十卷：按，《隋書·經籍志二》有著録。

檀超字悦祖，高平金鄉人也。[1]祖嶷之字弘宗，宋南琅邪太守。[2]父道彪字萬壽，位正員郎。

［1］高平：郡名。治昌邑縣，在今山東巨野縣南。　金鄉：縣

名。治所在今山東嘉祥縣南。

[2]南琅邪：郡名。南朝宋改琅邪郡置，治金城，在今江蘇句容市西北。齊武帝永明元年（483）移治白下城，在今江蘇南京市北金川門外幕府山南麓。

超少好文學，放誕任氣，解褐州西曹。[1]蕭惠開爲别駕，[2]超便抗禮。惠開自以地位居前，稍相陵辱，而超舉動嘯傲，不以地勢推之，張目謂曰："我與卿俱是國家微賤時外戚耳，何足以一爵高人！"[3]蕭太后，[4]惠開之祖姑；長沙景王妃，[5]超祖姑也。故超以此議之。惠開欣然，更爲刎頸之交。[6]

[1]州西曹：官名。即州西曹書佐。州門下吏，主吏員及選舉事。按，據《太平御覽》卷四〇八引《齊春秋》，超"始爲南徐州西曹書佐"。南徐州，南朝宋改徐州置。治京口城，在今江蘇鎮江市。

[2]蕭惠開爲别駕：以下至"不以地勢推之"，按，《南齊書》卷五二《檀超傳》作"嘗與别駕蕭惠開共事，不爲之下"，《通志》卷一七六與本書同。蕭惠開，南蘭陵（今江蘇常州市武進區）人。本書卷一八、《宋書》卷七八有附傳。别駕，官名。别駕從事史的省稱。州刺史佐官，總理衆務，主吏員選舉。南朝宋多以六品官擔任。齊同。梁揚州十班，南徐州八班，他州六班至二班不等。陳揚州六品，他州高者六品，低者九品。

[3]"張目謂曰"至"何足以一爵高人"：按，《南齊書·檀超傳》作"謂惠開曰：我與卿俱起一老姥，何足相誇"，《通志》卷一七六"是"作"起一老姥俱"，其餘皆與本書同。

[4]蕭太后：蕭文壽。宋武帝父劉翹繼室。本書卷一一、《宋書》卷四一有傳。

[5]長沙景王：劉道憐。宋武帝中弟。本書卷一三、《宋書》卷五一有傳。

[6]惠開欣然，更爲刎頸之交：按，此十字當本於梁吴均所撰《齊春秋》，《南齊書・檀超傳》無，《通志》卷一七六與本書同。參《太平御覽》卷四〇八引《齊春秋》。

後位國子博士，[1]兼左丞。超嗜酒，好談詠，自比晋郗超，[2]言高平有二超，又謂人曰："猶覺我爲優也。"齊高帝賞愛之，後爲司徒右長史。[3]

[1]國子博士：官名。隸國子祭酒，取履行清淳、通明典義者爲之，掌教授國子生徒儒學，並備咨詢顧問。宋六品。梁九班。陳四品，秩千石。

[2]郗超：字景興，高平金鄉（今山東嘉祥縣）人。《晋書》卷六七有附傳。

[3]司徒右長史：官名。與司徒左長史並爲司徒府僚屬之長，佐司徒總管府内諸曹，位次左長史。宋六品。梁十班。陳四品，秩千石。

建元二年，初置史官，以超與驃騎記室江淹掌史職。上表立條例：開元紀號，不取宋年；封爵各詳本傳，無假年表。又制著十志，多爲左僕射王儉所不同。[1]既與物多忤，史功未就，徙交州，於路見殺。[2]江淹撰成之，猶不備也。

[1]多爲左僕射王儉所不同：檀超與王儉議論之不同，具載《南齊書》卷五二《檀超傳》。按，《南齊書・檀超傳》於王儉議論

下還有“詔：日月災隸《天文》，餘如儉議”十一字。趙翼《廿二史劄記》卷九《齊書舊本》以爲“此齊時修國史體例也”。

［2］徙交州，於路見殺：按，《南齊書·檀超傳》作“卒官”，《通志》卷一七六與本書同。交州，州名。治龍編縣，在今越南北寧省仙游縣東。

時有豫章熊襄著《齊典》，上起十代，[1]其《序》云：“《尚書·堯典》謂之《虞書》，則附所述通謂之齊書，[2]名爲《河洛金匱》。”

［1］時有豫章熊襄著《齊典》，上起十代：按，“《齊典》”，《隋書·經籍志》未見著録，《舊唐書·經籍志上》《新唐書·藝文志二》有“熊襄《十代記》十卷”，或即此書。“上起十代”，李慈銘《南史札記》以爲“十”字恐是“宋”字之誤。中華本校勘記：“觀其以《虞書》通堯爲範例，則齊書所通者當止於宋，安得‘上起十代’以附所述？李説可從。”

［2］齊書：按，《南齊書》卷五二《檀超傳》無“書”字。《通志》卷一七六與本書同。

又有吴邁遠者，[1]好爲篇章，宋明帝聞而召之。及見，曰：“此人連絶之外，[2]無所復有。”邁遠好自誇而蚩鄙他人，每作詩，得稱意語，輒擲地呼曰：“曹子建何足數哉！”[3]超聞而笑曰：“昔劉季緒才不逮於作者，而好抵訶人文章。[4]季緒瑣瑣，焉足道哉，至於邁遠，何爲者乎？”

［1］又有吴邁遠者：以下至“何爲者乎”，按，此附傳爲《南

齊書》卷五二《檀超傳》所無。吴邁遠，南朝宋詩人，位江州從事。宋後廢帝元徽中，以從桂陽王劉休範反於尋陽，族誅。《隋書·經籍志四》著録“宋江州從事《吴邁遠集》一卷”，注:“殘缺；梁八卷，亡。”鍾嶸《詩品》列吴邁遠於卷下。《玉臺新詠》《樂府詩集》收録其《擬樂府》《陽春歌》等詩作。參《南齊書》卷五二《丘巨源傳》。

[2]連絶：猶作文。連，連綴詞句以成篇。絶，依據文意加圈點以斷句。

[3]曹子建：曹植。字子建。《三國志》卷一九有傳。

[4]昔劉季緒才不逮於作者，而好抵訶人文章：語本曹植《與楊脩書》。見《三國志·魏書·曹植傳》裴松之注引《典略》。劉季緒，劉脩。字季緒，東漢末三國初人，官至魏東安太守。

超叔父道鸞字萬安，[1]位國子博士、永嘉太守，亦有文學，撰《續晋陽秋》二十卷。[2]

[1]超叔父道鸞：以下至“撰《續晋陽秋》二十卷”，按，道鸞乃南朝宋時人。宋孝武帝時爲尚書金部郎，主張國史“宜以元興三年爲始”。故《南齊書》卷五二《檀超傳》無此附傳。

[2]《續晋陽秋》二十卷：編年體史書，續孫盛《晋陽秋》，記東晋事。《隋書·經籍志四》有著録，《舊唐書·經籍志上》《新唐書·藝文志二》並訛作《晋陽秋》。原書已佚，有清黄奭輯本一卷，湯球輯本二卷。

卞彬字士蔚，濟陰冤句人也。[1]祖嗣之，中領軍。父延之，弱冠爲上虞令，[2]有剛氣。會稽太守孟顗以令長裁之。[3]積不能容，脱幘投地曰:“我所以屈卿者，政爲此幘耳。令已投之卿矣。[4]卿以一世勳門而傲天下國士。"[5]拂衣而去。

[1]濟陰：郡名。治定陶縣，在今山東菏澤市定陶區。　冤句：縣名。治所在今山東曹縣西北。

[2]上虞：縣名。治所在今浙江紹興市上虞區百官街道。

[3]會稽太守孟顗以令長裁之：以下至"拂衣而去"，按，《南齊書》卷五二《卞彬傳》無此段記述，《太平御覽》卷二六六、卷六八七引《齊書》有，《通志》卷一七六與本書同。孟顗，字彦重，平昌安丘（今山東安丘市）人。本書卷一九、《宋書》卷六六有附傳。

[4]令已投之卿矣：按，大德本、汲古閣本、殿本、百衲本、中華本"令"作"今"。底本誤，應據諸本改。

[5]勳門：南朝謂有勳階之軍人門第，不論士、庶。

彬險拔有才，而與物多忤。[1]齊高帝輔政，袁粲、劉彦節、王藴等皆不同，[2]而沈攸之又稱兵反。[3]粲、藴雖敗，攸之尚存。彬意猶以高帝事無所成，乃謂帝曰："比聞謡云：[4]'可憐可念尸著服，孝子不在日代哭，列管暫鳴死滅族。'公頗聞不？"時藴居父憂，與粲同死，故云"尸著服"也。"服"者，衣也。"孝子不在日代哭"者，"褚"字也。彬謂沈攸之得志，褚彦回當敗，故言哭也。"列管"謂蕭也。高帝不悦，及彬退，曰：[5]"彬自作此。"後常於東府謁高帝，[6]高帝時爲齊王。彬曰："殿下即東宫府，[7]則以青溪爲鴻溝，[8]鴻溝以東爲齊，以西爲宋。"仍詠《詩》云："誰謂宋遠？跂予望之。"[9]遂大忤旨，因此擯廢數年，不得仕進。[10]乃擬趙壹《窮鳥》爲《枯魚賦》以喻意。[11]

[1]彬險拔有才，而與物多忤：按，《南齊書》卷五二《卞彬傳》作“彬才操不群，文多指刺”，《通志》卷一七六與本書同。

[2]袁粲：字景倩，陳郡陽夏（今河南太康縣）人。本書卷二六、《宋書》卷八九有傳。　劉彦節：劉秉。字彦節。本書避唐高祖李淵父李昞諱以字行。本書卷一三、《宋書》卷五一有附傳。　王藴：字彦深，琅邪臨沂（今山東臨沂市）人。本書卷二三、《宋書》卷八五有附傳。

[3]沈攸之：字仲達，吴興武康（今浙江德清縣）人。本書卷三七有附傳，《宋書》卷七四有傳。

[4]比聞謡：按，《南齊書·卞彬傳》作“外間有童謡”。

[5]高帝不悦，及彬退，曰：按，《南齊書·卞彬傳》作“彬退，太祖笑曰”，《通志》卷一七六與本書同。

[6]“後常於東府謁高帝”至“仍詠《詩》云”：《南齊書·卞彬傳》作“齊臺初建，彬又曰”，《通志》卷一七六與本書略同。常於東府，大德本、殿本、百衲本、中華本同，汲古閣本及《通志》卷一七六“常”作“嘗”。循文義，當以“嘗”爲是。東府，城名。在建康城東南，今江蘇南京市通濟門附近，南臨秦淮河。東晋、南朝時爲宰相兼揚州刺史的府第，因在揚州舊城東而得名。

[7]東宫府：按，大德本、汲古閣本、殿本、百衲本同，中華本據《通志》卷一七六補作“東宫爲府”。

[8]青溪：水名。在今江蘇南京市東部，北通玄武湖，南入秦淮河，爲六朝都城建康漕運之要道。　鴻溝：水名。戰國魏惠王時鑿，自今河南滎陽市北引黄河水東南流，至周口市淮陽區東南入淮河支流潁水。楚、漢相争時曾劃鴻溝爲界，中分天下，鴻溝以西爲漢，以東爲楚。

[9]誰謂宋遠？跂予望之：語見《詩·衛風·河廣》。

[10]“遂大忤旨”至“不得仕進”：按，《南齊書·卞彬傳》作“太祖聞之，不加罪也，除右軍參軍”，《通志》卷一七六與本書同。

[11]乃擬趙壹《窮鳥》爲《枯魚賦》以喻意：按，《南齊書·卞彬傳》無此語，《通志》卷一七六與本書同。趙壹，漢陽西縣（今甘肅禮縣）人。《後漢書》卷八〇下有傳。

後爲南康郡丞。[1]彬頗多酒，[2]擯棄形骸，仕既不遂，[3]乃著《蚤蝨》《蝸蟲》《蝦蟇》等賦，皆大有指斥。其《蚤蝨賦序》曰："余居貧，布衣十年不製，一袍之緼，有生所託，資其寒暑，無與易之。爲人多病，起居甚疏，縈寢敗絮，不能自釋。兼攝性懈墯，嬾事皮膚，[4]澡刷不謹，澣沐失時。四躰䩄䩄，[5]加以臭穢，故葦席蓬縷間，[6]蚤蝨猥流。淫癢渭濩，無時恕肉，探揣擭撮，日不替手。蝨有諺言，'朝生暮孫'。若吾之蝨者，無湯沐之慮，絶相吊之憂，晏聚乎久袴爛布之裳，[7]復不懃之討捕，[8]孫孫子子，三十五歲焉。"[9]其略言皆實録也。又爲《禽獸决録》。[10]目禽獸云："羊性淫而很，[11]豬性卑而率，[12]鵝性頑而傲，狗性險而出。"皆指斥貴勢。其羊淫很，謂吕文顯；[13]豬卑率，謂朱隆之；[14]鵝頑傲，謂潘敞；[15]狗險出，謂吕文度。[16]其險詣如此。《蝦蟇賦》云："紆青拖紫，名爲蛤魚。"世謂比令僕也。又云："蝌斗唯唯，群浮闇水，唯朝繼夕，聿役如鬼。"比令史諮事也。文章傳於閭巷。

[1]後爲南康郡丞：按，《南齊書》卷五二《卞彬傳》作“家

貧，出爲南康郡丞”，《通志》卷一七六與本書同。南康，郡名。治贛縣，在今江西贛州市東北。郡丞，官名。爲郡守副貳，佐郡守掌衆事。宋八品。梁十班。陳萬户郡七品、萬户以下郡八品，皆秩六百石。

［2］多酒：按，大德本、汲古閣本、殿本、百衲本、中華本及《通志》卷一七六並作“飲酒”。底本誤，應據諸本改。

［3］仕既不遂：按,《南齊書·卞彬傳》無此四字，《通志》卷一七六與本書同。

［4］嬾：同“懶”。

［5］躰：同“體”。　獰（níng）：謂犬之多毛或毛多之犬。

［6］故葦席蓬纓間：按，大德本、汲古閣本、殿本、百衲本、中華本及《南齊書·卞彬傳》“間”前有“之”字。

［7］晏聚乎久袴爛布之裳：按，《南齊書·卞彬傳》“袴”作“襟”。又,《南齊書·卞彬傳》“裳”字下有“服無改換，掐齧不能加，脱略緩嬾”十三字,《通志》卷一七三無。

［8］復不懃之討捕：按，大德本、汲古閣本、殿本、百衲本及《通志》卷一七三同，中華本據《南齊書·卞彬傳》改“之”作“於”。《南齊書·卞彬傳》“討捕”作“捕討”,《通志》卷一七六與本書同。

［9］孫孫子子，三十五歲焉：按，《南齊書·卞彬傳》作“孫孫息息，三十五歲焉”，《通志》卷一七六作“孫孫子子，三年五歲焉”。

［10］爲《禽獸决録》：按,《南齊書·卞彬傳》無此五字,《通志》卷一七六與本書同。

［11］羊性淫而佷：按,《南齊書·卞彬傳》、《通志》卷一七六“佷”作“狠”。佷，戾也。與“很”“狠”通。

［12］腤性卑而率：按，汲古閣本、百衲本同，大德本、殿本、中華本“腤”作“豬”。腤，同“豬”“猪”。

［13］其羊淫佷，謂吕文顯：以下至“其險詣如此”，按，《南

齊書·卞彬傳》無此段記述,《通志》卷一七六與本書同。

[14]朱隆之:齊鬱林王隆昌元年(494)爲中書舍人,及蕭鸞廢鬱林王,被誅。事見本書卷五《齊鬱林王紀》、《南齊書》卷四《鬱林王紀》。

[15]潘敞:齊武帝永明中,爲羽林隊主、虎賁中郎將,有寵二宮。使掌監造禪靈寺,以邀吕文顯私登寺南門樓,被繫尚方,久之乃事。參本書卷四九《王摛傳》及《南齊書》卷四〇《竟陵文宣王子良傳》、卷五六《倖臣傳》。

[16]謂吕文度:按,大德本、汲古閣本、殿本、百衲本、中華本無"吕"字。《通志》卷一七六與本書同。吕文度,會稽(今浙江紹興市)人。《南齊書》卷五六有傳,事亦見本書卷七七《茹法亮傳》。

後歷尚書比部郎,[1]安吉令,[2]車騎記室。彬性飲酒,[3]以瓠壺瓢勺杬皮爲肴,[4]著帛冠,十二年不改易。以大瓠爲火籠,什物多諸詭異。自稱"卞田居",婦爲"傅蠶室"。或謂曰:"卿都不持操,名器何由得升?"彬曰:"擲五木子,[5]十擲輒鞬,[6]豈復是擲子之拙?吾好擲,政極比耳。"[7]後爲綏建太守,[8]卒官。[9]

[1]比部郎:官名。尚書省比部曹長官通稱。亦稱比部郎中,其資深者轉比部侍郎。掌管法制。宋六品。梁五班。陳四品,秩六百石。

[2]安吉:縣名。治所在今浙江安吉縣孝豐鎮。

[3]彬性飲酒:按,大德本、汲古閣本、殿本、百衲本及《南齊書》舊本同,中華本據《太平御覽》卷九七九引《齊書》補作"彬性好飲酒",《通志》卷一七六作"彬性喜飲酒"。

[4]杬皮:按,大德本、汲古閣本、殿本、百衲本、中華本及

《南齊書》卷五二《卞彬傳》、《通志》卷一七六“杭”作“杬”。肴：按，大德本、汲古閣本、殿本、百衲本及《南齊書·卞彬傳》同，中華本據《通志》改作“具”。中華本校勘記：“按杬木皮厚，與瓠瓢皆可製爲容器，故彬以之爲酒具。”

[5]五木：古代博具。以斫木爲子，一具五枚，故名。相傳骰子即由此演變而來。

[6]犍（jiàn）：博戲用語。擲五木子或骰子，負者爲犍。

[7]極比：按，大德本、汲古閣本、殿本、百衲本、中華本及《南齊書·卞彬傳》、《册府元龜》卷八五五作“極此”，《通志》卷一七六作“極北”。

[8]綏建：郡名。南朝宋文帝元嘉中置。治新招縣，在今廣東廣寧縣南。

[9]卒官：據《南齊書·卞彬傳》，其卒於齊東昏侯永元中。

永明中，琅邪諸葛勗爲國子生，[1]作《雲中賦》，指祭酒以下，[2]皆有形似之目。坐事繫東冶，[3]作《東冶徒賦》。武帝見，赦之。

[1]琅邪：郡名。治開陽縣，在今山東臨沂市北。

[2]祭酒：官名。即國子祭酒。主管國子學，參議禮制，隸太常。南朝齊位比諸曹尚書。梁十三班。陳三品，秩中二千石。

[3]東冶：官署名。隸少府。置令、丞一人。掌領鼓鑄鍛冶。因工徒多刑徒，故亦爲繫囚徒之所。其故址在今江蘇南京市東南、秦淮河北岸。

又有陳郡袁嘏，[1]自重其文，[2]謂人云：“我詩應須大材迮之，不爾飛去。”建武末，[3]爲諸暨令，[4]被王敬則賊所殺。

[1]陳郡：郡名。治陳縣，在今河南周口市淮陽區。

[2]自重其文：按，鍾嶸《詩品》卷下云："蝦詩平平耳，多自謂能。嘗語徐太尉云：'我詩有生氣，須人捉著。不爾，便飛去。'"

[3]建武：南朝齊明帝蕭鸞年號（494—498）。

[4]諸暨：縣名。治所在今浙江諸暨市。

時有廣陵高爽，[1]博學多才。[2]劉蒨爲晋陵縣，[3]爽經途詣之，了不相接，爽甚銜之。俄而爽代蒨爲縣，[4]蒨遣迎贈甚厚。爽受餉，答書云："高晋陵自答。"人問其所以，答云："劉蒨餉晋陵令耳，何關爽事？"又有人送書與爽告躓，云："比日守羊困苦。"爽答曰："守羊無食，何不貨羊糴米？"孫抱爲延陵縣，[5]爽又詣之，抱了無故人之懷。爽出從縣閤下過，取筆書鼓云："徒有八尺圍，腹無一寸腸，面皮如許厚，受打未詎央。"爽機悟多如此。坐事被繫，作《鑊魚賦》以自況，其文甚工。後遇赦免，卒。抱，東莞人。[6]父廉，[7]吴興太守。抱善吏職，形躰肥壯，腰帶十圍，爽故以此激之。

[1]時有廣陵高爽：以下至"爽故以此激之"，按，《南齊書》卷五二《卞彬傳》無高爽、孫抱附傳。按，《梁書》卷四九《吴均傳》有爽附傳，然叙事多異，且不如本書詳。廣陵，郡名。治廣陵縣，在今江蘇揚州市西北蜀岡上。

[2]多才：按，大德本、汲古閣本、殿本、百衲本、中華本作"多材"。"才""材"通。

[3]晋陵：縣名。治所在今江蘇常州市。

[4]俄而爽代蒨爲縣：據《梁書·吴均傳》，高爽於梁武帝天監初出爲晋陵令。

[5]延陵：縣名。治所在今江蘇丹陽市延陵鎮。

[6]東莞：郡名。治所在今山東沂水縣東北城子。

[7]廉：孫廉。字思約，東莞莒（今山東莒縣）人。本書卷七〇有附傳。按，該傳載爽"爲屐謎以喻廉"，"譏其不計恥辱"。

丘巨源，蘭陵人也。[1]少舉丹揚郡孝廉，[2]爲宋孝武所知。[3]大明五年，[4]敕助徐爰撰國史。[5]帝崩，江夏王義恭取掌書記。[6]明帝即位，使參詔誥，引在左右。自南臺御史爲王景文鎮軍參軍。[7]寧喪還家。[8]元徽初，[9]桂陽王休範在尋陽，[10]以巨源有筆翰，遣船迎，[11]餉以錢物。巨源源因齊高帝自啓，[12]敕板起之，使留都下。桂陽事起，使於中書省撰符檄，事平，除奉朝請。[13]巨源望有封賞，既而不獲，乃與尚書令袁粲書自陳，[14]竟不被申。沈攸之事，高帝又使爲尚書符荆州，[15]以此又望賞異，自此意常不滿。

[1]蘭陵：郡名。東晋初僑置。治蘭陵縣，在今江蘇常州市武進區西北。南朝宋改爲南蘭陵郡。按，大德本、汲古閣本、殿本、百衲本、中華本及《南齊書》卷五二《丘巨源傳》作"蘭陵蘭陵"。《通志》卷一七六與本書同。

[2]少舉丹揚郡孝廉：按，百衲本"揚"作"楊"，大德本、汲古閣本、殿本、中華本及《南齊書·丘巨源傳》、《通志》卷一七六作"陽"。"揚""楊""陽"三字，因音同形似，古籍中經常混用，若以地名論，當以"丹陽"爲規範。本卷下同，不再出注。丹揚，郡名。即丹陽郡，治建康縣，在今江蘇南京市。孝廉，選舉

科目名。始於西漢。孝，指孝悌。廉，指廉潔。原爲二科，東漢時合而爲一。東晉以來，大郡歲舉二人，郡國舉一人，被舉者得任郎官。南朝沿之。

[3]宋孝武：按，大德本、殿本、百衲本、中華本及《南齊書·丘巨源傳》、《通志》卷一七六同，汲古閣本訛作“武帝”。

[4]大明：南朝宋孝武帝劉駿年號（457—464）。

[5]徐爰：字長玉，南琅邪開陽（今江蘇常州市武進區）人。本書卷七七、《宋書》卷九四有傳。

[6]江夏王義恭：劉義恭。宋武帝第五子。本書卷一三、《宋書》卷六一有傳。

[7]南臺御史：官名。即南臺侍御史。御史臺屬官。南朝宋、齊置十員，掌分監諸曹治事，七品。梁九員，一班。陳因之，九品。其職雖重，但爲世族所輕。　王景文：王彧。字景文。因名犯宋明帝劉彧諱，以字行，琅邪臨沂（今山東臨沂市）人。本書卷二三、《宋書》卷八五有傳。

[8]寧喪：猶言居父母之喪。

[9]元徽：南朝宋後廢帝劉昱年號（473—477）。

[10]桂陽王休範：劉休範。宋文帝第十八子。本書卷一四、《宋書》卷七九有傳。　尋陽：郡名。治柴桑縣，在今江西九江市西南。

[11]遣船迎：按，大德本、汲古閣本、殿本、百衲本、中華本及《南齊書·丘巨源傳》、《通志》卷一七六“迎”下皆有“之”字。應據補。

[12]巨源源因齊高帝自啓：按，大德本、汲古閣本、殿本、百衲本不疊“源”字。底本誤衍，應據各本删。

[13]奉朝請：官名。本是賜予致仕大臣、列侯、宗室、外戚等的名號，意即奉朝廷的召請而參加朝會。後漸成爲加官名及獨立爲官。南朝列爲散騎省屬官，用以安置閑散，所施甚濫。宋武帝永初之後，以其太雜，令尚公主者唯拜駙馬都尉，不加此官。齊武帝永

明中，竟至六百餘員。

[14]乃與尚書令袁粲書自陳：按，丘巨源自陳書文具載《南齊書·丘巨源傳》。

[15]荆州：州名。治江陵縣，在今湖北荆州市荆州區。

後除武昌太守，[1]拜竟，不樂江外行。武帝問之，巨源曰："古人云：'寧飲建鄴水，不食武昌魚。'[2]臣年已老，寧死於建鄴。"乃以爲餘杭令。[3]明帝爲吴興，巨源作《秋胡詩》，有譏刺語，以事見殺。

[1]除武昌太守：《南齊書》卷五二《丘巨源傳》叙此事在齊高帝建元元年（479）之後。武昌，郡名。治武昌縣，在今湖北鄂州市。

[2]寧飲建鄴水，不食武昌魚：三國吴末帝孫皓時童謡。見《三國志》卷六一《吴書·陸凱傳》。

[3]餘杭：縣名。治所在今浙江杭州市餘杭區西南。

時又有會稽孔廣、孔逭皆才學知名。[1]

[1]時又有會稽孔廣、孔逭皆才學知名：按，自此句始，至後文"詵字休群，太原中都人。愛文，尤賞泉石。卒於御史中丞"一大段，爲孔廣、孔逭等附傳及帶叙劉融、卞鑠等事，《南齊書》卷五二《丘巨源傳》無，《通志》卷一七六與本書同。

廣字淹源，[1]美容止，[2]善吐論。王儉、張緒咸美之。[3]儉常云："廣來使人廢簿領，匠不須來，來則莫聽去。"緒數巾車詣之，每歎云："孔廣使吾成輕簿祭酒。”[4]仕至揚州中從事。[5]

[1]廣字淹源：按，《南齊書》卷三四《庾杲之傳》末帶叙孔廣事僅十七字，甚略。

[2]美容止：按，《南齊書·庾杲之傳》作“美姿制”。

[3]張緒：字思曼，吴郡吴（今江蘇蘇州市）人。本書卷三一有附傳，《南齊書》卷三三有傳。

[4]輕簿：按，大德本、汲古閣本、殿本、百衲本、中華本作“輕薄”。應據諸本改。

[5]仕至揚州中從事：按，《南齊書·庾杲之傳》作“歷州治中，卒”。揚州中從事，官名。揚州治中從事史。揚州刺史屬官，位在别駕從事下，掌衆曹文書案卷等。宋六品。梁九班。陳六品。

逌抗直有才藻，製《東都賦》，[1]于時才士稱之。陳郡謝瀹年少時遊會稽還，[2]父莊問：[3]“入東何見，見孔逌不？”見重如此。著《三吴决録》，不傳。[4]卒於衛軍武陵王東曹掾。[5]

[1]《東都賦》：《隋書·經籍志四》著録“《東都賦》一卷，孔逌作”。

[2]謝瀹：字義潔，陳郡陽夏（今河南太康縣）人。本書卷二〇有附傳，《南齊書》卷四三有傳。

[3]莊：謝莊。字希逸。本書卷二〇有附傳，《宋書》卷八五有傳。

[4]著《三吴决録》，不傳：按，此七字亦見《南齊書》卷四六《王秀之傳》。據《隋書·經籍志四》《舊唐書·經籍志下》《新唐書·藝文志四》，孔逌撰有《文苑》一百卷。

[5]卒於衛軍武陵王東曹掾：按，據本書卷二三、《南齊書》

卷四九之《王續傳》，孔逭曾歷官陽羡縣令。東曹掾，官名。王公府屬吏。主東曹事，掌二千石長史遷除及軍吏。南朝宋、齊皆由掾主曹事，至梁改由督護主曹事。

又時有虞通之、虞龢、司馬憲、袁仲明、孫詵等，[1]皆有學行，與廣埒名。

[1]袁仲明：或以爲即《南齊書》卷五二《王智深傳》末所附"袁炳，字叔明"者，因名犯唐高祖李淵父李昞諱而以字行，至於"仲明""叔明"，則疑傳寫之異。参馬宗霍《南史校證》（湖南教育出版社 2008 年版，第 105 頁）。

通之、龢，皆會稽餘姚人。[1]通之善言《易》，至步兵校尉。[2]

[1]餘姚：縣名。治所在今浙江餘姚市。

[2]步兵校尉：官名。南朝皇帝侍衛武官，不領營兵，多用以安置勳舊武臣。宋四品。梁七班。陳六品，秩千石。按，據《隋書・經籍志》《舊唐書・經籍志》《新唐書・藝文志》，虞通之曾歷官領軍長史、黄門郎，撰有《妒記》二卷、《善諫》二卷、《虞通之集》十五卷（或五卷）、《后妃記》四卷。

龢位中書郎、廷尉。[1]少好學，居貧屋漏，恐濕墳典，乃舒被覆書，書獲全而被大濕。時人以比高鳳。[2]

[1]廷尉：官名。掌審判，主管詔獄。宋三品。梁定名廷尉卿，十一班。陳因之，三品，秩中二千石。

[2]高鳳：字文通，南陽葉（今河南葉縣）人。少專精誦讀，遂成名儒。《後漢書》卷八三有傳。按，《隋書·經籍志二》有“《法書目録》六卷”，未注撰者，《舊唐書·經籍志上》謂虞和撰，《新唐書·藝文志一》謂虞龢撰，或即同一部書。

憲字景思，河内温人。[1]待詔東觀爲學士，[2]至殿中郎，[3]口辨有才地，[4]使魏，[5]見稱於北。

[1]河内：郡名。治野王縣，在今河南沁陽市。　温：縣名。治所在今河南温縣西南。

[2]待詔東觀爲學士：即東觀學士。宋明帝泰始六年（470），以國學廢，立總明觀，又稱東觀，徵學士以充之。齊沿置，至武帝永明三年（485）國學建，省。

[3]殿中郎：官名。即殿中郎將。魏晋南北朝皆置，爲尚書省殿中曹長官通稱。亦稱殿中郎中。資深者可轉侍郎。東晋、南朝屬尚書左僕射，爲皇帝的文學侍從官，常代擬詔書。宋六品。梁侍郎六班、郎中五班。陳四品，秩六百石。

[4]口辨：按，汲古閣本同，大德本、殿本、百衲本作“口辯”。

[5]使魏：據《魏書》卷九八《島夷蕭道成傳》，齊武帝永明中司馬憲以兼員外散騎常侍使魏。按，《隋書·經籍志一》注載“梁又有《喪服經傳義疏》五卷，齊散騎郎司馬憲撰”。此“散騎郎”與“員外散騎常侍”二官，可補充本書叙事之未及。

仲明，陳郡人。撰晋史，未成而卒。初，仲明與劉融、卞鑠俱爲袁粲所賞，[1]恒在坐席。粲爲丹楊尹，取鑠爲主簿。[2]好詩賦，[3]多譏刺世人，坐徙巴州。[4]

［1］劉融：南朝宋、齊時人。爲總明學士。齊高帝建元中，敕使與褚淵、謝朏、孔稚珪等並作郊廟歌辭。事見本書卷一九、《南齊書》卷三六之《謝超宗傳》。

［2］主簿：官名。此指郡主簿。郡門下吏，位僅次功曹。典領文書簿籍，經辦衆事。南朝丹陽及大郡主簿，或以博士、卿丞、參軍等遷任，且有詔書任命，得奉朝請，入爲尚書郎，出爲縣令、長。

［3］好詩賦：按，《隋書·經籍志四》著録"《卞鑠集》十六卷"，《舊唐書·經籍志下》《新唐書·藝文志四》並作"卞鑠《獻賦集》十卷"。

［4］巴州：州名。南朝齊高帝建元二年（480）分荆州巴東、建平及益州巴郡、涪陵四郡置。治魚復縣，在今重慶奉節縣東白帝城。武帝永明元年（483）廢。

詵字休群，太原中都人。[1]愛文，尤賞泉石。卒於御史中丞。[2]

［1］太原：郡名。治晋陽縣，在今山西太原市西南。　中都：縣名。治所在今山西平遥縣西南。

［2］御史中丞：官名。兩晋南北朝皆置，掌監察、執法等。南朝亦稱南司，職權雖重，世族名士多不樂爲之。宋四品。梁十一班。陳三品，秩二千石。按，據《宋書·禮志一》、卷八四《鄧琬傳》、卷九二《王歆之傳》，孫詵曾歷太常丞、後軍府記室參軍、安北諮議參軍等官職。

王智深，字雲才，琅邪臨沂人也。[1]少從陳郡謝超宗學屬文。好飲酒，拙澀乏風儀。仕齊，爲豫章王大司馬參軍，[2]兼記室。

[1]臨沂：縣名。治所在今山東臨沂市。

[2]豫章王：蕭嶷。字宣儼，齊高帝第二子，封豫章王。本書卷四二、《南齊書》卷二二有傳。

武帝使太子家令沈約撰《宋書》，[1]疑立《袁粲傳》，[2]以審武帝。帝曰："袁粲自是宋家忠臣。"約又多載孝武、明帝諸褻黷事，[3]上遣左右語約曰："孝武事迹不容頓爾。我昔經事宋明帝，卿可思諱惡之義。"於是多所省除。又敕智深撰《宋紀》，召見扶容堂，[4]賜衣服，給宅。智深告貧於豫章王，王曰："須卿書成，當相論以禄。"[5]書成三十卷。[6]武帝後召見智深於璿明殿，令拜表奏上，表未奏而武帝崩。隆昌元年，[7]敕索其書。智深遷爲竟陵王司徒參軍。免官。[8]

[1]沈約：字休文，吴興武康（今浙江德清縣）人。本書卷五七、《梁書》卷一三有傳。

[2]疑立《袁粲傳》：按，《南齊書》卷五二《王智深傳》"疑"作"擬"，《通志》卷一七六與本書同。

[3]褻黷：按，《南齊書·王智深傳》作"鄙瀆"，《通志》卷一七六與本書。

[4]扶容堂：按，大德本、汲古閣本、殿本、百衲本同，中華本據《南齊書·王智深傳》、《通志》卷一七六改作"芙蓉堂"。

[5]相論：按，《南齊書·王智深傳》、《通志》卷一七六同，《册府元龜》卷五五五作"相訓"。

[6]書成三十卷：《隋書·經籍志》失載，《舊唐書·經籍志上》《新唐書·藝文志二》並著録"王智深《宋紀》三十卷"。按，"《宋紀》"或作"《宋記》"。《新唐書·藝文志二》史部正史類

另著録“王智深《宋書》三十卷”。

[7]隆昌：南朝齊鬱林王蕭昭業年號（494）。

[8]免官：按，《南齊書·王智深傳》作“坐事免”，《通志》卷一七六作“坐事免官”。

家貧無人事，嘗餓五日不得食，掘莧根食之。[1]司空王僧虔及子志分其衣食。[2]卒於家。

[1]莧根：按，《南齊書》卷五二《王智深傳》、《通志》卷一七六作“莧根”。

[2]王僧虔：琅邪臨沂（今山東臨沂市）人。本書卷二二有附傳，《南齊書》卷三三有傳。　其：《南齊書·王智深傳》、《通志》卷一七六同，大德本、汲古閣本、殿本、百衲本、中華本作“與”。

崔慰祖字悦宗，清河東武城人也。[1]父慶緒，永明中，爲梁州刺史。[2]慰祖解褐奉朝請。父喪不食鹽，母曰：“汝既無兄弟，又未有子胤。毁不滅性，政當不進肴羞耳，如何絶鹽！吾今亦不食矣。”慰祖不得已，從之。父梁州之資，家財十萬，[3]散與宗族。漆器題爲“日”字。“日”字之器流乎遠近。料得父時假貰文疏，[4]謂族子紘曰：“彼有自當見還，彼無吾何言哉！”悉火焚之。

[1]清河：郡名。治清陽縣，在今河北清河縣東南。　東武城：縣名。治所在今河北清河縣東北。

[2]梁州：州名。治南鄭縣，在今陝西漢中市東。

[3]家財十萬：按，大德本、殿本同，汲古閣本、百衲本、中華本及《南齊書》卷五二《崔慰祖傳》、《通志》卷一七六“十”

作“千”。

［4］假貰文疏：猶借欠字據。

好學，聚書至萬卷。鄰里年少好事者來從假借，日數十袠。慰祖親自取與，未嘗爲辭。

爲始安王遥光撫軍刑獄，[1]兼記室。遥光好棋，數召慰祖對戲。尉祖輒辭拙，[2]非朔望不見也。[3]

［1］始安王遥光：蕭遥光。字元暉，齊宗室。本書卷四一有傳，《南齊書》卷四五有附傳。　刑獄：官名。即刑獄參軍。又稱刑獄賊曹參軍。東晋末南朝置，公府、將軍府刑獄賊曹長官。宋七品。梁四班至流外七班。陳八品至九品。

［2］尉祖：按，底本刻誤，應改作“慰祖”。

［3］朔望：謂朝謁之禮。見《漢書》卷九七下《孝成許皇后傳》顔師古注。

建武中詔舉士，從兄慧景舉慰祖及平厚劉孝摽並碩學。[1]帝欲試以百里，[2]慰祖辭不就。國子祭酒沈約、吏部郎謝朓嘗於吏部省中賓友俱集，[3]各問慰祖地理中所不悉十餘事，慰祖口吃無華辭，[4]而酬據精悉，一坐稱服之。[5]朓歎曰：“假使班、馬復生，[6]無以過此。”

［1］慧景：崔慧景。字君山。本書卷四五、《南齊書》卷五一有傳。　平厚：按，大德本、汲古閣本、殿本、百衲本、中華本作“平原”。“厚”字訛。平原，郡名。治平原縣，在今山東平原縣西南。　劉孝摽：劉峻。字孝摽。本書卷四九有附傳，《梁書》卷五〇有傳。按，殿本、百衲本、中華本及《南齊書》卷五二《崔慰

祖傳》“摽”作“標”。《通志》卷一七六與本書同。摽，古同“標”。

[2]百里：古時一縣所轄約方百里之地。因以爲縣的代稱。

[3]謝朓：字玄暉，陳郡陽夏（今河南太康縣）人。本書卷一九有附傳，《南齊書》卷四七有傳。　吏部省：指吏部官署。

[4]口吃：按，大德本、汲古閣本、百衲本、中華本同，殿本作“口喫”。

[5]坐：按，大德本、汲古閣本、殿本、百衲本同，中華本及《南齊書·崔慰祖傳》、《通志》卷一七六作“座”。

[6]班、馬：即班固、司馬遷。

慰祖賣宅須四十五萬，買者云：“寧有減不？”答曰：“誠異韓伯休，[1]何容二價。”買者又曰：“君但賣四十六萬，[2]一萬見與。”慰祖曰：“豈是我心乎？”[3]

[1]韓伯休：韓康。字伯休，京兆霸陵（今陝西西安市東）人。《後漢書》卷八三有傳。

[2]賣：按，《南齊書》卷五二《崔慰祖傳》、《通志》卷一七六作“責”。責，求、索取。

[3]豈是我心乎：按，《南齊書·崔慰祖傳》此句上有“是即同君欺人”，似不當删。《册府元龜》卷七八七與《南齊書·崔慰祖傳》同，《通志》卷一七六作“聞君欺人，豈我心乎”。

少與侍中江祀款，[1]及祀貴，常來候之，而慰祖不往也。與丹楊丞劉渢素善，[2]遥光據東府反，慰祖在城内。城未潰一日，渢謂之曰：“卿有老母，宜出。”命門者出之。慰祖詣闕自首，繫尚方，[3]病卒。[4]

［1］江祀：字景昌，濟陽考城（今河南民權縣）人。本書卷四七、《南齊書》卷四二有附傳。

［2］劉渢：字處和，南陽（今河南南陽市）人。本書卷七三有傳。

［3］尚方：官署名。亦作上方。本爲帝王製造所用器物的作坊。多以役徒服勞作，亦爲拘禁罪囚之所。

［4］病卒：據《南齊書》卷五二《崔慰祖傳》，其卒時年三十五。

慰祖著《海岱志》，起太公迄西晋人物，[1]爲四十卷，半成。[2]臨卒，與從弟緯書云："常欲更注遷、固二史，採《史》《漢》所漏二百餘事，在厨簏，可檢寫之，以存大意。《海岱志》良未周悉，可寫數本付護軍諸從人一通，[3]及友人任昉、徐寅、劉洋、裴揆，[4]令後世知吾微有素業也。"[5]又令"以棺親土，不須甎，勿設靈坐"。

［1］太公：齊太公吕尚。

［2］爲四十卷，半成：按，《南齊書》卷五二《崔慰祖傳》"半成"作"半未成"，《通志》卷一七六與本書同。《隋書・經籍志二》著録"《海岱志》二十卷，齊前將軍記室崔慰祖撰"，正合"半成"或"半未成"之數。《舊唐書・經籍志上》《新唐書・藝文志二》著録"崔蔚祖《海岱志》十卷"，疑"蔚"字爲傳寫致訛，"十卷"蓋又散失其半，實則同一撰者的同一部書。

［3］從：按，大德本、百衲本同，汲古閣本、殿本、中華本及《南齊書・崔慰祖傳》作"從事"。應據補。参《南史》殿本考證。

［4］徐寅：按，本書卷五九《王僧孺傳》所載"高平徐夤"

者，或即其人。

［5］令後世知吾微有素業也：按，《南齊書·崔慰祖傳》無此句，《通志》卷一七六與本書同。

祖沖之字文遠，范陽遒人也。[1]曾祖台之，[2]晋侍中。祖昌，宋大匠卿。父朔之，奉朝請。

［1］范陽：郡名。治涿縣，在今河北涿州市。　遒：縣名。治所在今河北淶水縣北。按，《南齊書》卷五二《祖沖之傳》作“薊”，《通志》卷一七六與本書同。薊，縣名。治所在今北京西南隅。

［2］台之：祖台之。字元長，《晋書》卷七五有附傳。

沖之稽古，有機思，宋孝武使直華林學省，[1]賜宅宇車服。解褐南徐州從事，[2]公府參軍。

［1］華林學省：官署名。即華林省。在建康臺城華林園内，故名。南朝諸帝常聽訟、講論、宴集於此。

［2］南徐州：州名。治京口城，在今江蘇鎮江市。　從事：按，《南齊書》卷五二《祖沖之傳》作“迎從事”，《通志》卷一七六與本書同。從事、迎從事同爲州部屬吏，但各掌不同方面事務，故“迎”字不當删省。

始元嘉中，[1]用何承天所製歷，[2]比古十一家爲密。沖之以爲尚疏，乃更造新法，上表言之。[3]孝武令朝士善歷者難之，不能屈。會帝崩，而施行。[4]

［1］元嘉：南朝宋文帝劉義隆年號（424—453）。

［2］何承天：東海郯（今山東郯城縣）人。本書卷三三、《宋書》卷六四有傳。按，《隋書·律曆志中》："宋氏元嘉，何承天造曆，迄於齊末，相仍用之。"

［3］上表言之：按，表文具載《南齊書》卷五二《祖沖之傳》。

［4］而施行：按，大德本、汲古閣本、殿本、百衲本同，中華本及《南齊書·祖沖之傳》"而"作"不"。張元濟《南史校勘記》："並未施行，疑此'而'字誤。當作'不'，見《南齊·祖沖之傳》。"證以其下文"文惠太子在東宮，見沖之歷法，啓武帝施行"，是知宋孝武世沖之曆法並未施行，"而"字誤也。

歷位爲婁縣令、謁者僕射。[1]初，宋武平關中，得姚興指南車，[2]有外形而無機杼，[3]每行，使人於内轉之。昇明中，齊高帝輔政，使沖之追脩古法。沖之改造銅機，圓轉不窮，而司方如一，馬均以來未之有也。[4]時有北人索馭驎者，亦云能造指南車，高帝使與沖之各造，使於樂游苑對兵校試，[5]而頗有差僻，乃毁而焚之。晋時杜預有巧思，造欹器，三改不成。[6]永明中，竟陵王子良好古，[7]沖之造欹器獻之，與周廟不異。[8]文惠太子在東宮，[9]見沖之歷法，啓武帝施行。文惠尋薨，又寢。

［1］婁縣：縣名。治所在今江蘇昆山市東北。南朝梁改置信義縣。　謁者僕射：官名。謁者臺長官，掌大拜授及百官朝會班次，或奉命出使等。宋五品。梁六班。陳七品，秩千石。

［2］姚興：字子略，羌族。十六國後秦國主，393年至416年在位。《晋書》卷一一七、卷一一八有載記。　指南車：又稱司南

車。古代用來指示方向的車。相傳爲黄帝所作。

[3]機杼：按，《南齊書》卷五二《祖沖之傳》作“機巧”，《通志》卷一七六與本書同。

[4]馬均：按，大德本、汲古閣本、殿本、百衲本同，中華本據《三國志》卷二九《魏書·杜夔傳》裴松之注校改爲“馬鈞”。《南齊書·祖沖之傳》、《通志》卷一七六亦作“馬鈞”。當從改。馬鈞，字德衡，三國魏扶風（今陝西興平市）人。見《三國志·魏書·杜夔傳》裴松之注。

[5]使於樂游菀對共校試：按，大德本、汲古閣本、殿本、百衲本、中華本及《南齊書·祖沖之傳》、《通志》卷一七六“菀”作“苑”，“兵”作“共”。菀，通“苑”。二字應據改。樂游苑，建康苑囿名。南朝宋置，在今江蘇南京市玄武湖南岸九華山南。

[6]晋時杜預有巧思，造欹器，三改不成：按，《南齊書·祖沖之傳》無此記述，《通志》卷一七六與本書同。杜預，字文凱，京兆杜陵（今陝西西安市長安區）人。《晋書》卷三四有傳。欹器，一種傾斜易覆的盛水器。水少則傾，適中則正，過滿則覆。人君可置於座右以爲戒。見《荀子·宥坐》“孔子觀於魯桓公之廟”及楊倞注。

[7]竟陵王子良：蕭子良。字雲英，齊武帝第二子。本書卷四四、《南齊書》卷四〇有傳。

[8]與周廟不異：按，《南齊書·祖沖之傳》無此五字，《通志》卷一七六與本書同。

[9]文惠太子：蕭長懋。字雲喬，齊武帝長子。本書卷四四、《南齊書》卷二一有傳。

轉長水校尉，[1]領本職。沖之造《安邊論》，欲開屯田，廣農殖。建武中，明帝欲使沖之巡行四方，興造大業，可以利百姓者，會連有寧事，[2]事竟不行。

［1］長水校尉：官名。侍衛武官，不領兵。宋四品。梁七班。陳六品，秩千石。

［2］寧事：按，大德本、汲古閣本、殿本、百衲本、中華本及《南齊書》卷五二《祖沖之傳》、《通志》卷一七六皆作“軍事”。底本誤，應據諸本改。

沖之解鐘律、博塞，[1]當時獨絶，莫能對者。以諸葛亮有木牛流馬，乃造一器，不因風水，施機自運，不勞人力。又造千里船，於新亭江試之，[2]日行百餘里。於樂游苑造水碓磨，武帝親自臨視。又特善筭。永元二年卒，[3]年七十二。著《易》《老》《莊》義，釋《論語》《孝經》，注《九章》，造《綴述》數十篇。[4]子暅之。

［1］鐘律：原指編鍾十二律，後泛指音律。 博塞（sài）：本作簙簺。古代博戲。《莊子·駢拇》：“問穀奚事事，則博塞以遊。”成玄英疏：“行五道而投瓊曰博，不投瓊曰塞。”瓊，古代博具，猶後來的骰子。

［2］新亭：地名。在今江蘇南京市西南，地近江濱。

［3］永元：南朝齊東昏侯蕭寶卷年號（499—501）。

［4］《綴述》：書名。漢唐“算經十書”之一。《隋書·律曆志上》稱其“更開密法”“又設開差冪”“指要精密，筭氏之最者也”。或疑《隋書·經籍志三》著録的“《綴術》六卷”，與《舊唐書·經籍志下》《新唐書·藝文志三》所載“祖沖之《綴術》五卷”爲同一部書。

暅之字景爍，[1]少傳家業，究極精微，亦有巧思。

入神之妙，般、倕無以過也。[2]當其詣微之時，雷霆不能入。嘗行遇僕射徐勉，[3]以頭觸之，勉呼乃悟。父所改何承天歷，時尚未行，梁天監初，暅之更脩之，於是始行焉。[4]位至太舟卿。[5]

[1]暅之：按，本書及《梁書》《隋書》諸史或省作"暅"。《南齊書》卷五二《祖沖之傳》未附載暅之事，《梁書》亦不爲暅之立傳，此附傳爲李延壽增補，但敘事多闕。

[2]般、倕：古代傳説中的著名工匠公輸般和巧倕。後泛指能工巧匠。

[3]徐勉：字脩仁，東海郯（今山東郯城縣）人。本書卷六〇、《梁書》卷二五有傳。

[4]於是始行焉：據《隋書·律曆志中》，梁武帝天監"九年正月，用祖沖之所造甲子元曆頒朔"。

[5]太舟卿：官名。南朝梁改都水使者置，居十二卿之末，掌舟船航運及修堤挖渠等事，九班。陳沿置，三品，秩中二千石。按，大德本、百衲本、中華本同，汲古閣本、殿本及《通志》卷一七六作"太府卿"。張元濟《南史校勘記》："按梁制，太府卿爲十三班，太舟卿爲九班。暅之天監三年員外散騎侍郎，爲三班，疑太舟卿爲是。"

暅之子皓，[1]志節慷慨，有文武才略。少傳家業，善筭歷。太同中爲江都令，[2]後拜廣陵太守。

[1]暅之子皓：按，《南齊書》卷五二《祖沖之傳》未附載皓事，《梁書》亦無皓傳，此附傳爲李延壽增補。

[2]太同：按，大德本、汲古閣本、殿本、百衲本、中華本並

作“大同”。底本誤，應據諸本改。大同，南朝梁武帝蕭衍年號(535—546)。　江都：縣名。治所在今江蘇揚州市西南。

侯景陷臺城，[1]皓在城中，將見害，乃逃歸江西。[2]百姓感其遺惠，每相蔽匿。廣陵人來嶷乃説皓曰：[3]“逆豎滔天，王室如燬，正是義夫發憤之秋，志士忘軀之日。府君荷恩重世，又不爲賊所容。今逃竄草間，知者非一，危亡之甚，累棋非喻。董紹先雖景之心腹，[4]輕而無謀，新剋此州，人情不附，襲而殺之，此一壯士之任耳。今若糾率義勇，立可得三二百人。意欲奉戴府君，勦除兇逆，遠近義徒，自當投赴。如其剋捷，可立桓、文之勳。[5]必天未悔禍，事生理外，百代之下，猶爲梁室忠臣。若何？”皓曰：“僕所願也，死且甘心。”爲要勇士耿光等百餘人，襲殺景兗州刺史董紹先，推前太子舍人蕭勔爲刺史，[6]結東魏爲援。馳檄遠近，將討景。景大懼，即日率侯子鑒等攻之。[7]城陷，皓見執，被縛射之，箭遍體，然後車裂以徇。城中無少長，皆埋而射之。

[1]侯景：字萬景。本書卷八〇、《梁書》卷五六有傳。　臺城：城名。本三國吴後苑城，經晋成帝時改建，爲東晋、南朝臺省和宫殿所在地，故名。其地即今江蘇南京市雞籠山南、乾河沿北古臺城遺址。

[2]江西：此與江東對而言，習稱長江下游北岸淮河以南地區。

[3]廣陵人：據《北史》卷七六《來護兒傳》，來氏“本南陽新野人”，來嶷父成“歸梁，徙居廣陵，因家焉”。

［4］董紹先：梁武帝太清中，爲譙州助防，開城以降侯景。後歷景之臨江太守、南兖州刺史。事見本書卷五三《蕭會理傳》、卷八〇《侯景傳》，《梁書》卷五六《侯景傳》。

［5］桓、文：謂春秋五霸中的齊桓公、晋文公。

［6］蕭勔：字文祇。梁宗室。本書卷五一有附傳。

［7］侯子鑒：南朝梁人。侯景心腹，爲中軍，監南兖州事。後守姑孰，爲王僧辯擊破，僅以身免。及景敗，逃奔廣陵。事見本書、《梁書》之《侯景傳》。

來嶷字德山，幼有奇節，兼資文武。既與皓義舉，邵陵王承制除步兵校尉、奏郡太守，［1］封承寧縣侯。［2］及皓敗，并兄弟子姪遇害者十六人。子法敏，逃免，仕陳爲海陵令。［3］

［1］邵陵王：蕭綸。字世調，梁武帝第六子。本書卷五三、《梁書》卷二九有傳。　承制：秉承皇帝旨意而便宜行事。兩晋南北朝時權臣多藉此名義，自行處置政務、任免官吏。　奏郡：按，大德本、汲古閣本、殿本、百衲本、中華本作“秦郡”。底本誤刻，應據諸本改。秦郡，郡名。東晋改堂邑郡置。治尉氏縣，在今江蘇南京市六合區。南朝齊罷，梁復置。北周改六合郡。

［2］承寧：按，大德本、汲古閣本、殿本、百衲本、中華本及《通志》卷一七六作“永寧”。《北史》卷七六《來護兒傳》云“祖嶷，步兵校尉、秦郡太守、長寧縣侯”。

［3］海陵：縣名。治所在今江蘇泰州市。

賈希鏡，［1］平陽襄陵人也。［2］祖弼之，晋員外郎。［3］父匪之，驃騎參軍。［4］家傳譜學。［5］

[1]賈希鏡：按，《南齊書》卷五二《賈淵傳》作“賈淵字希鏡”，本書避唐高祖李淵諱以字行。

[2]平陽：郡名。治平陽縣，在今山西臨汾市西南。　襄陵：縣名。治所在今山西襄汾縣北。

[3]祖弼之，晋員外郎：按，《南齊書·賈淵傳》同。本書卷五九《王僧孺傳》云“員外散騎侍郎平陽賈弼”。

[4]驃騎參軍：按，《南齊書·賈淵傳》同。本書《王僧孺傳》作“太宰參軍”。

[5]家傳：按，《南齊書·賈淵傳》作“世傳”，本書避唐太宗李世民諱改。

宋孝武時，青州人發古冢，[1]銘云：“青州世子，東海女郎。”帝問學士鮑照、徐爰、蘇寶生，[2]並不能悉。希鏡對曰：“此是司馬越女，[3]嫁苟晞兒。”[4]檢訪，果然。由是見遇，敕希鏡注《郭子》。[5]昇明中，齊高帝嘉希鏡世學，取爲驃騎參軍、武陵王國郎中令。[6]歷大司馬司徒府參軍。竟陵王子良使希鏡撰《見客譜》，出爲句容令。[7]

[1]青州：州名。治東陽城，在今山東青州市。

[2]鮑照：字明遠。本書卷一三、《宋書》卷五一有附傳。　蘇寶生：一名蘇寶。本書卷二一、《宋書》卷七五有附傳。

[3]司馬越：字元超，西晋宗室。封東海王。《晋書》卷五九有傳。

[4]苟晞：字道將，河内山陽（今河南焦作市）人。從司馬越征討有功，累遷征東大將軍，領青州刺史，封東平郡公。《晋書》卷六一有傳。

［5］赦：按，大德本、汲古閣本、殿本、百衲本、中華本及《南齊書》卷五二《賈淵傳》、《通志》卷一七六作“敕”。底本誤，應據諸本改。　《郭子》：書名。軼事小説集，三卷。東晋郭澄之撰，齊賈淵注。《隋書・經籍志三》《舊唐書・經籍志下》《新唐書・藝文志三》均有著録。

［6］武陵王：劉贊。宋明帝第九子，出繼宋孝武帝，封武陵郡王。本書卷一四、《宋書》卷八〇有傳。　郎中令：官名。王國屬官，爲王國三卿之一，侍從左右，戍衛王宫，領諸大夫、郎官等。宋六品。梁五班至一班不等。陳八品至九品，秩六百石、四百石、二百石不等。

［7］句容：縣名。治所在今江蘇句容市華陽街道。

先是，譜學未有名家，希鏡祖弼之廣集百氏譜記，專心習業。晋泰元中，[1]朝廷給弼之令史書史，[2]撰定繕寫，藏秘閣及左户曹。[3]希鏡三世傳學，凡十八州士族譜，合百帙，[4]七百餘卷，該究精悉，皆如貫珠，當時莫比。永明中，衛軍王儉抄次百家譜，[5]與希鏡參懷撰定。

［1］泰元：即太元。東晋孝武帝司馬曜年號（376—396）。按，大德本、汲古閣本、殿本、百衲本同，中華本作“太元”。

［2］書史：按，大德本、汲古閣本、殿本、百衲本及《通志》卷一七六同，中華本據《南齊書》卷五二《賈淵傳》改作“書吏”。

［3］秘閣：官署名。宫中藏書之處的統稱。《資治通鑑》卷一四〇胡三省注“晋有中外三閣經書。陸機謝表云‘身登三閣’，謂爲秘書郎掌中外三閣秘書也，此‘秘閣’之名所由始。”　左户曹：官署名。即左民曹，本書避唐太宗李世民諱改。兩晋、南朝皆

置，爲尚書省諸曹之一。長官左民郎（郎中），屬左民尚書。掌修繕、鹽池、園苑等土木工程，梁、陳兼掌户籍。

[4]帙：書、畫的封套，亦稱函。《通志》卷一七六作“袠”。袠，同“帙”。

[5]衛軍王儉抄次百家譜：按，大德本、汲古閣本、百衲本、中華本及《南齊書·賈淵傳》、《通志》卷一七六同，殿本“衛軍”作“衛將軍”。按，《隋書·經籍志二》著録“《百家集譜》十卷，王儉撰”。

建元初，[1]希鏡遷長水校尉。傖人王泰寶買襲《琅邪譜》，尚書令王晏以啓明帝，[2]希鏡坐被收，當極法。子棲長謝罪，稽顙流血，朝廷哀之，免希鏡罪。後爲北中郎參軍，平。[3]撰《氏族要狀》及《人名書》，[4]並行於時。

[1]建元：按，大德本、汲古閣本、殿本、百衲本同。中華本據《南齊書》卷五二《賈淵傳》改作“建武”。建元爲齊高帝年號，建武爲齊明帝年號，“希鏡坐被收”乃齊明帝時事，自當以“建武”爲是。《通志》卷一七六亦作“建武”。參中華本校勘記。

[2]王晏：字休默，琅邪臨沂（今山東臨沂市）人。本書卷二四有附傳，《南齊書》卷四二有傳。

[3]平：按，大德本、汲古閣本、殿本、百衲本、中華本作“卒”。底本誤，應據諸本改。據《南齊書·賈淵傳》，希鏡卒於齊和帝中興元年（501），年六十二。

[4]《氏族要狀》：譜牒類著述。《隋書·經籍志二》僅録書名，未注撰者，《舊唐書·經籍志上》《新唐書·藝文志二》作“賈希鏡《氏族要狀》十五卷”。

袁峻字孝高，陳郡陽夏人，[1]魏郎中令涣之八世孫也。[2]早孤，篤志好學。家貧無書，每從人假借，必皆抄寫。自課日五十紙，紙數不登則不止。訥言語，工文辭。梁武帝雅好辭賦，時獻文章於南闕者相望焉。天監六年，峻乃擬楊雄《官箴》奏之。[3]帝嘉焉，賜束帛。除員外散騎侍郎，[4]直文德學士省，抄《史記》《漢書》各爲二十卷。又奉敕與陸倕各製《新闕銘》云。[5]

［1］陽夏：縣名。治所在今河南太康縣。

［2］涣：袁涣。字曜卿，陳郡扶樂（今河南太康縣）人。《三國志》卷一一有傳。扶樂，東漢置，縣治今河南太康縣西北，西晋廢入陽夏縣。

［3］楊雄：亦作揚雄。蜀郡成都（今四川成都市）人。《漢書》卷八七有傳。　《官箴》：按，大德本、汲古閣本、殿本、百衲本作“言箴”，中華本據《梁書》卷四九《袁峻傳》，《册府元龜》卷一九二、卷三八九改作“官箴”。《漢書》卷八七《揚雄傳》衹提到雄以爲“箴莫善於《虞箴》，作《州箴》”，顔師古注引晋灼曰“九州之箴也”。“官箴”一名當出自《後漢書》卷四四《胡廣傳》，其云:“楊雄依《虞箴》作十二州二十五《官箴》。”

［4］員外散騎侍郎：按，《梁書·袁峻傳》同，大德本、汲古閣本、殿本、百衲本、中華本作“員外郎散騎侍郎”。

［5］又奉敕與陸倕各製《新闕銘》云：按，陸倕《石闕銘》文見《文選》卷五六，袁峻所製銘文已不存。陸倕，字佐公，吴郡吴（今江蘇蘇州市）人。本書卷四八有附傳，《梁書》卷二七有傳。

劉昭字宣卿，平原高唐人，[1]晋太尉寔九世孫也。[2]祖伯龍，居父憂以孝聞，宋武帝敕皇太子、諸王並往吊慰，官至少府卿。父彪，齊征虜晋安王記室。[3]

[1]高唐：縣名。治所在今山東禹城市西南。

[2]寔：劉寔。字子真，《晋書》卷四一有傳。

[3]晋安王：蕭子懋。字雲昌，齊武帝第七子。本書卷四四、《南齊書》卷四〇有傳。

昭幼清警，通《老》《莊》義。及長，勤學善屬文，外兄江淹早相稱賞。梁天監中，累遷中軍臨川王記室。初，昭伯父彤集衆家《晋書》，注于寶《晋紀》爲四十卷，[1]至昭集《後漢》同異以注范曅《後漢》，[2]世稱博悉。卒於剡令。[3]集注《後漢》一百八十卷，[4]《幼童傳》一卷，[5]文集十卷。

[1]于寶：按，汲古閣本同，大德本、殿本、百衲本、中華本及《梁書》卷四九《劉昭傳》作"干寶"。底本誤，應改作"干寶"。干寶，字令升，新蔡（今河南新蔡縣）人。《晋書》卷八二有傳。　《晋紀》：干寶撰編年體西晋史。"起宣帝，迄愍，五十三年"，二十卷，《隋書·經籍志二》有著録。原書久佚，《文選》選録有《晋紀·總論》《晋紀·論晋武帝革命》史論二篇。

[2]范曅《後漢》：按，《梁書·劉昭傳》作"范曄書"，《通志》卷一七六作"范曄《後漢書》"。范曄，字蔚宗，順陽（今河南淅川縣）人。本書卷三三有附傳，《宋書》卷六九有傳。

[3]剡：縣名。治所在今浙江嵊州市西南。

[4]一百八十卷：按，大德本、汲古閣本、殿本、百衲本同，中華本從"王鳴盛《十七史商権》二九訂其誤"，改作"一百三十卷"。《梁書》中華本校勘記雖以爲今本《後漢書》"不符一百八十

卷之數，‘八’或係‘三’之訛”，却未改動原文。《通志》卷一七六與本書同。見本書、《梁書》二書校勘記。按，《隋書·經籍志二》著録“《後漢書》一百二十五卷，范曄本，梁剡令劉昭注”，《舊唐書·經籍志上》《新唐書·藝文志二》皆作“劉昭補注《後漢書》五十八卷”。

[5]《幼童傳》一卷：按，《梁書·劉昭傳》“一卷”作“十卷”，《隋書·經籍志二》《舊唐書·經籍志上》《新唐書·藝文志二》並作“十卷”，《通志》卷六五作“十卷”、卷一七六作“一卷”。

子縚字言明，亦好學，通《三禮》，位尚書祠部郎，[1]著《先聖本記》十卷，行於世。[2]

[1]尚書祠部郎：官名。尚書省祠部曹長官通稱。亦稱祠部郎中，資深勤能者可轉侍郎。多以明禮通儒充任。宋六品。梁五班。陳四品，秩六百石。按，《梁書》卷四九《劉昭傳》下有“尋去職不復仕”六字。

[2]著《先聖本記》十卷，行於世：按，《梁書·劉昭傳》無此十字，《通志》卷一七六與本書同。《先聖本記》十卷，《隋書·經籍志二》《舊唐書·經籍志上》《新唐書·藝文志二》並有著録，皆作“先聖本紀”。

縚弟緩，字含度，[1]爲湘東王中録事。[2]性虛遠，有氣調，風流迭宕，[3]名高一府。[4]常云：“不須名位，所須衣食。[5]不用身後之譽，唯重目前知見。”

[1]含度：按，大德本、汲古閣本、百衲本、中華本及《梁書》卷四九《劉昭傳》、《通志》卷一七六同，殿本作“合度”。

［2］湘東王：蕭繹。即梁元帝。字世誠，梁武帝第七子，初封湘東王。本書卷八、《梁書》卷五有紀。　中録事：官名。王府中録事參軍的省稱。南朝梁始於皇弟皇子府置，七班。陳沿置，六品。

［3］迭宕：按，汲古閣本、百衲本、中華本同，大德本、殿本作“跌宕”。

［4］名高一府：按，《梁書·劉昭傳》作“時西府盛集文學，緩居其首”，“其首”以下至傳末爲“除通直郎，俄遷鎮南湘東王中録事，復隨府江州，卒”，無“常云不須名位”諸語。

［5］不須名位，所須衣食：按，《册府元龜》卷八五五與本書同，《通志》卷一七六作“不須衣食”。

鍾嶸字仲偉，潁川長杜人，[1]晋侍中雅七世孫也。[2]父蹈，齊中軍參軍。[3]

［1］潁川：郡名。治許昌縣，在今河南許昌市東。　長杜：按，大德本、汲古閣本、殿本、百衲本、中華本及《梁書》卷四九《鍾嶸傳》、《通志》卷一七六作“長社”。潁川郡領縣歷來祇有長社而無長杜，“社”“杜”形近易訛。底本誤，應據諸本改。長社，縣名。治所在今河南長葛市東北。

［2］雅：鍾雅。字彦胄。《晋書》卷七〇有傳。

［3］中軍參軍：按，《梁書·鍾嶸傳》同，《隋書·經籍志四》作“中軍佐”，《通志》卷六九作“中軍佐”、卷一七六作“中軍參軍”。

嶸與兄岏、弟嶼並好學，有思理。嶸，齊永明中爲國子生，明《周易》。衛將軍王儉領祭酒，頗賞接之。建武初，爲南康王侍郎。[1]時齊明帝躬親細務，[2]綱目亦密。於是郡縣及六署九府常行職事，[3]莫不争自啓聞，取決詔敕。文武勳舊皆不歸選部，[4]於是憑勢互相通進，人君之務，粗爲繁密。嶸乃上書言："古者明君，揆才頒政，量能授職，三公坐而論道，九卿作而成務，天子可恭己南面而已。"書奏，上不懌，謂太中大夫顧暠曰：[5]"鍾嶸何人，欲斷朕機務，卿識之不？"答曰："嶸雖位末名卑，而所言或有可採。且繁碎職事，各有司存，今人主總而親之，是人主愈勞而人臣愈逸，所謂代庖人宰而爲大匠斵也。"上不顧而他言。永元末，除司徒行參軍。[6]

[1]建武初，爲南康王侍郎：按，《梁書》卷四九《鍾嶸傳》作"起家王國侍郎"，《通志》卷一七六與本書同。侍郎，官名。王國屬官。位在王國常侍下，或分置左、右。掌贊相威儀，通傳教令。宋八品。梁一班至流外二班不等。陳九品至流外不等。

[2]時齊明帝躬親細務：以下至"上不顧而他言"，按，此段記述爲《梁書·鍾嶸傳》所無。齊明帝，蕭鸞。齊高帝兄子，494年至498年在位。本書卷五、《南齊書》卷六有紀。

[3]六署九府：衆多官署的合稱。六署，指尚書左右僕射、左右丞所領除署、功論、封爵、貶黜、八議、疑讞等六個辦事機構；九府，指太常、光禄勳、衛尉、廷尉、大司農、少府、將作大匠、太僕、大鴻臚等九卿府。見《資治通鑑》卷一四〇《齊紀六》胡三省注，參《南齊書·百官志》。

[4]選部：官署名。即吏部。以選部爲吏部的前身，故後也作爲吏部的代稱。設尚書爲長官，掌選任官吏。

[5]太中大夫：官名。亦作大中大夫。侍從皇帝左右，掌顧問應對，參謀議政。宋七品。品秩雖不高，禄賜與卿相當。梁、陳多

用以安置老疾退免的九卿等大臣，無職事。梁十一班。陳四品，秩千石。　顧暠：即顧暠之。吴郡（今江蘇蘇州市）人。本書卷二四、《南齊書》卷四三有附傳。

[6]行參軍：官名。南朝公府、將軍府、州府皆置，掌參議軍事或專主某事。不署曹，員額不定，品階例低於參軍。按，據《宋書·百官志下》，諸府參軍位第七品。

梁天監初，制度雖革，而未能盡改前弊，[1]嶸上言曰："永元肇亂，坐弄天爵，勳非即戎，官以賄就。揮一金而取九列，[2]寄片札以招六校。[3]騎都塞市，[4]郎將填街。[5]服既纓組，[6]尚爲臧獲之事；[7]職唯黄散，[8]猶躬胥徒之役。[9]名實淆紊，兹焉莫甚。臣愚謂永元諸軍官是素族士人，[10]自有清貫，[11]而因斯受爵，一宜削除，以懲澆競。若吏姓寒人，[12]聽極其門品，[13]不當因軍遂濫清級。[14]若僑雜傖楚，[15]應在綏撫，正宜嚴斷禄力，[16]絶其訪正，[17]直乞虚號而已。"敕付尚書行之。[18]衡陽王元簡出守會稽，[19]引爲寧朔記室，專掌文翰。時居士何胤築室若邪山，[20]山發洪水，漂拔樹石，此室獨存。[21]元簡令嶸作《瑞室頌》以旌表之，[22]辭甚典麗。遷西中郎晋安王記室。[23]

[1]而未能盡改前弊：按，《梁書》卷四九《鍾嶸傳》作"而日不暇給"，《通志》卷一七六與本書同。

[2]九列：本指漢九卿之位。參《漢書》卷七三《韋玄成傳》顔師古注。此泛指文官。

[3]六校：本指漢西域都護所領副校尉、戊校尉、己校尉及陽威、合騎、白虎六校尉。參《漢書》卷七〇《陳湯傳》。此泛指

武將。

［4］騎都：即騎都尉。爲親近侍從武官，多用作加官。宋六品。

［5］郎將：即中郎將。次於將軍、高於校尉的統兵武職，品秩高低不等，其東、南、西、北四中郎將職位高於一般雜號將軍。

［6］纓組：結冠的絲帶。此借指官吏。

［7］臧獲：奴婢的賤稱。

［8］唯：按，《梁書·鍾嶸傳》同，大德本、汲古閣本、殿本、百衲本、中華本及《通志》卷一七六作"雖"。　黄散：黄門侍郎、散騎常侍。此代指皇帝的侍從。

［9］胥徒：本指民之服徭役者。亦泛指官府中的衙役。

［10］素族：累代世族，即皇族之外的高級士族。參周一良《南齊書札記·素族》（《魏晋南北朝史札記》，中華書局1985年版，第217—219頁）、祝總斌《素族、庶族解》（《北京大學學報》1984年第3期）。

［11］清貫：素族籍貫的敬稱。猶郡望。

［12］吏姓：又稱吏門。南朝門第之一。指庶族中爲地方官府服事供職的人户。　寒人：門第卑微之人。

［13］門品：本指家族或家庭在社會上的地位等級。此處指吏姓寒人的勳級品階。

［14］清級：顯貴的官位。魏晋南北朝指由士族高門把持的官職。

［15］僑雜：僑居雜處。　傖楚：六朝江東對楚地居民的蔑稱。亦用爲楚人的代稱，或泛指粗鄙之人。

［16］禄力：猶官吏俸給。

［17］訪正：按，汲古閣本同，大德本、殿本、百衲本、中華本及《梁書·鍾嶸傳》作"妨正"，《通志》卷一七六作"請求"。

［18］尚書：尚書省的略稱。

［19］衡陽王元簡：蕭元簡。梁武帝弟蕭暢之子。本書卷五一有附傳、《梁書》卷二三有傳。

[20]何胤：字子季，廬江灊（今安徽霍山縣）人。本書卷三〇、《梁書》卷五一有傳。　若邪山：山名。一作若耶山。即今浙江紹興市東南化山。

[21]山發洪水，漂拔樹石，此室獨存：按，《梁書·鍾嶸傳》、《通志》卷一七六並同。據本書《何胤傳》記載，此事發生地點在“秦望山”，而非“若邪山”。秦望山，即今浙江杭州市南將臺山。

[22]《瑞室頌》：按，大德本、殿本、中華本及《梁書·鍾嶸傳》、《通志》卷一七六同，汲古閣本作“瑞室”。其下爲一墨釘。

[23]遷：按，《梁書·鍾嶸傳》作“選”，《通志》卷一七六與本書同。　西中郎晋安王：蕭綱。梁簡文帝。武帝第三子，天監五年（506）封晋安王，十七年徵爲西中郎將。本書卷八、《梁書》卷四有紀。

嶸嘗求譽於沈約，約拒之。及約卒，[1]嶸品古今詩爲評，言其優劣，[2]云：[3]“觀休文衆製，五言最優。[4]齊永明中，桓王愛文，[5]王元長等皆宗附約。[6]于時謝朓未遒，江淹才盡，范雲名級又微，故稱獨步。故當辭密於范，意淺於江。”蓋追宿憾，以此報約也。頃之，卒官。

[1]嶸嘗求譽於沈約，約拒之。及約卒：按，《梁書》卷四九《鍾嶸傳》無此十三字，亦無下文“蓋追宿憾，以此報約也”九字。《通志》卷一七六與本書同。

[2]嶸品古今詩爲評，言其優劣：按，《梁書·鍾嶸傳》作“嶸嘗品古今五言詩，論其優劣，名爲《詩評》”。《詩評》即《詩品》，《隋書·經籍志四》：“《詩評》三卷，鍾嶸撰，或曰《詩品》。”

[3]云：按，《梁書·鍾嶸傳》作“其序曰”。

[4]觀休文衆製，五言最優：以下至“故當辭密於范，意淺於江”，按，此段專論沈約五言詩的評語，文載《詩品》卷二，列中品三十九詩人之末。李延壽以此替代《詩品序》，意在證明嶸“蓋追宿憾，以此報約也”。休文，即沈約，字休文。

[5]桓王：按，大德本、汲古閣本、殿本、百衲本、中華本皆作“相王”。《詩品》亦作“相王”。底本誤，應據諸本改。相王，齊竟陵王蕭子良。齊武帝永明中歷司徒、侍中、揚州刺史、中書監等，故稱“相王”。

[6]王元長：王融。字元長，琅邪臨沂（今山東臨沂市）人。本書卷二一有附傳，《南齊書》卷四七有傳。

岏字長丘，[1]位建康令卒。[2]著《良吏傳》十卷。[3]

[1]長丘：按，《梁書》卷四九《鍾嶸傳》作“長岳”，《册府元龜》卷五五五、《通志》卷一七六作“長邱”。

[2]位建康令卒：按，《梁書·鍾嶸傳》作“官至府參軍、建康平”。《册府元龜》卷五五五“位”作“官至”，無“卒”字。《通志》卷一七六與本書同。

[3]《良吏傳》十卷：《隋書·經籍志二》《舊唐書·經籍志上》《新唐書·藝文志二》並有著録。按，“良吏傳”之“吏”字，《梁書》舊本、《舊唐書》殿本卷四六、《太平御覽》卷六九三引鍾岏書、《册府元龜》並訛作“史”字。

嶼字季望，永嘉郡丞。[1]

[1]永嘉郡丞：按，《梁書》卷四九《鍾嶸傳》下有“天監十五年，敕學士撰《徧略》，嶼亦預焉。兄弟並有文集”之語。似不當删。

周興嗣字思纂，陳郡頊人也。[1]世居姑熟，[2]博學善屬文。嘗步自姑熟，投宿逆旅，夜有人謂曰："子才學邁世，初當見議貴臣，[3]卒被知英主。"[4]言終不測所之。齊隆昌中，侍中謝朏爲吴興太守，[5]唯興嗣初談文史而已。[6]及罷郡，因大相談薦。[7]

[1]頊：按，大德本、汲古閣本、殿本、百衲本作"項"。底本誤，應據諸本改。項，縣名。治所在今河南沈丘縣。

[2]姑熟：地名。亦作姑孰。在今安徽當塗縣。

[3]議：大德本、汲古閣本、殿本、百衲本作"識"。

[4]英主：按，大德本、殿本、百衲本、中華本同；汲古閣本無"英"字，其位置爲墨釘。

[5]侍中謝朏：按，大德本、汲古閣本、百衲本、中華本"侍中"作"侍郎"，《梁書》卷四九《周興嗣傳》及《通志》卷一七六與本書同。《梁書》卷一五《謝朏傳》云："隆昌元年，復爲侍中。"則"侍中"爲是。謝朏，字敬沖，陳郡陽夏（今河南太康縣）人。本書卷二〇有附傳，《梁書》卷一五有傳。

[6]唯興嗣初談文史而已：按，大德本、汲古閣本、百衲本同，殿本及《梁書·周興嗣傳》"興嗣初"作"與興嗣"，中華本作"與興嗣初"，《通志》卷一七六作"唯與興嗣共談而已"。

[7]談薦：按，《梁書·周興嗣傳》作"稱薦"，《通志》卷一七六與本書同。

梁天監初，奏《休平賦》，其文甚美。武帝嘉之，拜安成王國侍郎，直華林省。其年，河南獻舞馬，[1]詔興嗣與待詔到沆、張率爲賦，[2]帝以興嗣爲工。擢拜員外散騎侍郎，進直文德、壽光省。[3]時武帝以三橋舊宅爲光宅寺，[4]敕興嗣與陸倕各製寺碑，及成俱奏，帝以興嗣所製。[5]自題《銅表銘》《栅塘碣》《檄魏文》《次韻王羲之書千字》，[6]並使興嗣爲文。每奏，帝稱善，賜金帛。後佐撰國史。興嗣兩手先患風疽，十二年，文染癘疾，[7]左目盲。帝撫其手，嗟曰："斯人而有斯疾。"[8]手疏疽方以賜之。[9]任昉又愛其才，常曰："興嗣若無此疾，旬日當至御史中丞。"十七年，爲給事中，[10]直西省。[11]周捨奉敕注武帝所製歷代賦，[12]啓興嗣助焉。[13]普通二年，[14]卒。所撰《皇帝實録》《皇德記》《起居注》《職儀》等百餘卷，[15]文集十卷。[16]

[1]河南：古國名。即鮮卑族所建吐谷渾國。因其地在今青海黄河以南而得名。本書卷七九有傳。

[2]到沆：字茂瀣，彭城武原（今江蘇邳州市）人。本書卷二五有附傳，《梁書》卷四九有傳。　張率：字士簡，吴郡吴（今江蘇蘇州市）人。本書卷三一有附傳，《梁書》卷三三有傳。

[3]文德、壽光省：並官署名。南朝梁置。文德省設於宫城文德殿，爲文學侍臣入侍之處，置學士，亦有以員外散騎侍郎等官入直或待詔其中。壽光省設於宫城壽光殿，爲文學侍臣入直之處，置司文郎、司義郎、學士等官，亦或令他官入直。

[4]三橋舊宅：梁武帝蕭衍的出生地，在秣陵縣同夏里，今江蘇南京市東南。　光宅寺：佛寺名。南朝梁武帝天監六年（507）建。見《建康實録》卷一七。

[5]以：按，大德本、汲古閣本、百衲本同，殿本、中華本及《梁書》卷四九《周興嗣傳》、《通志》卷一七六作"用"。

[6]自題：按，大德本、汲古閣本、百衲本及《通志》卷一七六同，殿本、中華本及《梁書·周興嗣傳》作"自是"。　《檄魏

文》：按，《梁書·周興嗣傳》、《册府元龜》卷八三九、《通志》卷一七六並作“北伐檄”。　《次韻王羲之書千字》：《隋書·經籍志一》《舊唐書·經籍志上》均著録“《千字文》一卷”，《新唐書·藝文志一》作“《次韻千字文》一卷”。按，關於周興嗣《千字文》用字的選取主要有三種説法：一爲王羲之書；二爲鍾繇書，即《宋史》卷二六六《李至傳》所謂“《千文》乃梁武得破碑鍾繇書，命周興嗣次韻而成”，參《梁書》殿本考證；三是兼取鍾繇、王羲之書，見《太平御覽》卷六〇一引《梁書》：“武帝取鍾、王真迹授周興嗣，令選不重復者千字韻而文之。”

［7］文：大德本、汲古閣本、殿本、百衲本作“叉”。按，底本誤，應據諸本改。

［8］斯人而有斯疾：按，大德本、殿本、百衲本、中華本同，汲古閣本“有”作“何”。《通志》卷一七六作“斯人也，而有斯疾也”。

［9］手疏疽方以賜之：按，《梁書·周興嗣傳》、《通志》卷一七六“手疏”下有“治”字，本書避唐高宗李治諱删。

［10］給事中：官名。南朝隸集書省，常侍從皇帝左右，獻納得失，雖可封駁，權不甚重。亦管圖書文翰、修史等事。宋五品。梁四班。陳七品，秩六百石。

［11］西省：官署名。南朝中書省、秘書省的别稱。

［12］周捨：字昇逸，汝南安成（今河南汝南縣）人。本書卷三四有附傳，《梁書》卷一五有傳。

［13］啓興嗣助焉：按，大德本、殿本及《梁書·周興嗣傳》、《通志》卷一七六同，汲古閣本、百衲本、中華本“助”作“與”。

［14］普通：南朝梁武帝蕭衍年號（520—527）。

［15］《皇帝實録》：《隋書·經籍志二》著録“《梁皇帝實録》三卷，周興嗣撰，記武帝事”，列在史部的雜史類。《舊唐書·經籍志上》作“《梁皇帝實録》三卷，周興嗣撰”，《新唐書·藝文志二》作“周興嗣《梁皇帝實録》二卷”，均轉入起居注類。

[16]文集十卷：《舊唐書·經籍志下》《新唐書·藝文志四》皆有著録。

吴均字叔庠，吴興故部人也。[1]家世寒賤，至均好學有俊才，沈約嘗見均文，頗相稱賞。梁天監初，柳惲爲吴興，[2]召補主簿，[3]日引與賦詩。均文體清拔，有古氣，好事者或斅之，謂爲“吴均體”。均嘗不得意，[4]贈惲詩而去，久之復來，惲遇之如故，弗之憾也。薦之臨川靖惠王，王稱之於武帝，即日召入賦詩，悦焉。待詔著作，[5]累遷奉朝請。[6]

[1]故部：按，大德本、汲古閣本、殿本、百衲本作“故鄣”。底本誤，應據諸本改。故鄣，縣名。治所在今浙江安吉縣西北。

[2]柳惲：字文暢，河東解（今山西臨猗縣）人。本書卷三八有附傳，《梁書》卷二一有傳。

[3]召補：官制術語。召，徵召來授予官職或另有調用。補，官有缺位選員遞補。　主簿：官名。郡門下吏，位次功曹。録門下衆事，省署文書簿籍等。

[4]均嘗不得意：以下至“待詔著作”，按，《梁書》卷四九《吴均傳》無此段記述，有“建安王偉爲揚州，引兼記室，掌文翰”諸事，《通志》卷一七六兼有本書、《梁書》所叙。

[5]著作：官署名。即著作省。西晋改著作局置，隸秘書省。長官著作郎，掌國史、起居注修撰等。

[6]累遷：按，《梁書·吴均傳》作“還除”。

先是，均將著史以自名，[1]欲撰齊書，求借齊起居注及群臣行狀，[2]武帝不許，[3]遂私撰《齊春秋》，奏之。書稱帝爲齊明帝佐命。[4]帝惡其實録，以其書不實，使中書舍人劉之遴詰門數十條，[5]竟支離無對。敕付省焚之，[6]坐免職。尋有敕召見，使撰《通史》，[7]起三皇訖齊代。均草本紀、世家已畢，唯列傳未就，卒。[8]

[1]均將著史以自名：以下至“遂私撰《齊春秋》，奏之”，按，《梁書》卷四九《吴均傳》作“均表求撰《齊春秋》，書成奏之”，《通志》卷一七六、《太平御覽》卷六〇三引《梁書》皆與本書同。

[2]起居注：史書分類名。爲帝王言行的記録。兩漢由宫内修撰，之後設官專修。魏晋及南朝多以著作郎兼修起居注。　行狀：文體名。始於南朝。狀死者生平之行實，上之於朝廷以請謚。

[3]武帝不許：據劉知幾《史通·古今正史》，“時奉朝請吴均，亦表請撰齊史，乞給起居注并群臣行狀。有詔：‘齊氏故事，布在流俗，聞見既多，可自搜訪也。’均遂撰《齊春秋》三十篇”。

[4]書稱帝爲齊明帝佐命：按，《梁書·吴均傳》無此九字，《通志》卷一七六與本書同。

[5]劉之遴：字思貞，南陽涅陽（今河南鄧州市）人。本書卷五〇有附傳，《梁書》卷四〇有傳。　詰門：按，大德本、汲古閣本、殿本、百衲本、中華本皆作“詰問”。底本誤，應據諸本改。　數十條：按，《梁書·吴均傳》作“數條”，《通志》卷一七六與本書同。

[6]敕付省焚之：按，《隋書·經籍志二》著録“《齊春秋》三十卷，梁奉朝請吴均撰”，故劉知幾《史通·古今正史》以爲梁武帝雖“惡其實，詔燔之，然其私本竟能與蕭氏所撰並傳於後”。蕭氏，蕭子顯。

[7]《通史》：書名。吴均等撰。以梁武帝作序、贊，故題梁武帝撰。《隋書·經籍志二》《舊唐書·經籍志上》《新唐書·藝文

志二》均有著録，然卷數皆非本書卷七《梁武帝紀下》及《梁書》卷三《武帝紀下》所言“六百卷”。按，《史通·六家》作“六百二十卷”。

[8]卒：據《梁書·吴均傳》，其卒於梁武帝普通元年（520），時年五十二。

均注范曄《後漢書》九十卷，著《齊春秋》三十卷，[1]《廟記》十卷，《十二州記》十六卷，《錢唐先賢德》五卷，[2]《續文釋》五卷，文集二十卷。[3]

[1]三十卷：按，《隋書·經籍志二》《新唐書·藝文志二》同，《舊唐書·經籍志上》作“三卷”。

[2]《錢唐先賢德》五卷：按，大德本、汲古閣本、殿本、百衲本、《梁書》卷四九《吴均傳》、《通志》卷一七六“德”皆作“傳”。底本誤，應據諸本改。按，《隋書·經籍志》未著録，《舊唐書·經籍志上》《新唐書·藝文志二》皆作“吴均《吴郡錢塘先賢傳》五卷”。

[3]文集二十卷：《隋書·經籍志四》《舊唐書·經籍志下》《新唐書·藝文志四》皆有著録。

先是有濟陽江洪，[1]工屬文，爲建陽今，[2]坐事死。

[1]濟陽：郡名。治濟陽縣，在今河南蘭考縣東北。按，“濟陽江洪”已附本書卷五九《王僧孺傳》，此重出。

[2]建陽：縣名。治所在今福建南平市建陽區東北。按，《隋書·經籍志四》著録“梁建陽令《江洪集》二卷”。　今：按，大德本、汲古閣本、殿本、百衲本作“令”。底本誤，應據諸本改。

劉勰字彦和，東莞莒人也。[1]父尚，越騎校尉。[2]

[1]莒：縣名。治所在今山東莒縣。

[2]越騎校尉：官名。南朝爲侍衛武官，不領兵，多用以安置勳舊武臣。宋四品。梁七班。陳六品，秩千石。

勰早孤，篤志好學。家貧不婚娶，依沙門僧祐居，[1]遂博通經論，[2]因區别部類，録而序之。定林寺經藏，[3]勰所定也。

[1]僧祐：南朝齊、梁高僧。俗姓俞，彭城下邳（今江蘇睢寧縣）人，生於建康。少出家，受業於法穎，精於戒律。撰《出三藏記集》，一稱《僧祐録》《弘明集》等。釋慧皎《高僧傳》卷一一有傳。

[2]遂博通經論：按，《梁書》卷五〇《劉勰傳》上有"積十餘年"四字，《通志》卷一七六與《梁書》同。經論，佛教語。三藏中經藏和論藏的合稱。經藏，爲佛陀及其最早門徒教説之要義，屬經部類。論藏，爲佛教各派學者對佛教教義的論述解説，屬論部類。

[3]定林寺：佛寺名。在今江蘇南京市東紫金山頂。

梁天監中，兼東宫通事舍人。[1]時七廟饗薦已用蔬果，[2]而二郊農社猶有犧牲，[3]勰乃表言二郊宜與七廟同改。詔付尚書議，依勰所陳。遷步兵校尉，[4]兼舍人如故，深被昭明太子愛接。[5]

[1]東宫通事舍人：官名。又稱太子通事舍人。南朝梁置。東

宫官屬，多以他官兼任，掌宣傳皇太子令旨、東宫内外啓奏。一班。陳沿置，九品。一説南朝齊置，茹法亮曾任此官職。

［2］七廟：古代帝王供奉祖先的宗廟。《禮記·王制》："天子七廟，三昭三穆，與太祖之廟而七。"　饗薦：祭獻。饗，通"享"。

［3］二郊：指南郊、北郊。帝王祭祀天地之處。　農社：即神農社。古代祭祀神農的處所。　犧牲：用作祭品的牲畜，色純爲"犧"，體全爲"牲"。

［4］步兵校尉：官名。即太子步兵校尉。又稱東宫步兵校尉。東宫侍從武官，爲太子三校之一。梁七班。陳六品，秩千石。

［5］昭明太子：蕭統。字德施，梁武帝長子，梁初立爲皇太子，卒謚昭明。本書卷五三、《梁書》卷八有傳。

初，勰撰《文心雕龍》五十篇，論古今文體。[1]其序略云："予齒在逾立，嘗夜夢執丹漆之禮器，隨仲尼而南行，寤而喜曰：[2]大哉，聖人之難見也，迺小子之垂夢歟！自生靈以來，未有如夫子者也。[3]敷讚聖旨，莫若注經，而馬、鄭諸儒弘之已精，[4]就有深解，未足立家。唯文章之用，實經典枝條，五禮資之以成，[5]六典因之致用。[6]於是搦筆和墨，乃始論文。其爲文用四十九篇而已。"[7]既成，未爲時流所稱。勰欲取定於沈約，無由自達，[8]乃負書候約於車前，狀若貨鬻者。約取讀，大重之，謂"深得文理"，常陳諸几案。

［1］論古今文體：按，《梁書》卷五〇《劉勰傳》下有"引而次之"四字，《通志》卷一七六與本書同。

［2］寤而喜曰：按，《梁書·劉勰傳》作"旦而寤，迺怡然而喜"，《通志》卷一七六與本書同。

[3]自生靈以來，未有如夫子者也：語本《孟子·公孫丑上》："出於其類，拔乎其萃，自生民以來，未有盛於孔子也。"按，《梁書·劉勰傳》"生靈"作"生人"，《通志》卷一七六作"生民"。

[4]馬、鄭：指東漢經學大師馬融、鄭玄。馬融，字季長，扶風茂陵（今陝西興平市）人。《後漢書》卷六〇上有傳。鄭玄，字康成，北海高密（今山東高密市）人。《後漢書》卷三五有傳。

[5]五禮：指吉、凶、賓、軍、嘉五種禮制。參《周禮·地官·大司徒》鄭玄注引鄭司農云。

[6]六典：謂治、教、禮、政、刑、事六種治理邦國的法典。參《周禮·天官·大宰》。

[7]其爲文用四十九篇而已：此化用《易·繫辭》"大衍之數五十，其用四十有九"之説。《文心雕龍》全書五十篇，"四十九篇"則不包括"以馭群篇"的末篇《序志》。

[8]勰欲取定於沈約，無由自達：按，《梁書·劉勰傳》"勰"下有"自重其文"四字，"沈約"下有"約時貴盛"四字，似皆不必删。《通志》卷一七六與《梁書》同。

勰爲文長於佛理，都下寺塔及名僧碑誌，必請勰製文。敕與慧震沙門於定林寺撰經證。功畢，遂求出家，先燔鬢髮自誓，敕許之。乃變服，改名慧地云。[1]

[1]改名慧地：按，《梁書》卷五〇《劉勰傳》下有"未期而卒""文集行於世"之語，《通志》卷一七六與《梁書》同。

何思澄字元静，東海郯人也。[1]父敬叔，齊長城令，[2]有能名。在縣清廉，不受禮遺，夏節至，忽牓門受餉，數日中得米二千餘斛，他物稱是，悉以代貧人輸租。[3]

[1]東海：郡名。治郯縣，在今山東郯城縣。　郯：縣名。治所在今山東郯城縣。

[2]齊長城令：按，《梁書》卷五〇《何思澄傳》作“齊征東録事參軍、餘杭令”，《通志》卷一七六與本書同。長城，縣名。治所在今浙江長興縣東。

[3]“在縣清廉”至“悉以代貧人輸租”：按，《梁書·何思澄傳》無此段記述。《通志》卷一七六“縣”作“官”，“夏節至”作“夏至節”，其餘皆與本書同。

思澄少勤學工文，[1]爲《遊廬山》詩，[2]沈約見之，大相稱賞，自以爲弗逮。約郊居宅新構閣齋，因命工書人題此詩於壁。傅昭嘗請思澄製《釋奠詩》，[3]辭文典麗。[4]

[1]工文：按，《梁書》卷五〇《何思澄傳》作“工文辭”，《通志》卷一七六作“工屬文”。

[2]爲《遊廬山》詩：按，《梁書·何思澄傳》此上所叙思澄“起家爲南康王侍郎，累遷安成王左常侍，兼太學博士，平南安成王行參軍，兼記室，隨府江州”之經歷，似不當盡删。

[3]傅昭：字茂遠，北地靈州（今寧夏吴忠市北武市）人。本書卷六〇、《梁書》卷二六有傳。

[4]辭文典麗：按，《梁書·何思澄傳》下有“除廷尉正”四字。

天監十五年，敕太子詹事徐勉舉學士入華林撰《遍略》，[1]勉舉思澄、顧協、劉杳、王子雲、鍾嶼等五人以應選。[2]八年乃書成，[3]合七百卷。[4]思澄重交結，分書與諸賓朋校定，而終日造謁。每宿昔作名一束，[5]曉便命駕，朝賢無不悉狎，狎處即命食。有人方之婁護，[6]欣然當之。投晚還家，所齎名必盡。自廷尉正遷書侍御史。[7]宋、齊以來，此職甚輕，天監初始重其選。車前依尚書二丞給三騶，[8]執盛印青囊，舊事糾彈官印綬在前故也。後除安西湘東王録事參軍，[9]兼東官通事舍人。[10]時徐勉、周捨以才具當朝，並好思澄學，常遞日招致之。後卒於宣惠武陵王中録事參軍。[11]文集十五卷。

[1]華林：苑囿名。即華林園。在建康宫城北隅，今江蘇南京市雞籠山南古臺城遺址内。　《遍略》：書名。即《華林遍略》，《隋書·經籍志三》《新唐書·藝文志三》有著録。按，有關梁武帝敕撰《遍略》之緣由，可參見本書卷四九、《梁書》卷五〇之《劉峻傳》。

[2]顧協：字正禮，吴郡吴（今江蘇蘇州市）人。本書卷六二、《梁書》卷三〇有傳。　劉杳：字士深，平原（今山東平原縣）人。本書卷四九有附傳，《梁書》卷五〇有傳。

[3]八年乃書成：以下至“所齎名必盡”，按，此段記述爲《梁書》卷五〇《何思澄傳》所無。

[4]七百卷：按，《隋書·經籍志三》作“六百二十卷”，《新唐書·藝文志三》作“六百卷”。《史通·採撰》“梁世之修《遍略》，務多爲美，聚博爲功，雖取悦小人，終見嗤於君子”。唐初修《藝文類聚》雖多有摘録，至宋初已不傳。

[5]宿昔：夜晚。　名：名刺。猶名帖、名片。

[6]婁護：一名樓護。西漢末人。《西京雜記》云："婁護豐辯，傳食五侯間，各得其懽心，競致奇膳。護乃合以爲鯖，世稱'五侯鯖'，以爲奇味焉。"見《北堂書鈔》卷一四五"五侯"注引，參中華本校勘記。

[7]廷尉正：官名。廷尉卿副貳，掌審判，决疑案，平反冤案，參議案例律條。宋六品。梁六班。陳七品，秩六百石。　書侍御史：官名。即治書侍御史，以避唐高宗李治諱省。御史中丞佐貳，御史臺要職，掌監察、彈劾官員及奉命出使、收捕犯官等。宋六品。梁六班。陳七品，秩六百石。

[8]尚書二丞：即尚書左、右丞。尚書省佐官，位次尚書，共掌尚書都省庶務。宋並六品。梁左丞九班，右丞八班。陳並四品，秩六百石。　騶：養馬並駕車之人。

[9]録事參軍：官名。南朝梁始於皇弟皇子府置録事參軍與中録事參軍事，七班。陳沿置，六品。

[10]東官：按，大德本、汲古閣本、殿本、百衲本作"東宫"。底本誤，應據諸本改。

[11]後卒於宣惠武陵王中録事參軍：據《梁書·何思澄傳》，思澄卒時年五十四。宣惠武陵王，蕭紀。字世詢，梁武帝第八子。本書卷五三、《梁書》卷五五有傳。

初，思澄與宗人遜及子朗俱擅文名，[1]時人語曰："東海三河，[2]子朗最多。"思澄聞之曰："此言誤耳。如其不然，故當歸遜。"思澄意謂宜在己也。

[1]遜：何遜。字仲言。本書卷三三有附傳，《梁書》卷四九有傳。

[2]三河：按，大德本、汲古閣本、殿本、百衲本作"三何"。底本誤，應據諸本改。

子朗字世明，早有才思，周捨每與談，服其精理。嘗爲《敗冢賦》，擬莊周馬棰，[1]其文甚工。世人語曰“人中爽爽有子朗”。[2]卒於國山令，[3]年二十四。集行於世。

[1]莊周馬棰：指《莊子·至樂》篇中莊周與髑髏談論生死的寓言。馬棰，馬杖、馬鞭。

[2]有子朗：按，《梁書》卷五〇《何思澄傳》“有”作“何”，《通志》卷一七六與本書同。

[3]國山：縣名。治所在今江蘇宜興市西南。

王子雲，太原人，[1]及江夏費昶，[2]並爲閭里才子。昶善爲樂府，又作鼓吹曲。[3]武帝重之，敕曰：“才意新拔，有足嘉異。昔郎惲博物，卞蘭巧辭。[4]束帛之賜，寔惟勸善。可賜絹十匹。”子雲嘗爲《自吊文》，甚美。[5]

[1]王子雲，太原人：以下至“子雲嘗爲《自吊文》，甚美”，按，《梁書》卷五〇《何思澄傳》無王子雲、費昶附傳，《通志》卷一七六與本書同。

[2]江夏：郡名。治夏口城，在今湖北武漢市武昌區。

[3]昶善爲樂府，又作鼓吹曲：按，《玉臺新詠》《藝文類聚》收録有費昶《行路難》《春郊望美人》等，《隋書·經籍志四》著録“梁新田令《費昶集》三卷”。

[4]卞蘭：琅邪開陽（今山東臨沂市北）人。魏文帝母卞氏弟卞秉之子。《三國志》卷五有附傳。

[5]子雲嘗爲《自吊文》，甚美：按，梁武帝普通四年（523），

王子雲爲給事中，武帝用其議，始鑄鐵錢。見本書卷七《梁武帝紀下》。

任孝恭字孝恭，臨淮人也。[1]曾祖農夫，[2]宋南豫州刺史。[3]農夫弟候伯，[4]位輔國將軍、行湘州事，[5]並任將帥。

［1］臨淮人也：按，《梁書》卷五〇《任孝恭傳》作“臨淮臨淮人也”，《通志》卷一七六與本書同。臨淮，郡名。治盱眙縣，在今江蘇盱眙縣東北。

［2］農夫：任農夫。《宋書》卷八三有附傳。

［3］南豫州刺史：按，《宋書·任農夫傳》作“豫州刺史”，《梁書·任孝恭傳》、《通志》卷一七六與本書同。南豫州，州名。治壽春縣，在今安徽壽縣。

［4］候伯：任候伯。宋順帝昇明中，與袁粲、黄回等謀反不果，隨回出鎮郢州，尋被殺於湘州。事見《宋書》卷一〇《順帝紀》、卷八三《黄回傳》。

［5］輔國將軍：官名。東漢末始置，魏晋南朝沿置。宋明帝時改稱輔師將軍，旋復舊，三品。齊爲小號將軍。梁初以輕車、征遠等五號將軍代之。

孝恭幼孤，事母以孝聞。精力勤學，家貧無書，常崎嶇從人假借，每讀一遍，諷誦略無所遺。外祖丘它與武帝有舊，帝聞其有才學，召入西省撰史。[1]初爲奉朝請，進直壽光省，爲司文侍郎，[2]俄兼中書通事舍人。敕遣製《建陵寺刹下銘》，又啓撰武帝集序文，並富麗。自是專掌公家筆翰。孝恭爲文敏速，若不留思，[3]每奏稱善，累賜金帛。少從蕭寺雲法師讀經論，[4]明佛理，至是蔬食持戒，信受甚篤。而性頗自伐，以才能尚人，於流輩中多有忽略，[5]世以此少之。

[1]西省撰史：官名。即撰史學士。南朝梁置，秘書省屬官，參預修撰國史。陳沿置。

[2]司文侍郎：官名。亦稱司文郎。南朝梁武帝普通中置，直壽光省，爲皇帝的文學侍從之臣。

[3]孝恭爲文敏速，若不留思：按，《梁書》卷五〇《任孝恭傳》"速"下有"受詔立成"四字，"思"作"意"，《通志》卷一七六與本書同。

[4]蕭寺：佛寺名。即梁武帝以三橋舊宅所造光宅寺。　雲法師：即法雲法師。俗姓周，義興陽羨（今江蘇宜興市）人。梁武帝天監中敕爲光宅寺主。釋道宣《續高僧傳》卷五有傳。

[5]流輩：按,《梁書·任孝恭傳》作"時輩",《通志》卷一七六與本書同。

太清三年，[1]侯景寇逼。孝恭啓募兵，隸蕭正德。[2]正德入賊，孝恭還赴臺。[3]臺門閉，[4]侯景獲之，使作檄。求還私第檢討，景許之，因走入東府。城陷，景斬剉之。[5]文集行於世。[6]

[1]太清：南朝梁武帝蕭衍年號（547—549）。　三年：按，大德本、汲古閣本、殿本、百衲本及《通志》卷一七六同，中華本據《梁書》卷五〇《任孝恭傳》改作"二年"。"二年"是，當從改。

[2]蕭正德：字公和，梁武帝弟蕭宏子。本書卷五一有附傳，

《梁書》卷五四有傳。

[3]臺：指臺城。

[4]臺門閉：以下至“因走入東府”，按，此段記述《梁書·任孝恭傳》僅以“臺門已閉，因奔入東府”之語交代首尾，無其間“侯景獲之，使作檄。求還私第檢討，景許之”的具體經過，《通志》卷一七六與本書同。

[5]斬剉：斬殺並碎割尸體。

[6]文集行於世：按，《隋書·經籍志四》《舊唐書·經籍志下》《新唐書·藝文志四》並著録“《任孝恭集》十卷”。

顔協字子和，琅邪臨沂人也，晉侍中含七世孫也。[1]父見遠，博學有志行。初，齊和帝鎮荆州，以爲録事參軍；及即位，兼御史中丞。梁武帝受禪，見遠不食，發憤數日而卒。帝聞之，曰：“我自應天從人，[2]何豫天下士大夫事？而顔見遠乃至於此！”

[1]含：顔含。字弘都。《晉書》卷八八有傳。

[2]應天從人：即應天順人。意爲順應天命人心。語本《易·革卦》：“湯、武革命，順乎天而應乎人。”梁武帝爲避其父蕭順之名諱，故言應天從人。

協幼孤，養於舅氏。少以器局稱。博涉群書，工於草隸飛白。[1]時吴人范懷約能隸書，[2]協學其書，殆過真也。荆楚碑碣皆協所書。時又有會稽謝善勛，能爲八體六文，[3]方寸千言，京兆韋仲善飛白，並在湘東王府。善勛爲録事參軍，仲爲中兵參軍。府中以協優於韋仲而減於善勛。善勛飲酒至數斗，醉後輒張眼大罵，雖復貴賤親疏無所擇也，時謂之“謝方眼”。而胸衿夷坦，[4]有士君子之操焉。

[1]飛白：漢字書體名。全稱飛白書、飛白體。一説即草篆。篆貌隸骨，剛勁有力，筆勢飛舉，筆畫中絲絲露白。相傳爲東漢蔡邕所創。按，“飛白”以下至“非車馬未嘗出遊”，《梁書》卷五〇《顏協傳》無此段記述，《通志》卷一七六與本書同。

[2]范懷約：吴郡（今江蘇蘇州市）人。梁天監中，武帝使與王琛、褚洵等繕寫張率所撰《古婦人事》，以給後宫。事見本書卷三一、《梁書》卷三三之《張率傳》。

[3]八體：八種書體。説法不一。秦漢時指大篆、小篆、符書、蟲書、摹印、署書、殳書、隸書。楷書出現後則指古文、大篆、小篆、隸書、飛白、八分、行書、草書。　六文：六種文字。即古文、奇字、篆書、隸書、繆篆、鳥書。

[4]胸衿：按，大德本、百衲本、中華本同，汲古閣本、殿本及《通志》卷一七六作“胸襟”。胸衿猶胸襟，皆胸懷之義。

協家雖貧素，而脩飾邊幅，非車馬未嘗出遊。湘東王出鎮荆州，以爲記室。時吴群顧協亦在蕃邸，[1]與協同名，才學相亞，府中稱爲“二協”。舅陳群謝暕卒，協以有鞠養恩，居喪如伯叔禮，議者甚重焉。又感家門事義，不求顯達，恒辭徵辟，游於蕃府而已。卒，[2]元帝甚歎惜之，爲《懷舊詩》以傷之。[3]

[1]吴群：按，大德本、汲古閣本、殿本、百衲本皆作“吴郡”。底本誤，應據諸本改。下文“陳群謝暕”之“群”亦誤，應改作“郡”。　顧協：字正禮，吴郡吴（今江蘇蘇州市）人。本書

卷六二、《梁書》卷三〇有傳。

[2]卒：據《梁書》卷五〇《顔協傳》，協“大同五年，卒，時年四十二”。

[3]爲《懷舊詩》以傷之：《周書》卷四〇《顔之儀傳》云：“梁元帝後著《懷舊志》及詩，並稱贊其美。”按，梁元帝所著《懷舊志》已不存，《懷舊詩》尚存一章，其云：“弘都多雅度，信乃含賓實，鴻漸殊未昇，上才淹下秩。”見《梁書·顔協傳》。

協所撰《晉仙傳》五篇，《日月災異圖》兩卷，行於世。其文集二十卷，[1]遇火湮滅。子之儀、之推，[2]並早知名。

[1]行於世。其文集二十卷：按，《梁書》卷五〇《顔協傳》無此九字，《通志》卷一七六與本書同。

[2]之儀：顔之儀。字子升。《周書》卷四〇有傳，《北史》卷八三有附傳。 之推：顔之推。之儀兄，撰《顔氏家訓》二十篇。《北齊書》卷四五、《北史》卷八三有傳。

紀少瑜字幼場，[1]丹楊秣陵人也。[2]本姓吴，養于紀氏，因而命族。早孤，幼有志節，常慕王安期之爲人。[3]年十三，能屬文。初爲《京華樂》。王僧孺見而賞之，[4]曰：“此子才藻新拔，方有高名。”少瑜嘗夢陸倕以一束青鏤管筆授之，云：“我以此筆猶可用，卿自擇其善者。”其文因此遒進。

[1]紀少瑜字幼場：按,《梁書》未立紀少瑜傳。

[2]秣陵：縣名。治所在今江蘇南京市中華門外。

[3]王安期：王承。字安期，琅邪臨沂（今山東臨沂市）人。本書卷二二有附傳，《梁書》卷四一有傳。

[4]王僧孺：字僧孺，東海郯（今山東郯城縣）人。本書卷五九、《梁書》卷三有傳。

年十九，始遊太學，備探《六經》。博士東海鮑皦雅相欽悦。時皦有疾，請少瑜代講，少瑜既妙玄言，善談吐，辯捷如流。爲晋安國中尉，[1]即梁簡文也，深被恩遇。後侍宣城王讀。[2]當陽公爲郢州，[3]以爲功曹參軍，轉輕車限内記室，[4]坐事免。大同七年，始引爲東宫學士。[5]邵陵王在郢，啓求學士，武帝以少瑜充行。

[1]中尉：官名。即王國中尉。與郎中令、大農並號王國三卿，以典兵爲職。宋六品。梁三班至流外四班。陳八品或九品。

[2]宣城王：蕭大器。字仁宗，梁簡文帝長子。本書卷五四、《梁書》卷八有傳。

[3]當陽公：蕭大心。字仁恕，梁簡文帝次子。本書卷五四、《梁書》卷四四有傳。　郢州：州名。南朝宋置。治夏口城，又稱郢城，在今湖北武漢市武昌區。

[4]限内：官制術語。南朝梁、陳時稱定員之内的官吏。

[5]東宫學士：官名。南朝梁、陳置。東宫文學侍從，皆選才學之士爲之。

少瑜善容貌，[1]工稾草，[2]吏部尚書到溉嘗曰：[3]“此人有大才而無貴仕。”將拔之，會溉去職。後除武陵王記室參軍，[4]卒。

[1]善：按，大德本、汲古閣本、殿本、百衲本、中華本作“美”，《通志》卷一七六與本書同。

[2]稾草：即草稿。指初步擬成的文稿。按，大德本同，汲古閣本、殿本、《通志》卷一七六作“槀”，從木，訛也。百衲本作“稾書”，中華本作“草書”，亦皆失當。

[3]吏部尚書：官名。尚書省要職，位次令、僕，居諸曹尚書之首，領吏部、刪定、三公、比部四郎曹，主官員銓選任免。宋三品。梁十四班。陳三品，秩中二千石。　到溉：字茂灌，彭城武原（今江蘇邳州市）人。本書卷二五有附傳，《梁書》卷四〇有傳。

[4]記室參軍：官名。即王府記室參軍，掌文疏表奏。宋七品。梁七班至四班。陳六品至八品。

杜之偉字子大，吴郡錢塘人也。[1]家世儒學，以《三禮》專門，父規，梁奉朝請。之偉幼精敏，有逸才。年十五，遍觀文史及儀體故事，[2]時輩稱其早成。僕射徐勉嘗見其文，重其有筆力。

[1]錢塘：縣名。治所在今浙江杭州市。

[2]儀體：按，大德本、殿本、百衲本同，汲古閣本、中華本及《陳書》卷三四《杜之偉傳》、《通志》卷一七六作“儀禮”。殿本考證：“體，一本作禮。”儀體，禮儀體式的略語，意思是禮儀的程序法式。底本不誤。

中大同元年，[1]梁武帝幸同泰寺捨身，[2]敕勉撰儀注。勉以先無此禮，[3]召之偉草具其儀。乃啓補東宫學士，與學士劉陟等抄撰群書，各爲題目，所撰《富教》《政道》二篇，[4]皆之偉爲序。後兼太學限内博士。

［1］中大同：按，大德本、汲古閣本、殿本、百衲本同，中華本據《梁書》卷三《武帝紀下》改作“中大通”。見本書、《陳書》中華本校勘記。應據改。中大通，南朝梁武帝蕭衍年號（529—534）。

［2］同泰寺：佛寺名。南朝梁建。位於建康臺城後苑，在今江蘇南京市雞鳴寺及北極閣一帶。

［3］勉以先無此禮：按，《陳書》卷三四《杜之偉傳》“以”下有“臺閣”二字，似不必删。

［4］《政道》：按，《陳書·杜之偉傳》、《通志》卷一七六同，《册府元龜》卷八三九作“政教”。

大同七年，梁皇太子釋奠於國學。[1]時樂府無孔子、顏子登歌詞，[2]令之偉製文，[3]伶人傳習，以爲故事。再遷安前邵陵王刑獄參軍。

［1］釋奠：在學校奠祭先聖先師的典禮。

［2］樂府：官署名。漢武帝置，掌管與製作朝會、祭祀、巡行所用的音樂，兼采民歌配以樂譜。後泛指朝廷主管音樂的機構。登歌：舉行祭典、大朝會時，樂師登堂所奏的歌。

［3］令之偉製文：按，《陳書》卷三四《杜之偉傳》、《册府元龜》卷八三九“令”上有“尚書參議”四字。

之偉年位甚卑，特以强識俊才，頗有名當世。吏部尚書張纘深知之，[1]以爲廊廟之器。陳武帝爲丞相，素聞其名，召補記室參軍。遷中書侍郎，領大著作。[2]及受禪，除鴻臚卿，[3]餘並如故。之偉求解著作，優敕不許。再遷太中大夫，[4]仍敕撰梁史，卒官。[5]文集十七卷。[6]

[1]張纘：字伯緒，范陽方城（今河北固安縣）人。本書卷五六、《梁書》卷三四有附傳。

[2]大著作：官名。著作郎的别稱。亦稱大著作郎、著作、正郎等。掌編修國史及起居注。爲清要之職，出任者多爲有名望的文學之士，亦有以司空、侍中、尚書等領、典者。南朝宋時曾作爲宗室起家之官。宋六品。梁六班。陳六品，秩六百石。

[3]鴻臚卿：官名。南朝梁、陳以大鴻臚改名，掌朝會時贊導禮儀。梁九班。陳三品，秩中二千石。

[4]再遷太中大夫：按，《陳書》卷三四《杜之偉傳》無“再”字，“遷”上有“尋轉大匠卿”五字。《通志》卷一七六與本書同。

[5]卒官：據《陳書·杜之偉傳》，之偉“永定三年卒，時年五十二”。

[6]文集十七卷：按，《陳書·杜之偉傳》作“之偉爲文，不尚浮華，而温雅博贍，所製多遺失，存者十七卷”。《通志》卷一七六與本書同。《隋書·經籍志四》著録“陳大匠卿《杜之偉集》十二卷”。

顔晃字元明，琅邪臨沂人也。少孤貧，好學，有辭采。解褐除邵陵王兼記室參軍。[1]時東宫學士庾信使府中，[2]王使晃接對，信輕其少，[3]曰：“此府兼訓室幾人？”[4]晃曰：“猶當少於宫中學士。”當時以爲善對。

[1]除：按，大德本、汲古閣本、殿本、百衲本、中華本及《陳書》卷三四《顔晃傳》作“梁”，《通志》卷一七六與本書同。

[2]時東宫學士庾信使府中：按，《陳書·顔晃傳》“使”下有“于”字，似不當删。庾信，字子山，南陽新野（今河南新野縣）

人。《周書》卷四一、《北史》卷八三有傳。

[3]信輕其少：按,《陳書·顔晃傳》“其”下有“尚”字，似不必删。

[4]訓室：按，大德本、汲古閣本、殿本、百衲本、中華本作“記室”。底本誤，應據諸本改。

侯景之亂，奔荆州。承聖初，[1]除中書侍郎。陳天嘉初，[2]累遷員外散騎常侍，[3]兼中書舍人，掌詔誥。卒，[4]贈司農卿，[5]謚曰貞子。

[1]承聖：南朝梁元帝蕭繹年號（552—555）。

[2]天嘉：南朝陳文帝陳蒨年號（560—566）。

[3]員外散騎常侍：官名。魏晋南北朝皆置。南朝宋以後常用作安置閑退官員等，地位漸低。至梁復重其選，職依正員，品視黄門郎，但終不爲人所重。梁十班。陳四品。按，汲古閣本下有“郎”字，大德本、殿本、百衲本、中華本及《陳書》卷三四《顔晃傳》、《通志》卷一七六無。

[4]卒：據《陳書·顔晃傳》，晃於陳文帝天嘉“三年卒，時年五十三”。

[5]司農卿：官名。南朝梁以大司農改名，列爲十二卿之一，職掌勸農、倉儲、園苑、供應宫廷膳饈，十一班。陳因之，三品，秩中二千石。

晃家世單門，傍無戚援，而介然脩立，爲當世所知。其表奏詔誥，下筆立成，便得事理。[1]有集二十卷。

[1]便得事理：按，《陳書》卷三四《顔晃傳》下有“而雅有

氣質”五字,《通志》卷一七六與本書同。

岑之敬字思禮,南陽棘陽人也。[1]父善紆,[2]梁世以經學聞,官至吴寧令,[3]司義郎。[4]

［1］南陽:郡名。治宛縣,在今河南南陽市。　棘陽:縣名。治所在今河南南陽市南。北魏改南棘陽縣。

［2］善紆:按,大德本、汲古閣本、殿本、百衲本、中華本、《陳書》卷三四《岑之敬傳》、《通志》卷一七六皆作“善紆”。

［3］吴寧:縣名。三國吴改漢寧縣置。治所在今浙江東陽市東。隋廢。

［4］司義郎:官名。亦稱司義侍郎。南朝梁武帝普通中置,爲經學侍從之臣。

之敬年五歲,讀《孝經》,每燒香正坐,親戚咸加歎異。十六,[1]策《春秋左氏》《制旨孝經義》,[2]擢爲高第。御史奏曰:“皇朝多士,例止明經,[3]若顔、閔之流,[4]乃應高第。”梁武帝省其策,曰:“何妨我復有顔、閔邪!”因召入面試。令之敬升講坐,敕中書舍人朱异執《孝經》,[5]唱《士孝章》,武帝親自論難。[6]之敬剖釋從横,左右莫不嗟服。仍除童子奉車郎,[7]賞賜優厚。

［1］十六:按,大德本、殿本、百衲本、中華本及《陳書》卷三四《岑之敬傳》、《通志》卷一七六同,汲古閣本作“士六”。

［2］《制旨孝經義》:書名。亦名《制旨孝經》。梁武帝造。中大通四年(532)三月,“侍中、領國子博士蕭子顯表置《制旨孝經》助教一人,生十人,專通帝所釋《孝經》義”。見本書卷七

《梁武帝紀下》、《梁書》卷三《武帝紀下》。

[3]例止明經：按，大德本、殿本、百衲本、中華本及《陳書·岑之敬傳》、《通志》卷一七六同，汲古閣本"止"作"正"。

[4]顔、閔：顔回、閔損。並孔子弟子。事俱見《史記》卷六七《仲尼弟子列傳》。

[5]朱异：字彦和，吴郡錢唐（今浙江杭州市）人。本書卷六二、《梁書》卷三八有傳。

[6]論難：辯駁爭論並質詢疑難之處。

[7]童子奉車郎：官名。南朝梁置，侍從之臣。授予策試高第的未成年者。

十八，預重雲殿法會，[1]時武帝親行香，熟視之敬曰："未幾見子，突而弁兮。"[2]即日除太學限内博士。尋爲壽光學士、司義郎。[3]太清元年，表試吏，[4]除南沙令。[5]

[1]重雲殿：《資治通鑑》卷一六三《梁紀十九》簡文帝大寶元年胡三省注："據《梁紀》，重雲殿在華林園。項安世曰：梁華林園重雲殿前置銅儀。"

[2]未幾見子，突而弁兮：語本《詩·齊風·甫田》："未幾見兮，突而弁兮。"弁，男子年滿二十加冠稱弁，以示成年。按，大德本同，汲古閣本、殿本、百衲本、中華本及《陳書》卷三四《岑之敬傳》、《通志》卷一七六"子"作"兮"。

[3]壽光學士：官名。南朝梁置。爲文學侍從之臣。

[4]表試吏：按，大德本、汲古閣本、殿本、百衲本及《通志》卷一七六並同，中華本據《陳書》於"表"下補"請"字。

[5]南沙：縣名。治所在今江蘇常熟市西北。

承聖二年，除晋安王宣惠府山記室參軍。[1]時蕭勃據嶺表，[2]敕之敬宣旨慰喻。會魏剋江陵，[3]仍留廣州。[4]陳太建初，[5]還朝，授東官義省學士。[6]累遷南臺書侍御史，[7]征南府諮議參軍。

[1]宣惠府山記室參軍：按，大德本、汲古閣本、殿本、百衲本、中華本及《陳書》卷三四《岑之敬傳》、《通志》卷一七六"山"作"中"。底本誤，應據諸本改。

[2]蕭勃：梁武帝之侄。本書卷五一有附傳。　嶺表：地區名。亦稱嶺南、嶺海、嶺外、嶠南等。指今廣東、廣西、海南及越南北部。

[3]魏：西魏。　江陵：縣名。治所在今湖北荆州市荆州區。梁元帝時建都於此。

[4]廣州：州名。治番禺縣，在今廣東廣州市。

[5]太建：南朝陳宣帝陳頊年號（569—582）。

[6]東官義省學士：按，大德本、汲古閣本、殿本、百衲本"東官"作"東宫"。底本誤，應據諸本改。東宫義省學士，官名。南朝陳置，東宫文學侍臣。

[7]南臺書侍御史：官名。即南臺治書侍御史，本書避唐高宗李治諱省。魏晋南北朝時爲御史中丞佐貳，掌領侍御史諸曹，監察、彈劾官員，收捕犯官等。南朝不爲世族所重，梁武帝始重其選。宋六品。梁六班。陳七品，秩六百石。

之敬始以經業進，而博涉文史，雅有詞筆，不爲醇儒。性謙謹，未嘗以才學矜物，接引後進，恂恂如也。每母忌日營齊，[1]必躬自洒掃，涕泣終日，士君子以篤行稱之。十一年卒。[2]有集十卷行於世。

[1]每母忌日營齊：按，大德本、汲古閣本、殿本、百衲本、中華本“齊”作“齋”，《陳書》卷三四《岑之敬傳》無“母”字。《通志》卷一七六與本書同。

[2]十一年卒：據《陳書·岑之敬傳》，其卒時年六十一。

子德潤，有父風，位中軍吴興王記室。[1]

[1]吴興王：陳胤。字承業，陳後主長子。本書卷六五、《陳書》卷二八有傳。

何之元，廬江灊人也。[1]祖僧達，齊南臺書侍御史。父法勝，以行業聞。[2]

[1]廬江：郡名。兩晋治舒縣，在今安徽舒城縣。南朝宋移治灊縣，在今安徽霍山縣東北。　灊：縣名。治所在今安徽霍山縣東北。南朝梁改岳安縣。

[2]行（xíng）業：猶言品行。

之元幼好學，有才思，居喪過禮。梁天監末，司空袁昂表薦之，[1]因得召見。累遷信義令。[2]其宗人敬容，[3]位望隆重，頻相顧訪，之元終不造焉。或問其故，之元曰："昔楚人得寵於觀起，[4]有馬者皆亡。[5]夫德薄任隆，必近覆敗，吾恐不獲其利而招其禍。"識者以是稱之。

[1]袁昂：字千里，陳郡陽夏（今河南太康縣）人。本書卷二六有附傳，《梁書》卷三一有傳。

[2]信義：縣名。南朝梁分婁縣置。治所在今江蘇昆山市正儀鎮。

[3]敬容：何敬容。字國禮。本書卷三〇有附傳，《梁書》卷三七有傳。

[4]觀起：春秋楚人。觀起有寵於令尹子南，未益禄而有馬數十乘，楚人患之。及子南得罪，楚康王遂殺之於朝，並執起車裂以徇。事見《左傳》襄公二十二年。

[5]有馬者皆亡：按，大德本、汲古閣本同，百衲本“者皆”作“著皆”，殿本作“者豈”。張元濟《南史校勘記》:“汲、北並作‘者皆’，見《陳書·何之元傳》。”

侯景之亂，武陵王以太尉承制，授南梁州刺史、北巴西太守。[1]武陵王自成都舉兵東下，[2]之元與蜀中人庶抗表請無行，王以爲沮衆，囚之元于艦中。及武陵兵敗，之元從邵陵大守劉棻之郡。[3]俄而魏剋江陵，劉棻卒，王琳召爲記室參軍。[4]及琳立蕭莊，[5]署爲中書侍郎。王琳敗，齊主以爲揚州别駕，[6]所居即壽春也。[7]

[1]南梁州：州名。即南梁、北巴州。南朝梁置，雙頭州。治閬中縣，在今四川閬中市。西魏改置隆州。　北巴西：郡名。東晋末置。治閬中縣，在今四川閬中市。西魏改置盤龍郡。

[2]成都：縣名。治所在今四川成都市。東晋、南朝爲益州及蜀郡治。

[3]邵陵：郡名。治邵陵縣，在今湖南邵陽市。　大守：大德本、汲古閣本、殿本、百衲本作“太守”。　劉棻：事見本書卷五三《武陵王紀傳》。按，《陳書》卷三四《何之元傳》作“劉恭”，《通志》卷一七六與本書同。

[4]王琳：字子珩，會稽山陰（今浙江紹興市）人。本書卷六

四、《北齊書》卷三二有傳。

[5]蕭莊：梁元帝孫。本書卷五四有附傳。

[6]齊主：北齊廢帝高殷。公元559年至561年在位。《北齊書》卷五、《北史》卷七有紀。　揚州：州名。東魏改南朝梁南豫州置。治壽春縣，在今安徽壽縣。陳改豫州，北周改揚州，隋改壽州。

[7]居：按，《陳書·何之元傳》作"治"，本書避唐高宗李治諱改。《通志》卷一七六與本書同。

及衆軍北伐，湘州刺史始興王叔陵遣功曹史柳咸齎書召之。[1]之元始與陳朝有隙，書至太惶恐。[2]讀書至"孔璋無罪，[3]左車見用"，[4]遂隨咸至湘州。再遷中衛府諮議參軍。

[1]湘州：州名。治臨湘縣，在今湖南長沙市。　始興王叔陵：陳叔陵。字子嵩，陳宣帝第二子。本書卷六五、《陳書》卷三六有傳。

[2]太：大德本、汲古閣本、殿本、百衲本作"大"。

[3]孔璋：陳琳。字孔璋，廣陵（今江蘇揚州市）人。《三國志》卷二一有附傳。

[4]左車：李左車。秦漢之際人。事見《史記》卷九二《淮陰侯列傳》。

及叔陵誅，之元乃屏絶人事，著《梁典》，[1]起齊永元元年，迄于王琳遇獲，七十五年行事，爲三十卷。

[1]《梁典》：《隋書·經籍志二》《舊唐書·經籍志上》《新

唐書·藝文志二》並有著録。按，《陳書》卷三四《何之元傳》載《梁典》序，錢大昕《廿二史考異》卷二七以爲“其直筆非思廉所及”。

陳亡，移居常州之晋陵縣。[1]隋開皇十三年，[2]卒于家。

[1]常州：州名。隋文帝開皇九年（589）改晋陵郡置。治常熟縣，在今江蘇常熟市西北。後移治晋陵縣，在今江蘇常州市。

[2]開皇：隋文帝楊堅年號（581—600）。

徐伯陽字隱忍，東海人也。父僧權，[1]梁東宫通事舍人，領秘書，以善書知名。[2]

[1]僧權：徐僧權。梁武帝天監中，與徐勉、何思澄等受敕編撰《華林遍略》，官至綏安令。事見《隋書·經籍志三》。

[2]以善書知名：據《新唐書·藝文志一》，唐“太宗出御府金帛購天下古本，命魏徵、虞世南、褚遂良定真僞”，“其古本多梁、隋官書。梁則滿騫、徐僧權、沈熾文、朱异，隋則江總、姚察署記”。

伯陽敏而好學，善色養。家有史書，所讀者近三千餘卷。梁大同中，爲候官令，[1]甚得人和。侯景之亂，至廣州依蕭勃。勃平，還都。

[1]候官：縣名。治所在今福建福州市。

陳天嘉中，除司空侯安都府記室參軍。[1]太建初，與中記室李爽、記室張正見、左户郎賀徹、學士元卓、黄門郎蕭詮、三公郎王由禮、處士馬樞、記室祖孫登、比部郎賀循、長史劉删等爲文會友，[2]後有蔡凝、劉助、陳暄、孔範亦預焉，[3]皆一時士也。遊宴賦詩，勒成卷軸。[4]伯陽爲其集序，盛傳於世。

[1]侯安都：字成師，始興曲江（今廣東韶關市）人。本書卷六六、《陳書》卷八有傳。

[2]左户郎賀徹：按，《陳書》卷三四《徐伯陽傳》“左户郎”作“左民郎”，本書避唐太宗李世民諱改。據《隋書》卷一《高祖紀上》，賀徹曾於陳後主至德元年（583）以兼散騎常侍身份使隋。　元卓：按，大德本、汲古閣本同，殿本、百衲本、中華本及《陳書·徐伯陽傳》、《通志》卷一七六作“阮卓”。　馬樞：字要理，扶風郿（今陜西眉縣）人。本書卷七六、《陳書》卷一九有傳。　祖孫登：南朝陳官員。曾以文士身份參與侯安都宴飲詩賦，爲其賓客。事見本書、《陳書》之《侯安都傳》。

[3]蔡凝：字子居。濟陽考城（今河南民權縣）人。本書卷二九有附傳，《陳書》卷三四有傳。　陳暄：義興國山（今江蘇宜興市）人。本書卷六一有附傳。　孔範：字法言，會稽山陰（今浙江紹興市）人。本書卷七七有傳。

[4]勒成：按，《陳書·徐伯陽傳》、《通志》卷一七六同，大德本、汲古閣本、殿本、百衲本、中華本作“動成”。疑“勒”字爲是。

後除鎮北新安王府中記室參軍，[1]兼南徐州別駕，帶東海郡丞。鄱陽王爲江州刺史，[2]伯陽常奉使造焉。

王率府僚與伯陽登匡嶺置燕。[3]酒酣，命筆賦劇韻三十，[4]伯陽與祖孫登前成，王賜以奴婢雜物。後除鎮右新安王府諮議參軍事。聞姊喪，發疾卒。[5]

[1]新安王：陳伯固。字牢之，陳文帝第五子。本書卷六五、《陳書》卷三六有傳。

[2]鄱陽王：陳伯山。字静之，陳文帝第三子。本書卷六五、《陳書》卷三八有傳。　江州：州名。治溢口城，在今江西九江市。

[3]匡嶺：山名。又名匡山、匡廬。即今江西九江市廬山。　燕：按，大德本、汲古閣本、殿本、百衲本、中華本及《陳書》卷三四《徐伯陽傳》作“宴”，《通志》卷一七六作“讌”。

[4]三十：按，《陳書·徐伯陽傳》作“二十”，《通志》卷一七六與本書同。

[5]發疾卒：據《陳書·徐伯陽傳》，其卒於陳宣帝太建十三年（581），時年六十六。

張正見字見賾，清河東武城人也。祖善之，[1]魏散騎常侍，勃海、長樂二郡太守。[2]父脩禮，魏散騎侍郎，歸梁，仍拜本職，遷懷方太守。

[1]善之：按，《陳書》卷三四《張正見傳》作“蓋之”，《通志》卷一七六與本書同。

[2]勃海：郡名。治南皮縣，在今河北南皮縣東北。北魏初改滄水郡，後復舊，移治東光縣，在今河北東光縣東。隋開皇初廢。　長樂：郡名。治信都縣，在今河北衡水市冀州區。隋文帝開皇初廢。

正見幼好學，有清才。梁簡文在東宫，正見年十三，獻頌，簡文深贊賞之。梁元帝即位，爲彭澤令。[1]屬喪亂，避地匡俗山。[2]陳武帝受禪，正見還都。[3]累遷尚書度支郎，[4]撰史著士，[5]卒。[6]有集十四卷，[7]其五言尤善。[8]

[1]爲彭澤令：按，《陳書》卷三四《張正見傳》作“拜通直散騎侍郎，遷彭澤令”，《通志》卷一七六與本書同。彭澤，縣名。治所在今江西湖口縣東南。

[2]匡俗山：山名。即今江西九江市廬山。匡俗，一説西漢初人，東野王越廬君之子。相傳俗兄弟七人皆好道術，同結廬於南障山中。一説商周之際人。參《水經注·廬江水》引《豫章舊志》《廬山記》。

[3]正見還都：按，《陳書·張正見傳》上有“詔”字，《通志》卷一七六與本書同。

[4]尚書度支郎：官名。尚書省度支曹長官。又稱度支郎中，資深勤能者可轉侍郎。掌貢税租賦的統計、調撥、支出等。宋六品。梁五班。陳四品，秩六百石。

[5]撰史著士：官名。省稱著士。南朝陳置，參預史事修撰，多以他官兼領。

[6]卒：據《陳書·張正見傳》，正見“太建中卒，時年四十九”。

[7]有集十四卷：《隋書·經籍志四》著録“陳尚書度支郎《張正見集》十四卷”，《舊唐書·經籍志下》《新唐書·藝文志四》並作“《張正見集》四卷”。

[8]其五言尤善：按，《陳書·張正見傳》“五言”下有“詩”字、“善”下有“大行於世”四字。《通志》卷一七六與本書同。宋人嚴羽《滄浪集》卷一以爲：“南北朝人，惟張正見詩最多，而

最無足省發。所謂雖多亦奚以爲。”

阮卓，陳留尉氏人也。[1]祖詮，梁散騎侍郎。父問道，梁岳陽王府記室參軍。

[1]陳留：郡名。治小黄縣，在今河南開封市東北。　尉氏：縣名。治所在今河南尉氏縣。

卓幼聰敏，篤志經籍，尤工五言。[1]性至孝，父隨岳陽王出鎮江州，卒，卓時年十五，自都奔赴，水漿不入口者累日。載柩還都，度彭蠡湖，[2]中流遇疾風，船幾没者數四，卓仰天悲號，俄而風息，人以爲孝感之至。

[1]篤志經籍，尤工五言：按,《陳書》卷三四《阮卓傳》、《通志》卷一七六“籍”下有“善談論”三字,“言”下有“詩”字。

[2]彭蠡湖：澤藪名。又稱彭蠡澤。即今江西鄱陽湖。按，彭蠡之名始見《禹貢》。最初在長江北岸今皖西、鄂東一帶。自西漢以後，江北彭蠡逐漸萎縮，彭蠡之名被南移至江南今鄱陽北湖。北宋始又兼名鄱陽湖。大德本、殿本、百衲本、中華本同，汲古閣本作“蠡湖”。

陳天嘉元年，[1]爲新安王府記室參軍，隨府轉翊右記室參軍隨府轉翊右記室，[2]帶撰史著士。及平歐陽紇，[3]交阯夷獠往往聚爲寇抄，[4]卓奉使招慰。交阯通日南、象郡，[5]多金翠珠貝珍怪之産，前後使者皆致之，唯卓挺身而還,[6]時論咸伏其廉。

[1]天嘉：按，大德本、汲古閣本、殿本、百衲本同。中華本據《陳書》卷三四《阮卓傳》改作“天康”。見中華本校勘記。應據改。天康，南朝陳文帝陳蒨年號（566）。

[2]隨府轉翊右記室參軍隨府轉翊右記室：按，大德本、汲古閣本、殿本、百衲本、中華本皆作“隨府轉翊右記室”。《陳書·阮卓傳》作“仍隨府轉翊右記室”。底本誤衍“參軍隨府轉翊右記室”九字，應據諸本删。

[3]歐陽紇：字奉聖，長沙臨湘（今湖南長沙市）人。本書卷六六、《陳書》卷九有附傳。

[4]交阯：郡名。亦作交趾。治龍編縣，在今越南河北仙游縣東。　夷獠：泛指嶺南及西南少數民族。按，大德本、殿本、百衲本、中華本及《陳書·阮卓傳》、《通志》卷一七六同，汲古閣本作“夷僚”。獠，古族名。即僚。

[5]日南、象郡：地區名。指今越南峴港灣附近至寧平寧平市一帶的中北部地區。因秦漢以來屬於日南、象郡的轄地，故稱。參見譚其驤《中國歷史地圖集》第二册《西漢·交阯刺史部》《東漢·交州刺史部》。

[6]唯卓挺身而還：按，《陳書·阮卓傳》下有“衣裝無他”四字，似不必删，《通志》卷一七六與本書同。

後爲始興王中衛府記室參軍。及叔陵誅，後主謂朝臣曰:“阮卓素不同逆，宜加旌異。”至德元年,[1]入爲德教殿學士。[2]尋兼通直散騎常侍，副王話聘隋。[3]隋文帝夙聞其名，遣河東薛道衡、琅邪顏之推等,[4]與卓談宴賦詩，賜遺加禮。

［1］至德：南朝陳後主陳叔寶年號（583—586）。

［2］德教殿學士：官名。南朝陳置，掌編撰圖書目録。《隋書·經籍志二》著録“《陳德教殿四部目録》四卷”。按，德教殿在建康宫城内，隋滅陳，“賀若弼置後主於德教殿，令兵衛守”，即此。見《陳書》卷三一《蕭摩訶傳》。

［3］副王話聘隋：據《隋書》卷一《高祖紀上》，文帝開皇五年（585）“秋七月庚申，陳遣兼散騎常侍王話、兼通直散騎常侍阮卓來聘”。

［4］薛道衡：字玄卿，河東汾陰（今山西萬榮縣）人。《隋書》卷五七有傳，《北史》卷三六有附傳。

還除南海王府諮議參軍，以目疾不之官。退居里舍，改構亭宇，脩山池卉木，招致賓友，以文酒自娱。陳亡入隋，行至江州，追感其父所終，遘疾卒。[1]

［1］遘疾卒：據《陳書》卷三四《阮卓傳》，卓卒“時年五十九”。

論曰：[1]文章者，蓋性情之風標，[2]神明之律吕也。[3]蘊思含豪，遊心内運，放言落紙，氣韻天成。莫不禀以生靈，遷乎愛嗜，機見殊門，賞悟紛雜，感召無象，[4]變化不窮。[5]發五聲之音響，[6]而出言異句；寫萬物之情狀，[7]而下筆殊形。暢自心靈，[8]而宣之簡素，[9]輪扁之言，或未能盡。[10]然縱假之天性，終資好習，是以古之賢哲，咸所用心。至若丘靈鞠等，或克荷門業，或夙懷慕尚，雖位有窮通，[11]而名不可滅。然則立身之道，可無務乎？[12]

[1]論曰：按，此篇史論的前半部分，“而下筆殊形”以上，皆選取自《南齊書》卷五二《文學傳》“史臣曰”；後半部分，“暢自心靈”以下，主要由李延壽自撰。

[2]性情：按，大德本、汲古閣本、殿本、百衲本、中華本及《南齊書·文學傳》皆作“情性”。 風摽：格調、標識。

[3]律吕：古代校正樂音的器具。以十二個竹管製成，依管之長短確定音階。從低音到高音算起，奇數爲“律”、偶數爲“吕”，合稱“六律六吕”，簡稱“律吕”。後亦泛指樂律或音律。

[4]無象：中國哲學術語。語出《老子》：“是謂無狀之狀，無象之象，是謂忽恍。”原爲道家形容道玄虚無形之語，後亦泛指各種玄微難測的義理。

[5]變化：中國哲學術語。《素問·天元紀大論》：“物生謂之化，物極謂之變。”又佛教語。唐惠能《六祖壇經·懺悔品》：“性本如空，一念思量，名爲變化。”

[6]發：按，《南齊書·文學傳》作“俱”。 五聲：指陰平、陽平、上、去、入五種聲調。

[7]寫：按，《南齊書·文學傳》作“等”。 情狀：按，大德本、殿本、百衲本、中華本同，汲古閣本作“精狀”。

[8]心靈：内心的智慧、思想和情感等意識。

[9]簡素：簡牘和絹帛。亦指可用作書寫之物。

[10]輪扁之言，或未能盡：按，殿本同，大德本、汲古閣本、百衲本、中華本“或未”作“未或”。《南齊書·文學傳》作“輪扁斵輪，言之未盡”。輪扁，春秋時齊國車匠。亦作輪邊。善作輪，却無法通過言語將此技藝奥秘傳授給兒子。見《莊子·天道》，參《漢書·古今人表》及顔師古注。

[11]窮通：亦作窮達。謂困厄與顯達。

[12]無務：語出《墨子·脩身》：“是故置本不安者，無務豐末；近者不親，無務求遠；親戚不附，無務外交；事無終始，無務多業；舉物而闇，無務博聞。”意爲不要或不能做。

南史　卷七三

列傳第六十三

孝義上

江泌　庾道愍 族孫沙彌　沙彌子持

[1]徐耕：按，大德本、汲古閣本同，殿本下有“嚴成、王道蓋”五個小字。

[2]弟天生：按，大德本、汲古閣本同，殿本作“張弘之等天與弟天生”。參張元濟《南史校勘記》。

[3]鮮于文宗：按，大德本、汲古閣本同，殿本下有“文宗姊文英”五個小字。參張元濟《南史校勘記》。

[4]吴翼之母丁：按，汲古閣本、殿本同，大德本、百衲本“翼”作“冀”。

[5]吴郡范法恂妻褚：按，大德本、殿本同，汲古閣本“法”作“怯”。百衲本原亦作“怯”。張元濟《南史校勘記》：“未批修，修。”

[6]韓係伯：按，大德本、汲古閣本同，殿本下有“聞人夐”三個小字。參張元濟《南史校勘記》。

[7]謝昌寓：按，大德本、汲古閣本、殿本同，百衲本“寓”作“禹”。本卷正文作“寓”，應改作“寓”。

《易》曰：“立人之道，曰仁與義。”[1]夫仁義者，合君親之至理，實忠孝之所資。雖義發因心，情非外感，然企及之旨，聖哲貽言。[2]至於風離化薄，[3]禮違道喪，忠不樹國，孝亦愆家，而一代之甿，[4]權利相引，仕以勢招，榮非行立。乏嘷翔之感，[5]棄捨生之分，[6]霜露未改，大痛已忘於心，名節不變，戎車遽爲其首，斯並軌訓之理未弘，汲引之塗多闕。若夫情發於天，行成乎己，捐軀捨命，濟主安親，雖乘理闇至，匪由勸賞，而宰世之人，曾微誘激。乃至事隱閭閻，無聞視聽，考于載籍，何代無之。故宜被之圖篆，用存旌勸。[7]今搜綴湮落，[8]以備闕文云爾。

[1]立人之道，曰仁與義：語出《易·説卦》。

[2]貽：按，大德本、汲古閣本同，殿本作“遺”。

[3]風離化薄：按，大德本、汲古閣本、殿本、百衲本同，中華本及《宋書》卷九一《孝義傳》“離”作“漓”。

[4]一代之甿：按，《宋書·孝義傳》作“一世之民”，本書避唐太宗李世民諱改。

[5]皥翔：按，大德本、汲古閣本、殿本、百衲本同，中華本及《宋書·孝義傳》作“翱翔”。

[6]捨生：按，大德本、汲古閣本、殿本、百衲本同，中華本作“含生”。《宋書·孝義傳》作“舍生”。

[7]“考于載籍”至“用存旌勸”：按，《宋書·孝義傳》作“故可以昭被圖篆，百不一焉”。此序除此十八字外，幾乎完全因襲《宋書》舊文。

[8]今搜綴湮落：按，《宋書·孝義傳》“搜”作“采”。

龔穎，遂寧人也。[1]少好學，益州刺史毛璩辟爲勸學從事。[2]璩爲譙縱所殺，[3]故佐吏並逃亡，穎號哭奔赴，殯送以禮。縱後設宴延穎，不獲已乃至。[4]樂奏，穎流涕起曰：“北面事人，亡不能死，何忍舉觴聞樂，蹈迹逆亂乎。”縱大將譙道福引出，[5]將斬之，道福母即穎姑也，跣出救之得免。及縱僭號，備禮徵又不至，乃脅以兵刃，執志終無回改，至于蜀平，遂不屈節。其後刺史至，輒加辟引。歷府參軍，州别駕從事史。[6]宋文帝元嘉二十四年，[7]刺史陸徽表穎節義，[8]遂不被朝命，終於家。

［1］遂寧：郡名。東晉改廣漢郡置，治廣漢縣，在今四川射洪市南。南朝宋治巴興縣，在今四川蓬溪縣西南。齊改爲東遂寧郡。一説宋明帝泰始中改爲東遂寧郡。

［2］益州：州名。治成都縣，在今四川成都市。　毛璩：字叔璉，滎陽陽武（今河南原陽縣）人。《晉書》卷八一有附傳。　辟：官制術語。又稱辟除。即公府、大將軍及州郡自行任用屬吏。　勸學從事：官名。魏晉南朝時州刺史的屬員，掌文教，不常置。

［3］譙縱：巴西南充（今四川南充市）人。《晉書》卷一〇〇有傳。

［4］乃：按，大德本、汲古閣本、殿本作"而"。

［5］譙道福：東晉時人。從譙縱起兵據蜀，爲梁州刺史。後兵敗衆潰，被執殺。事見本書卷一六《朱齡石傳》及《晉書·譙縱傳》等。

［6］别駕從事史：官名。簡稱别駕。州部佐吏，漢、魏、晉時秩皆百石。與治中從事史同爲州上綱，事無不統。南朝宋以後，位雖日崇，但職任漸爲府佐所奪。

［7］元嘉：南朝宋文帝劉義隆年號（424—453）。

［8］陸徽：字休猷，吴郡吴（今江蘇蘇州市）人。本書卷四八有附傳，《宋書》卷九二有傳。

劉瑜，歷陽歷陽人也。[1]七歲喪父，事母至孝。年五十二，又喪母，三年不進鹽酪，號泣晝夜不絶聲，勤身力以營葬事。[2]服除，二十餘年，[3]布衣蔬食，言輒流涕，常居墓側，未嘗暫違。宋文帝元嘉初卒。

［1］歷陽歷陽人：按，大德本、汲古閣本、百衲本、中華本同，

北監本、殿本作“歷陽人”，張元濟《南史校勘記》以爲“漏疊‘歷陽’二字”。前“歷陽”爲郡名。治歷陽縣，在今安徽和縣。後“歷陽”爲縣名。治所在今安徽和縣。

[2]勤身力以營葬事：按，《宋書》卷九一《劉瑜傳》“勤身”下有“運”字。

[3]二十：按，大德本、殿本同，汲古閣本作“一十”。《宋書·劉瑜傳》與本書同。

又元嘉七年，南豫州舉所統西陽縣人董陽三世同居，[1]外無異門，内無異煙。詔榜門曰“篤行董氏之閭”，蠲一門租布。

[1]南豫州：州名。南朝宋武帝永初三年（422）分豫州淮河以南地置。治歷陽縣，在今安徽和縣。宋文帝元嘉七年（430）省。其後屢經置省，治所、轄境亦一再遷改。　西陽：縣名。治所在今湖北黄岡市東。　三世同居：《宋書》卷九一《許昭先傳》作“五世同財”。

賈恩，[1]會稽諸暨人也。[2]少有志行。元嘉三年母亡，居喪過禮。未葬，爲鄰火所逼，恩及妻柏氏號哭奔救，鄰近赴助，棺櫬得免，恩及柏俱燒死。有司奏改其里爲孝義里，蠲租布三世。追贈恩天水郡顯親左尉。[3]

[1]賈恩：按，余嘉錫《世説新語箋疏·德行》云：“凡《（南史）孝義傳》中所載，如賈恩、丘傑、孫棘、何子平、王虚之、華寶、韓靈敏諸人，無不採自宋躬（《孝子傳》）書者。考之《類聚》《御覽》所引，便可見矣。”（中華書局2007年版，第61頁）

[2]會稽：郡名。治山陰縣，在今浙江紹興市。　諸暨：縣名。治所在今浙江諸暨市。

[3]顯親左尉：按，《宋書》卷九一《賈恩傳》、《册府元龜》卷二〇〇作“顯親縣左尉”，《通志》卷一六七與本書同。

郭世通，[1]會稽永興人也。[2]年十四喪父，居喪殆不勝哀。家貧，傭力以養繼母。婦生一男，夫妻恐廢侍養，乃垂泣瘞之。母亡，負土成墳。親戚或共賻助，[3]微有所受，葬畢，傭賃還先直。[4]服除後，思慕終身如喪者，未嘗釋衣帢。仁孝之風，[5]行於鄉黨。鄰村小大莫有呼其名者。[6]嘗與人共於山陰市貨物，誤得一千錢，當時不覺，分背方悟，追還本主。錢主驚歎，以半直與之，世通委之而去。元嘉四年，大使巡行天下，散騎常侍袁愉表其淳行，文帝嘉之，敕榜表門閭，蠲其税調，[7]改所居獨楓里爲孝行焉。太守孟顗察孝廉，[8]不就。

[1]郭世通：按，《宋書》卷九一《郭世道傳》“世通”作“世道”，《太平御覽》卷八三五引《宋書》亦作“世通”，《建康實録》卷一二則作“世道”。

[2]永興：縣名。治所在今浙江杭州市蕭山區。

[3]親戚或共賻助：按，《宋書·郭世道傳》同，《通志》卷一六七“或”作“咸”。

[4]傭賃還先直：按，《宋書·郭世道傳》“傭賃”下有“倍”字。

[5]仁孝之風：按，《宋書·郭世道傳》作“仁厚之風”。

[6]小大：按，大德本、殿本同，汲古閣本作“大小”。

［7］税調：按，大德本、汲古閣本、殿本作“租調”。《宋書·郭世道傳》與本書同。

［8］孟顗：字彦重，平昌安丘（今山東安丘市）人。宋文帝元嘉二十二年（445），與何尚之分別爲尚書左、右僕射。事見本書卷一九《謝靈運傳》。　孝廉：選舉科目名。孝，謂善事父母。廉，指廉潔之士。

子原平字長恭，[1]又禀至行，[2]養親必以己力，傭賃以給供養。性甚巧，[3]每爲人作正，[4]取散夫價。[5]主人設食，原平自以家貧，父母不辨有肴味，唯飱鹽飯而已。若家或無食，則虚中竟日，義不獨飽。須日暮作畢，受直歸家，於里糴買，然後舉爨。

［1］長恭：按，《宋書》卷九一《郭原平傳》作“長泰”，《通志》卷一六七與本書同。

［2］又禀至行：按，大德本、汲古閣本同，殿本“又禀”作“幼禀”。

［3］甚巧：按，《宋書·郭原平傳》作“謙虚”。

［4］爲人作正：按，大德本、汲古閣本同，殿本“正”作“止”，《宋書·郭原平傳》作“匠”，《通志》卷一六七作“工”。張元濟《南史校勘記》：“按‘正’疑‘正夫’之簡稱，如‘正徒’‘正丁’之類，對下‘散夫’言。”

［5］散夫：即零散出賣勞力的短工.

父篤疾彌年，原平衣不解帶，口不嘗鹽菜者，跨積寒暑，又未嘗睡卧。父亡，哭踊慟絶，數日方蘇。以爲奉終之義，情禮自畢，[1]塋壙凶功，[2]不欲假人。本雖巧而不解作墓，乃訪邑中有營墓者，助人運力，經時展勤，久乃閑練。又自賣十夫以供衆費，[3]窀穸之事，[4]儉而當禮。性無術學，因心自然。葬畢，詣所買主執役無懈，與諸奴分務，讓逸取勞。主人不忍使，每遣之。原平服勤未嘗暫替，傭賃養母，有餘聚以自贖。既學構家，尤善其事，每至吉歲，求者盈門。原平所起必自貧始，[5]既取賤價，又以夫日助之。[6]及父喪終，自起兩間小屋以爲祠堂，每至節歲，常於此數日中哀思，絶飲粥。父服除後，不復食肉。高陽許瑶之罷建安郡丞還家，[7]以綿一斤遺之，不受。瑶之乃自往，曰："今歲過寒，[8]而建安綿好，以此奉尊上下耳。"[9]原平乃拜而受之。

[1]情禮自畢：按，《宋書》卷九一《郭原平傳》"自"作"所"。

[2]塋壙凶功：按，《宋書·郭原平傳》"塋"作"營"。

[3]十夫：即十夫客。南朝宋、齊時對主人有一定依附關係的勞動者。"十夫"意爲相當十個夫力。此類自賣客，得以財物自贖。

[4]窀穸：亦作窀夕。謂墓穴或埋葬。

[5]原平所起：按，《宋書·郭原平傳》、《通志》卷一六七"起"作"赴"。

[6]夫日：按，大德本、汲古閣本、百衲本及《宋書·郭原平傳》同，北監本、殿本作"夫力"。張元濟《南史校勘記》："'日'字作時間性助動詞或徑作'日工'解，均可通。"

[7]高陽許瑶之罷建安郡丞還家：按，《宋書·郭原平傳》"許瑶之"下有"居在永興"四字。建安，郡名。治建安縣，在今福建建甌市。

［8］過：按，大德本、殿本及《宋書·郭原平傳》同，汲古閣本作“遇”。

［9］尊上下：按，《宋書·郭原平傳》同。《册府元龜》卷九五五、《通志》卷一六七、宋楊伯嵒《六帖補》卷一七無“下”字。中華本校勘記：“下《何子平傳》亦有‘尊上年未八十’語，故或疑‘下’字衍文。然本書《劉瓛傳》有‘上下年尊，益不願居官次廢晨昏也’之語，是六朝人稱人之母曰‘尊上下’，自稱其母曰‘上下’，蓋當時之習用語。”

及母終，毁瘠彌甚，僅乃免喪。墓前有數十畝田，不屬原平，每至農月，耕者恒裸袒。原平不欲使人慢其墳墓，乃貿家資，[1]貴買此田，三農之月，[2]輒束帶垂泣，躬自耕墾。

［1］乃貿家資：按，《宋書》卷九一《郭原平傳》作“乃販質家資”。

［2］三農之月：謂春耕、夏耘、秋收三個季節中農事繁忙的月份。

每出賣物，裁求半價，邑人皆共識悉，輒加本價與之，彼此相讓，要使微賤，然後取直。宅上種竹，夜有盜其筍者，原平遇見之，盜者奔走墜溝。原平乃於所植竹處溝上立小橋令通，又採筍置籬外，鄰里慙愧，無復取者。

宋文帝崩，原平號慟，[1]日食麥餅一枚，[2]如此五日。人曰：“誰非王臣，[3]何獨如此？”原平泣而答曰：“吾以見異先朝，[4]蒙褒贊之賞，不能報恩，私心感動耳。”[5]

[1]號慟：按，大德本、汲古閣本、殿本及《宋書》卷九一《郭原平傳》作“號慟”。

[2]麥餅（bǎn）：用麥粉做成的餅。按，六朝人呼餅爲餅，以麥面或屑米爲之。

[3]誰非王臣：按，《宋書·郭原平傳》“臣”作“民”，本書避唐太宗李世民諱改。

[4]以：按，大德本、汲古閣本、殿本作“家”。

[5]感動：按，《宋書·郭原平傳》作“感慟”。

又以種瓜爲業，大明七年大旱，[1]瓜瀆不復通船。[2]縣令劉僧秀愍其窮老，下瀆水與之。原平曰：“普天大旱，百姓俱困，豈可減溉田之水，以通運瓜之船。”乃步從他道往錢唐貨賣。[3]每行來見人牽埭未過，輒迅檝助之。己自引船，不假旁人。若自船已度，後人未及，常停住須待，以此爲常。嘗於縣南郭鳳埭助人引船，遇有鬭者爲吏所録，鬭者逃散，[4]唯原平獨住，吏執以送縣。縣令新到，未相諳悉，將加嚴罰，原平解衣就罪，義無一言。左右大小咸稽顙請救，然後得免。由來不謁官長，自此乃始脩敬。太守蔡興宗臨郡，[5]深加貴異，以私米饋原平及山陰朱百年妻各百斛。[6]原平誓死不受，百年妻亦固辭。

[1]大明：南朝宋孝武帝劉駿年號（457—464）。

[2]瓜瀆：指能通行運瓜船的河渠。

[3]錢唐：縣名。治所在今浙江杭州市。

[4]闞者：按，《宋書》卷九一《郭原平傳》作“聞者”。

[5]蔡興宗：濟陽考城（今河南民權縣）人，蔡廓子。本書卷二九、《宋書》卷五七有附傳。

[6]朱百年：會稽山陰（今浙江紹興市）人。本書卷七五、《宋書》卷九三有傳。

會稽郡貴重望計及望孝，盛族出身，不減秘、著。[1]明帝泰始七年，[2]興宗欲舉山陰孔仲智子爲望計，原平次息爲望孝。仲智會土高門，原平一邦至行，欲以相敵。會明帝別敕用人，故二選並寢。興宗徵還都，表其殊行，舉爲太學博士。會興宗薨，事不行。卒於家。三子一弟，並有門行。

[1]秘、著：官名並稱。即秘書郎與著作郎。

[2]泰始：南朝宋明帝劉彧年號（465—471）。

嚴世期，會稽山陰人也。性好施，同里張邁等三人妻各産子，歲飢，欲棄而不舉。世期分食解衣以贍其乏，三子並得成長。同縣俞陽妻莊年九十，莊女蘭七十，[1]並老病無所依，世期飴之二十年，[2]死並殯葬。宗親嚴弘、鄉人潘伯等十五人，荒年並餓死，露骸不收。世期買棺殯埋，存育孩幼。宋元嘉四年，有同奏榜門曰“義行嚴氏之門”。[3]復其身徭役，蠲租稅十年。

[1]蘭：按，大德本、汲古閣本及《宋書》卷九一《嚴世期傳》同，殿本作“闌”。

［2］世期飴之二十年：按，《宋書·嚴世期傳》“飴”上有“衣”字，“二十”下有“餘”字。

［3］義行嚴氏之門：按，《宋書·嚴世期傳》“門”作“閭”。

吴逵，吴興烏程人也。[1]經荒飢饉，係以疾疫，父母兄嫂及群從小功之親男女死者十三人，[2]逵時病困，鄰里以葦席裹之，埋于村側。既而親屬皆盡，唯逵夫妻獲全。家徒四壁立，冬無被袴，晝則傭賃，夜則伐木燒塼，妻亦同逵此誠，[3]無有懈倦。逵夜行遇猛獸，[4]猛獸輒下道避之。期年中成七墓，葬十三棺，鄰里嘉之。葬日，悉出赴助，送終之事，亦儉而周禮。逵時逆取鄰人夫直，葬畢，衆悉以放之，[5]逵一無所受，皆傭力報答焉。太守張崇之三加禮命，[6]太守王韶之擢補功曹史。[7]逵以門寒，固辭不就。舉爲孝廉。

［1］吴興：郡名。治烏程縣，在今浙江湖州市。　烏程：縣名。治所在今浙江湖州市。

［2］群從：指堂兄弟及諸子侄。　小功之親：《唐律疏議·名例》：“小功之親有三：祖之兄弟、父之從父兄弟、身之再從兄弟是也。”指曾祖父、祖父的兄弟、父親的從兄弟、自身的再從兄弟及外祖父、母舅等親屬。小功，五等服之第四等。

［3］妻亦同逵：按，今本《宋書》卷九一《吴達傳》無此四字，《太平御覽》卷五五五引沈約《宋書》與本書同。

［4］猛獸：按，《宋書·吴達傳》作“虎”，本書避唐高祖李淵祖父李虎諱改。下同。

［5］衆悉以放之：按，《宋書·吴達傳》“放”作“施”。

［6］太守張崇之三加禮命：按，《宋書·吴達傳》同，《晋書》

卷八八《吴達傳》作“太守張崇義之，以羔鴈之禮禮焉”。

［7］王韶之：字休泰，琅邪臨沂（今山東臨沂市）人。本書卷二四、《宋書》卷六〇有傳。　功曹史：官名。省稱功曹。爲郡守自辟主要僚佐。主選署功勞、掌吏員賞罰任免事宜。位居郡吏之首，甚至權逾郡丞、長史。

潘綜，吴興烏程人也。孫恩之亂，[1]祆黨攻破村邑，綜與父驃共走避賊。驃年老行遲，賊轉逼驃。驃語綜：“我不能去，汝走可脱，幸勿俱死。”驃困乏坐地，綜迎賊叩頭曰：“父年老，乞賜生命。”賊至，驃亦請賊曰：“兒年少自能走，今爲老子不惜死，[2]乞活此兒。”賊因斫驃，綜抱父於腹下，賊斫綜頭面凡四創，綜當時悶絶。有一賊從傍來相謂曰：“卿欲舉大事，此兒以死救父，云何可殺？殺孝子不祥。”賊乃止，父子並得免。鄉人秘書監丘系祖、廷尉沈赤黔以綜異行，[3]薦補左户令史，[4]除遂昌長。[5]歲滿還家，太守王韶之臨郡，發教列上州臺，陳其行迹。及將行，設祖道，贈以四言詩。[6]元嘉四年，有司奏改其里爲純孝里，蠲租布三世。

［1］孫恩：字靈秀，琅邪（今山東臨沂市）人。世奉五斗米道，於東晋末年發動民衆起兵反晋，擁衆數十萬。遭東晋政府鎮壓，戰敗投水自殺。《晋書》卷一〇〇有傳。

［2］今爲老子不惜死：按，大德本、汲古閣本、殿本作“今爲老子不去老子不惜死”。《宋書》卷九一《潘綜傳》作“今爲老子不走去，老子不惜死”。

［3］丘系祖：按，《宋書·潘綜傳》作“丘繼祖”。

［4］左户令史：官名。即左民都令史。兩晋以來尚書省屬官，

協助尚書左、右丞管理都省事務，監督左民尚書政務，權任雖重，用人常輕。至南朝梁始重其選。按，《宋書·潘綜傳》作“左民令史”，本書避唐太宗李世民諱改。

[5]遂昌：縣名。治所在今浙江遂昌縣。

[6]贈以四言詩：其詩六章，具載《宋書·潘綜傳》。

又宋初吴郡人陳遺，[1]少爲郡吏，母好食鎗底飯。[2]遺在役，[3]恒帶一囊，每煮食輒録其焦以貽母。後孫恩亂，聚得數升，恒帶自隨。及敗逃竄，多有餓死，遺以此得活。母晝夜泣涕，目爲失明，耳無所聞。遺還入户，再拜號咽，母豁然即明。[4]

[1]又宋初吴郡人陳遺：以下至“母豁然即明”，按，《宋書》卷九一《孝義傳》無此附傳。陳遺事迹見《世説新語·德行》及《太平御覽》卷四一一引宋躬《孝子傳》。吴郡，郡名。治吴縣，在今江蘇蘇州市。

[2]鎗（chēng）：按，大德本同，汲古閣本、殿本作“鍋”。

[3]遺在役：按，《太平御覽》引宋躬《孝子傳》同，《世説新語·德行》作“遺作郡主簿”。

[4]母豁然即明：按，《太平御覽》引宋躬《孝子傳》作“母豁然有聞見”。《世説新語》及劉孝標注均未言遺母“目爲失明，耳無所聞”事。

後又有河南孝廉秦綿，[1]遭母喪，送葬不忍復還，鄉人爲作茅菴，[2]仍止其中。若遇有米則食粥，無米食菜而已。哀號之聲，[3]行者爲之潸淚。服訖猶不還家，遇疾不療，卒。臨亡，告人曰：“若死者無知，固不宜獨存，有知則大獲吾志。”

[1]後又有河南孝廉秦綿：以下至“有知則大獲吾志”，按，《宋書》卷九一《孝義傳》無此附傳。秦綿事迹見《建康實録》卷一二及《太平御覽》卷八五九引《梁書》。河南，郡名。南朝宋僑置。治河南縣，在今河南新野縣東北。北魏廢。

[2]鄉人爲作茅菴：按，《太平御覽》引《梁書》略同，《建康實録》作“鄉人於墓所爲築室”。

[3]哀號之聲：以下至本附傳末，按，《建康實録》與《太平御覽》引《梁書》皆無此諸語，李延壽當别有所本。

張進之，永嘉安固人也。[1]爲郡八族，[2]少有志行，歷五官主簿，[3]永寧安固二縣領校尉。家世富足，經荒年，散敗救贍鄉里，[4]遂以貧罄，全濟者甚多。太守王味之有罪，[5]當見收，逃避進之家，供奉經時，盡其誠力。味之嘗避地墮水沈没，進之投水拯救，相與沈淪，久而得免。[6]

[1]永嘉：郡名。治永寧縣，在今浙江温州市。　安固：縣名。治所在今浙江瑞安市北。

[2]八族：按，汲古閣本同，大德本、殿本及《宋書》卷九一《張進之傳》作“大族”。

[3]歷五官主簿：按，《宋書·張進之傳》“歷”下有“郡”字。五官即五官掾之簡稱。據《宋書·百官志下》，郡國屬官有“五官掾，主諸曹事”。此“郡”字似不可省。

[4]散敗：按，大德本、汲古閣本、殿本作“散財”。底本誤，應據他本改。

［5］王味之：東晋時人。或即謝安所言“不宜專城”“以貪敗”者。見《晋書》卷七九《謝安傳》。

［6］久而得免：按，《宋書·張進之傳》“久”作“危”。

時劫掠充斥，每入村抄暴，至進之門，輒相約勒，不得侵犯，其信義所感如此。元嘉初，詔在所蠲其徭役。

又孫恩之亂，永嘉太守司馬逸之被害，[1]妻子並死。兵寇之際，莫敢收藏，郡吏俞僉以家財冒難棺斂逸之等六喪送致都。[2]葬畢，乃歸鄉里。元嘉中老病卒。

［1］司馬逸之：按，《宋書》卷九一《張進之傳》同，《晋書》卷一〇《安帝紀》、《資治通鑑》卷一一一《晋紀三十三》安帝隆安三年作“司馬逸”，《晋書》卷一〇〇《孫恩傳》作“謝逸”。

［2］冒難：按，《宋書·張進之傳》作“買”，《通志》卷一六六與本書同。

時又益州梓潼人張楚，[1]母疾，命在屬纊，[2]楚祈禱苦至，燒指自誓，精誠感悟，疾時得愈。[3]見榜門曰“孝行張氏之閭”，[4]易其里爲孝行里。蠲租布三世，身加旌命。

［1］時又益州梓潼人張楚：以下至“身加旌命”，按，《宋書》卷九一《孝義傳》無此附傳。又按，各本同，中華本於“益州”前補“有”字。梓潼，郡名。與巴西僑郡同治，合稱巴西梓潼郡。治涪縣，在今四川綿陽市東。

［2］屬纊：本指用新綿置於臨死病人鼻前，察其是否斷氣。後

因以爲病危臨終的代稱。

[3]燒指自誓，精誠感悟，疾時得愈：按，《册府元龜》卷七五七同，《通志》卷一六七作“截指自是，精神感悟，疾應時得愈”。

[4]見榜門曰：按，《通志》卷一六七“見”一字作“元嘉中詔”四字。

丘傑字偉跱，[1]吴興烏程人也。十四遭喪，[2]以熟菜有味，不嘗於口。歲餘忽夢見母曰：[3]“死止是分别耳，[4]何事乃爾荼苦。汝噉生菜，遇蝦蟆毒，靈牀前有三丸藥可取服之。”[5]傑驚起，果得甌，甌中有藥，服之下科斗子數升。丘氏世保此甌。[6]大明七年，災火焚失之。

[1]丘傑字偉跱：以下至“災火焚失之”，按，《宋書》卷九一《孝義傳》無此傳。《太平御覽》卷四一一引宋躬《孝子傳》與本傳略同，或即李延壽所本。

[2]十四遭喪：按，《太平御覽》引宋躬《孝子傳》作“遭母喪”。《太平御覽》卷九四九引《南史》作“十四遭母喪”，中華本據《太平御覽》補“母”字。

[3]歲餘：按，《太平御覽》引宋躬《孝子傳》作“病歲餘”。

[4]死止是分别耳：按，《太平御覽》引宋躬《孝子傳》“止”作“正”。

[5]靈牀前有三丸藥可取服之：按，《太平御覽》引宋躬《孝子傳》“三丸藥”上有“甌甌中”三字。

[6]丘氏世保此甌：按，《太平御覽》引宋躬《孝子傳》“保”作“寶”。

師覺授字覺授，[1]南陽涅陽人也。[2]與外兄宗少文並有素業，[3]以琴書自娱。於路忽見一人持書一函，[4]題曰"至孝師君苫前"。我而不見。[5]捨東奔歸，[6]聞家哭聲，一叫而絶，良久乃蘇。後撰《孝子傳》八卷。[7]宋臨川王義慶辟爲州祭酒、主簿，[8]並不就。乃表薦之，會卒。

[1]師覺授字覺授：以下至"乃表薦之，會卒"，按，《宋書》卷九一《孝義傳》未立師覺授傳，其事迹見《宋書》卷九三《宗炳傳》。

[2]南陽：郡名。治宛縣，在今河南南陽市。　涅陽：縣名。治所在今河南鄧州市東北。

[3]宗少文：宗炳。字少文，本書避唐高祖李淵之父李昞諱以字行，南陽涅陽（今河南鄧州市）人。本書卷七五、《宋書》卷九三有傳。

[4]於路忽見一人持書一函：以下至"良久乃蘇"，按，《宋書·宗炳傳》無此段文字，是爲李延壽采自小説志怪之類。《太平御覽》卷四一二引《宋書·孝義傳》與本書同。

[5]我：按，大德本、汲古閣本、殿本作"俄"。底本誤，應據諸本改。

[6]東：按，大德本、汲古閣本、殿本作"車"。底本誤，應據諸本改。

[7]後撰《孝子傳》八卷：按，《隋書·經籍志二》及《舊唐書·經籍志上》《新唐書·藝文志二》並有著録。

[8]宋臨川王義慶：劉義慶。劉道憐子，劉道規嗣子，襲爵臨川王。本書卷一三、《宋書》卷五一有附傳。臨川王，封爵名。即臨川郡王。臨川，郡名。治臨汝縣，在今江西撫州市臨川區西。按，大德本、殿本同，汲古閣本作"宋臨川王義慶等"。

王彭，盱台直瀆人也。[1]少喪母，元嘉初，父又喪亡。家貧力弱，無以營葬。兄弟二人，晝則傭力，夜則號感，鄉里並哀之，乃各出夫力助作塼。塼須水而天旱，穿井數十丈，泉不出。墓處去淮五里，[2]荷檐遠汲，[3]困而不周。彭號天自訴，如此積日。一旦大霧，霧歇，塼竈前忽生泉水，鄉鄰助之者並嗟神異，縣邑近遠悉往觀之。葬竟，水便自竭。元嘉九年，太守劉伯龍依事表言，[4]改其里爲通靈里，蠲租布三世。

[1]盱台：按，汲古閣本、殿本同，大德本、百衲本作“盱台”。“盱”爲“盱”之誤，應作“盱台”。盱台，郡名。亦作盱眙。東晋末置，治盱眙縣，在今江蘇盱眙縣東北。隋初廢。　直瀆：縣名。東晋末析盱眙縣置。治所在今江蘇盱眙縣南。隋初廢入盱眙縣。

[2]淮：水名。即淮河。

[3]荷檐（dàn）：按，大德本同，汲古閣本、殿本作“荷擔”。

[4]劉伯龍：沛郡蕭（今安徽蕭縣）人。本書卷一七有附傳。

蔣恭，義興臨津人也。[1]元嘉中，晋陵蔣崇平爲劫見禽，[2]云與恭妻弟吴晞張爲侣。晞張先行不在，本村遇水，妻息避水，移寄恭家。時録晞張不獲，禽收恭及兄協付獄科罪。恭、協並款舍住晞張家口，而不知劫情。恭列晞張妻息婦之親，[3]親今有罪，恭身甘分，求免兄協。協列是户主，求免弟恭。兄弟二人争求受罪，郡縣不能制，[4]依事上詳。州議以爲並不合罪。後除恭義成令，[5]協義招令。[6]

［1］義興：郡名。治陽羡縣，在今江蘇宜興市。　臨津：縣名。治所在今江蘇宜興市西北。

［2］晋陵：郡名。治晋陵縣，在今江蘇常州市。

［3］晞張妻息婦之親：按，大德本、汲古閣本、殿本及《宋書》卷九一《蔣恭傳》"婦"上有"是"字。

［4］郡縣不能制：按，大德本、殿本、《宋書·蔣恭傳》同，汲古閣本"郡縣"作"郡邑"。又，中華本據《宋書·蔣恭傳》、《通志》卷一六七改"制"作"判"，《册府元龜》卷八五一亦作"判"。

［5］義成：縣名。南朝宋置。治所在今湖北丹江口市北。

［6］義招：縣名。東晋末置。治所在今廣東大埔縣。

徐耕，晋陵延陵人也。[1]元嘉二十一年，大旱人飢，[2]耕詣縣陳辭，以米千斛助官振貸。縣爲言上，當時議以耕比漢卜式。[3]詔書褒美，酬以縣令。

［1］延陵：縣名。治所在今江蘇丹陽市延陵鎮。

［2］大旱人飢：按，《宋書》卷九一《徐耕傳》"人"作"民"，本書避唐太宗李世民諱改。

［3］卜式：西漢武帝時，上書願捐家財之半助邊，召拜中郎，賜爵左庶長。歷任緱氏、成皋縣令，累遷齊王太傅、齊相，官至御史大夫。《漢書》卷五八有傳。

大明八年，東土飢旱，東海嚴成、東莞王道蓋各以私穀五百餘斛助官恤。[1]

［1］東海：郡名。治郯縣，在今山東郯城縣。　東莞：郡名。

治莒縣，在今山東莒縣。

孫法宗一名宗之，[1]吴興人也。父隨孫思入海澨被害，[2]屍骸不收，母兄並餓死。法宗年小流迸，至十六方得還。單身勤苦，霜行草宿，營辦棺槨，造立冢墓，葬送母兄，儉而有禮。以父屍不測，入海尋求。[3]聞世間論是至親以血瀝骨當悉凝浸，[4]乃操刀沿海見枯骸則刻肉灌血，如此十餘年，臂脛無完皮，血脉枯竭，終不能逢。遂衰絰終身，常居墓所，[5]山禽野獸，皆悉馴附。每麢鹿觸網，必解放之，備以錢物。[6]後忽苦頭創，夜有女人至曰："我是天使來相謝，行創本不關善人，使者遠相及。取牛糞煮傅之即驗。"一傅便差，一境賴之。終身不娶，饋遺無所受。[7]宋孝武初，[8]揚州辟爲文學從事，不就，卒。

[1]一名宗之：按，《宋書》卷九一《孫法宗傳》無此四字。

[2]父隨孫思入海澨被害：按，大德本、汲古閣本、殿本"孫思"作"孫恩"。底本誤，應據諸本改。又，此句《宋書·孫法宗傳》作"父遇亂被害"。

[3]以父屍不測，入海尋求：以下至"遂衰絰終身"，按，《宋書·孫法宗傳》作"以父喪不測，於部境之内，尋求枯骨，刺血以灌之，如此者十餘年不獲，乃縗絰，終身不娶"。

[4]凝浸：按，大德本、殿本同，汲古閣本作"漬浸"。

[5]常居墓所：以下至"一境賴之"，按，《宋書·孫法宗傳》無此諸語。

[6]備：按，大德本、汲古閣本、殿本作"償"。

[7]遺：按，大德本、殿本及《宋書·孫法宗傳》同，汲古閣

本作“移”。

［8］宋孝武：劉駿。字休龍，小字道民，宋文帝第三子。本書卷二、《宋書》卷六有紀。

范叔孫，吴郡錢唐人也。少而仁厚，周窮濟急。同里范法先父母兄弟七人同時疫死，[1]唯餘法先，病又危篤，喪屍經日不收。[2]叔孫悉備棺器，親爲殯埋。又同里施夫疾病，[3]父死不殯。[4]范苗父子並亡。范敬宗家口六人俱得病，[5]二人喪没，親鄰畏避，[6]莫敢營視。叔孫並爲殯瘞，躬恤病者，皆得全。[7]鄉曲貴其義行，莫有呼其名者。宋孝武孝建初，[8]除竟陵王國中軍，不就。義興吴國夫亦有義讓之美，人有竊其稻者，乃引還，爲設酒食，以米送之。

［1］死：按，大德本、殿本及《宋書》卷九一《范叔孫傳》同，汲古閣本作“時”。

［2］經日：按，各本同，中華本據《宋書·范叔孫傳》改作“經月”。《通志》卷一六七與本書同。

［3］施夫：按，《宋書·范叔孫傳》作“施淵夫”，本書避唐高祖李淵諱省。

［4］父死不殯：按，《宋書·范叔孫傳》“父”作“父母”。

［5］范敬宗：按，《宋書·范叔孫傳》作“危敬宗”。

［6］避：按，大德本、汲古閣本、殿本及《宋書·范叔孫傳》作“遠”。

［7］皆：按，大德本、汲古閣本、殿本及《宋書·范叔孫傳》作“並皆”。

［8］孝建：南朝宋孝武帝劉駿年號（454—456）。

卜天與，吴興餘杭人也。[1]父名祖，宋武帝聞其有幹力，召補隊主。從征伐，封關中侯，歷二縣令。

[1]餘杭：縣名。治所在今浙江杭州市餘杭區西南。

天與善射，弓力兼倍，容貌嚴毅，笑不解顔。文帝以其舊將子，[1]使教皇子射。元嘉二十九年，爲廣威將軍，[2]領左細仗。[3]元凶入弑，[4]事變倉卒，舊將羅訓、徐罕皆望風屈謝。[5]天與不暇被甲，執刀持弓，疾呼左右出戰。徐罕曰："殿下入，汝欲何爲?"天與罵曰："殿下常來去，[6]云何即時方作此語，[7]只汝是賊手。"射劭於東堂，幾中。逆徒擊之，臂斷，乃見殺。其隊將張弘之、朱道欽、陳滿與天與同出拒戰，[8]並死。孝武即位，贈天與龍驤行軍、益州刺史，[9]謚曰壯侯，車駕臨哭。弘之等各贈郡守。給天與家長稟。[10]

[1]舊將子：按，大德本、汲古閣本、殿本作"舊將"，中華本據《宋書》卷九一《卜天與傳》補作"舊將子"。舊將指天與父卜祖。底本不誤。

[2]廣威將軍：官名。三國魏始置。南朝宋與建威、振威、奮威、揚威將軍合稱五威將軍。宋四品。

[3]細仗：儀仗名。皇帝朝會或出巡時所用的侍衛之一。其制始於南朝宋及北魏。

[4]元凶：指劉劭。字休遠，宋文帝長子。因其弑父奪位故有此惡名。本書卷一四、《宋書》卷九九有傳。

[5]舊將羅訓、徐罕皆望風屈謝：按，各本同，中華本據《宋書·卜天與傳》及《册府元龜》卷六二七、《資治通鑑》卷一二七

《宋紀九》改“徐牢”爲“徐罕”，“屈謝”爲“屈附”。下同。

[6]殿下常來去：按，《宋書·卜天與傳》無“去”字，《册府元龜》卷六二七、《資治通鑑·宋紀九》並從《宋書》。

[7]云何即時方作此語：按，《宋書·卜天與傳》、《册府元龜》卷六二七同，《資治通鑑·宋紀九》“即時”作“於今”、“方”作“乃”。

[8]張弘之：按，《宋書·卜天與傳》及《册府元龜》卷六二七、《資治通鑑·宋紀九》皆作“張泓之”。

[9]龍驤行軍：按，大德本、汲古閣本、殿本作“龍驤將軍”。

[10]長稟：按，大德本、汲古閣本同，殿本作“長廩”。

子伯宗殿中將軍。[1]明帝泰始初領幢，[2]擊南賊於赭折，[3]戰没。伯宗弟伯興官至南平昌太守、直閣，[4]領細仗隊主。[5]昇明元年，[6]與袁粲同謀，[7]伏誅。

[1]殿中將軍：官名。隸左、右衛將軍，爲侍衛武職，直侍左右，不典兵。南朝宋六品。梁一班。陳九品。

[2]幢：軍制名。本指軍前執旗先導的隊伍。後爲軍事編制。南北朝均置，一幢約五百人。參《宋書》卷九五《索虜傳》。

[3]南賊：謂晋安王劉子勛。　赭折：按，大德本、汲古閣本、殿本作“赭圻”。底本誤，應據諸本改。赭圻，城名。東晋桓温築，在今安徽蕪湖市繁昌區西北長江南岸。

[4]南平昌：郡名。東晋明帝時僑置。寄治京口城，在今江蘇鎮江市。南朝齊明帝時省。

[5]領細仗隊主：按，《宋書》卷九一《卜天與傳》無“隊”字。

[6]昇明：南朝宋順帝劉準年號（477—479）。

[7]袁粲：字景倩，陳郡陽夏（今河南太康縣）人。本書卷二

六有附傳，《宋書》卷八九有傳。

天與弟天生，少爲隊將，[1]十人同火。[2]屋後有一坑廣二丈餘，十人共跳之皆度，唯天生墜。天生乃取實中苦竹，剡其端使利，交横布坑内，更呼等類共跳，並懼不敢。天生乃復跳之，往反十餘，曾無留礙，衆並歎服。[3]以兄死節，爲孝武所留心。大明末，爲弋陽太守。[4]明帝泰始初，與殷琰同逆被斬。[5]

[1]隊將：武官名。歷代職掌品位不一。南朝時爲低級將吏，位在隊主之下。

[2]同火：古代兵制，十人共竈同炊，謂之“同火”。

[3]服：按，大德本、殿本同，汲古閣本作“伏”。

[4]弋陽：郡名。治弋陽縣，在今河南潢川縣西。

[5]殷琰：字敬珉，陳郡長平（今河南西華縣）人。本書卷三九有附傳，《宋書》卷八七有傳。

許昭先，義興人也。叔父肇之坐事繫獄，七年不判。子姪二十許人，昭先家最貧薄，專獨料訴，[1]無日在家，餉饋肇之，莫非珍新。資産既盡，賣宅以充之。肇之諸子倦怠，唯昭先無有懈息，如是七載。尚書沈演之嘉其操行，[2]肇之事由此得釋。昭先舅夫妻並疫病死亡，家貧無以殯送，昭先賣衣物以營殯葬。舅子三人並幼，贍護皆得成長。昭先父母皆老病，家無僮役，竭力致養，甘旨必從。宗黨嘉其孝行。雍州刺史劉真道板爲征虜參軍，[3]昭先以親老不就；補迎主簿，[4]昭先以叔未仕，又固辭。

[1]科訴：按，大德本、汲古閣本、殿本及《宋書》卷九一《許昭先傳》作“料訴”。

[2]沈演之：字臺真，吴興武康（今浙江德清縣）人。本書卷三六、《宋書》卷六三有傳。

[3]劉真道：彭城（今江蘇徐州市）人。本書卷一七、《宋書》卷四七有附傳。　板：官制術語。又稱板授、板職。指未經吏部正式任命，而由地方軍政長官自行選用的官職。南北朝時還常作爲授予年老軍人或平民的虛銜。

[4]補迎主簿：按，《宋書·許昭先傳》作“本邑補主簿”。補，官制術語。謂官有缺位，選員遞補。

荼齊人，[1]晉陵晉陵人也。[2]少有孝行，爲邑書吏。[3]宋大明二年，父殖在家病亡，信未至。齊人謂人曰：“比者肉痛心煩，[4]有如割截。居常惶駭，必有異故。”信尋至，以父病報之。四百餘里，一日而至。至門，方知父死，號踊慟絶，良久乃蘇。問父所遺言，母曰：“汝父臨終，恨不見汝。”齊人即曰：“相見何難。”於是號叫殯所，須臾便絶。州縣上言，有司奏改其里爲孝義里，蠲租布，賜其母穀百斛。

[1]荼齊人：按，本卷目録作“余齊人”，大德本、汲古閣本、殿本亦作“余齊人”。應據目録及諸本改。《宋書》卷九一《余齊民傳》“齊人”作“齊民”。本書避唐太宗李世民諱改。

[2]晉陵晉陵人：按，大德本、汲古閣本同，殿本不重“晉陵”。

[3]邑書吏：縣衙中承辦文書的吏員。

［4］比者：近來。按，《宋書·余齊民傳》同。大德本、汲古閣本、殿本、中華本作“比”。疑各本脱“者”字。

孫棘，彭城人也。[1]宋大明五年，發三五丁，[2]弟薩應充行，坐違期不至。棘詣郡辭列：“棘爲家長，令弟不行，罪應百死，[3]乞以身代薩。”薩又辭列自引。[4]太守張岱疑其不實，[5]以棘、薩各置一處，報云“聽其相代”。[6]顔色並悦，甘心赴死。棘妻許又寄語屬棘：“君當門户，豈可委罪小郎？且大家臨亡，以小郎屬君。竟未妻娶，家道不立。君已有二兒，死復何恨。”岱依事表上，孝武詔特原罪。州加辟命，并賜帛二十匹。[7]

［1］彭城：郡名。治彭城縣，在今江蘇徐州市。按，《宋書》卷九一《孫棘傳》“彭城人”作“彭城彭城人”。

［2］三五丁：南朝役制名。規定凡庶族之家服役，三丁取一，五丁取二，一丁則不發。

［3］棘爲家長，令弟不行，罪應百死：按，《宋書·孫棘傳》作“不忍令當一門之苦”。

［4］薩又辭列自引：按，《太平御覽》言棘、薩兄弟辭列争死事有兩處：一是卷四一六引宋躬《孝子傳》，但叙事與本書、《宋書》不盡相同；二是卷四二一引《宋書》，而詞句則更類本書。

［5］張岱：字景山，吴郡吴（今江蘇蘇州市）人。本書卷三一有附傳，《南齊書》卷三二有傳。

［6］報云：按，《宋書·孫棘傳》作“語棘云”。

［7］并賜帛二十匹：按，《宋書·孫棘傳》“賜”下有一“許”字。此“許”字，當指孫棘妻許，似不可省。

先是，新蔡徐元妻許二十一喪夫，[1]子甄年三歲，父攬愍其年少，以更適同縣張買。許自誓不行，父逼載送買。許自經氣絶，家人奔赴，良久乃蘇。買夜送還攬。[2]許歸徐氏，養元父季。元嘉中，八十餘卒。

[1]新蔡：郡名。治新蔡縣，在今河南新蔡縣。

[2]買夜送還攬：按，《宋書》卷九一《徐元妻許氏傳》"買"下有"知不可奪"四字。

又明帝泰始二年，長城吴慶恩殺同郡錢仲期。[1]子延慶屬役在都，[2]聞父死馳還，於庾浦埭逢慶恩，[3]手刃殺之，自繫烏程獄。吴興太守郗顒表不加罪，許之。

[1]長城：縣名。治所在今浙江長興縣東。屬吴興郡。　吴慶恩殺同郡錢仲期:《宋書》卷九一《錢延慶傳》作"奚慶思殺同縣錢仲期"。按，《通志》卷一六七與本書同。

[2]子延慶屬役在都：按，《宋書·錢延慶傳》作"仲期子延慶屬役在都"。"仲期"二字不當删。

[3]於庾浦埭逢慶恩：按，《宋書·錢延慶傳》作"於庚浦埭逢慶思"，《册府元龜》卷八九六、《通志》卷一六七與本書同。

何子平，廬江灊人也。[1]曾祖楷，[2]晋侍中。祖友，會稽王道子驃騎諮議參軍。父子先，建安太守。

[1]廬江：郡名。兩晋治舒縣，在今安徽舒城縣。南朝宋移治灊縣，在今安徽霍山縣東北。　灊：縣名。治所在今安徽霍山縣東北。

[2]揩：按，大德本、汲古閣本同，殿本作“楷”。

子平世居會稽，少有志行，事母至孝。揚州辟從事史，[1]月奉得白米，輒貨市粟麥。人曰：“所利無幾，何足爲煩。”子平曰：“尊老在東，不辦得米，何心獨饗白粲。”每有贈鮮肴者，若不可寄致至家，則不肯授。[2]母本側庶，籍注失實，[3]實未及養，[4]而籍年已滿，便去職歸家。時鎮軍將軍顧覬之爲州上綱，[5]謂曰：“尊上年實未八十，親故所知，州中差有微禄，當啓相留。”子平曰：“公家正取信黄籍，[6]籍年既至，便應扶持，[7]何容苟冒榮利。”乃歸家竭力供養。

[1]揚州：州名。治建康縣，在今江蘇南京市。　從事史：官名。亦稱從事。州郡屬吏。爲諸從事之總稱，各掌一方面的事務，由州郡長官自行辟除。

[2]授：按，大德本、汲古閣本、殿本作“受”。二字通。

[3]籍注：東晋、南朝時將服官役者的姓名、年限載入用黄紙書寫的户籍總册，謂之籍注。

[4]及養：法律規定子女必須侍奉父母的年限。

[5]顧覬之：字偉仁，吴郡吴（今江蘇蘇州市）人。本書卷三五、《宋書》卷八一有傳。　上綱：别駕、治中等州郡主要僚佐的别稱。

[6]黄籍：兩晋、南朝之户籍册。以用黄紙書寫，故名。

[7]扶持：按，大德本、汲古閣本、殿本作“扶侍”。

元嘉三十年，元凶弑逆，隨王誕入討，[1]以爲行參軍。[2]子平以凶逆滅理，故廢己受職，事寧自解。未除吴郡海虞令，[3]縣禄唯供養母一身，不以及妻子。人疑其儉薄，子平曰："希禄本在養親，不在爲己。"問者慙而退。母喪去官，哀毁踰禮，每至哭踊，頓絶方蘇。屬大明末東土飢荒，斷以師旅，[4]八年不得營葬。晝夜號哭，常如袒括之日。[5]冬不衣絮，暑不避清凉，[6]一日以數合米爲粥，不進鹽菜。所居屋敗，不蔽風日，[7]兄子伯興欲爲葺理，[8]子平不肯，曰："我情事未申，天地一罪人耳，屋何宜覆。"蔡興宗爲會稽太守，甚加矜賞，[9]爲營冢壙。[10]

[1]隨王誕：劉誕。字休文，宋文帝第六子。初封廣陵王，改封隨郡王，復改封竟陵王。本書卷一四、《宋書》卷七九有傳。

[2]行参軍：官名。南北朝公府、將軍府、州府的僚屬。品秩例低於冠以曹名的行參軍。

[3]海虞：縣名。治所在今江蘇常熟市。

[4]斷：按，大德本同，汲古閣本、殿本及《宋書》卷九一《何子平傳》作"繼"。底本誤，應據諸本改。

[5]袒括：喪禮名。指死者已小斂。語出《禮記·檀弓上》："主人既小斂，袒、括髮。"袒，脱去上衣，露出身體的一部分。括，括髮，束起頭髮。

[6]暑不避清凉：按，中華本據《宋書·何子平傳》删"不"字。據上下文意，應從删。《通志》卷一六七與本書同，《太平御覽》卷八五九引《宋書》作"暑不清凉"，《册府元龜》卷七五二作"暑不就清凉"。

[7]風日：按，《宋書·何子平傳》作"雨日"。

[8]伯興：按，《宋書·何子平傳》、《建康實録》卷一四、《太平御覽》卷四一三並作"伯與"。《册府元龜》卷七五二、《通志》

卷一六七與本書同。　葺理：按，《宋書·何子平傳》、《太平御覽》卷八五九、《册府元龜》卷七五二作“葺治”，本書避唐高宗李治諱改。《建康實録》卷一四作“葺之”。《通志》卷一六七與本書同。

[9]矜賞：按，《宋書·何子平傳》作“旌賞”。

[10]爲營冢壙：按，《宋書·何子平傳》“爲”上有“泰始六年”四字，“壙”作“椁”。

子平居喪毁甚，及免喪，殆至不立。[1]幼持操檢，敦厲名行，雖處闇室，如接大賓。學義堅明，處之以默，安貧守善，不求榮進。好退之士彌以此貴之。卒年六十。[2]

[1]殆至不立：按，《宋書》卷九一《何子平傳》作“支體殆不相屬”。

[2]卒年六十：據《宋書·何子平傳》，其卒於宋順帝昇明元年（477）。

崔懷順，[1]清河東武城人也。[2]父邪利，[3]魯郡太守，[4]宋元嘉中爲魏所獲。懷順與妻房氏篤愛，聞父見虜，即日遣妻，布衣蔬食如居喪禮，歲時北向流涕。邪利後仕魏，書戒懷順不許如此。懷順得書更號泣。懷順從叔模爲滎陽太守，[5]亦入魏，模子雖居處改節，不廢婚宦。[6]宋大明中，懷順宋人冀州刺史元孫北使魏，[7]魏人問之曰：“崔邪利、模並力屈歸命，二家子弟出處不同，[8]義將安在？”元孫曰：“王尊驅驥，王陽回車，[9]欲令忠孝並弘，臣子兩遂。”[10]

［1］崔懷順：按，《南齊書》卷五五《崔懷慎傳》作“崔懷慎”，蓋蕭子顯避梁武帝父蕭順之諱改，非本名懷慎。《魏書》卷二四《崔模傳》、《北史》卷二四《崔模傳》均作“懷順”。

［2］清河：郡名。治清陽縣，在今河北清河縣東南。　東武城：縣名。治所在今河北清河縣東北。

［3］邪利：崔邪利。初仕宋，以鄒山、魯郡降北魏。魏賜其四品臨淄子，除廣寧太守。事見《宋書》卷五《文帝紀》，《魏書》卷四三《劉休賓傳》、卷九七《島夷劉裕傳》。

［4］魯郡太守：按，《宋書·文帝紀》作“魯、陽平二郡太守”，《魏書·島夷劉裕傳》作“魯陽、陽平二郡太守”。魯郡，郡名。治魯縣，在今山東曲阜市東北。

［5］懷順從叔模：按，若依《魏書·崔模傳》《北史·崔模傳》“模兄協子邪利”，則當改作“懷順從祖模”或“邪利從叔模”。模，崔模。字思範，清河東武城（今河北清河縣）人。《魏書》卷二四、《北史》卷二四有附傳。　滎陽：郡名。治滎陽縣，在今河南滎陽市東北。北魏徙治大栅城，在今河南滎陽市。

［6］婚宧：按，汲古閣本、殿本同，大德本作“婚官”。

［7］懷順宋人：按，大德本、汲古閣本、殿本作“懷順宗人”。底本誤，應據諸本改。　冀州：州名。南朝宋文帝元嘉九年（432）僑置，治歷城縣，在今山東濟南市。宋明帝泰始六年（470）與青州合僑置於鬱洲，在今江蘇連雲港市東雲臺山一帶。　元孫：崔元孫。南朝宋孝武帝時爲尚書郎。後奉明帝命討青州刺史沈文秀，爲文秀所害。事見《魏書》卷六六、《北史》卷四四之《崔亮傳》。

［8］子弟：按，大德本、汲古閣本、殿本及《南齊書·崔懷慎傳》作“子姪”。

［9］王尊驅驥，王陽回車：典出《漢書》卷七六《王尊傳》：“上以尊爲郿令，遷益州刺史。先是，琅邪王陽爲益州刺史，行部至邛郲九折阪，歎曰：‘奉先人遺體，奈何數乘此險！’後以病去。及尊爲刺史，至其阪，問吏曰：‘此非王陽所畏道邪？’吏對曰：

‘是。’尊叱其馭曰：‘驅之！王陽爲孝子，王尊爲忠臣。’”原指王陽、王尊二人赴任益州刺史途經邛郲九折阪的不同態度，後因以爲孝子與忠臣的楷模。王尊，涿郡高陽（今河北高陽縣）人。《漢書》卷七六有傳。

[10]臣子兩遂：按，《南齊書·崔懷慎傳》“遂”作“節”。

泰始初，淮北入魏，懷順因此歸北，至代都而邪利已卒，[1]懷順絶而後蘇，載喪還青州。[2]徒跣冰雪，土氣寒酷，而手足不傷，時人以爲孝感。喪畢，以弟在南，齊建元初又逃歸，[3]而弟已亡。懷順孤貧，宗黨哀之，日斂給其斗米。永明中卒。[4]

[1]代都：地名。即北魏國都平城，在今山西大同市東北。按，《南齊書》卷五五《崔懷慎傳》作“桑乾”。

[2]青州：州名。治東陽城，在今山東青州市。

[3]建元：南朝齊高帝蕭道成年號（479—482）。

[4]永明：南朝齊武帝蕭賾年號（483—493）。

王虛之字文静，[1]廬江石陽人也。[2]十三喪母，三十三喪父，二十五年鹽酢不入口。疾病著牀，忽有一人來問疾，謂之曰：“君病尋差。”俄而不見，病果尋差。庭中楊梅樹隆冬生實，[3]又每夜所居有光如燭，墓上橘樹一冬再實，[4]時人咸以爲孝感所致。齊永明中，詔榜門，蠲其三世。

[1]“王虛之字文静”至“蠲其三世”：按，此傳爲《南齊書》卷五五《孝義傳》所無。王虛之事迹亦見《藝文類聚》卷八六引

宋躬《孝子傳》而稍略。

[2]廬江石陽人：按，“廬江”各本同。然南朝宋、齊廬江郡屬南豫州，所領諸縣並無“石陽”。查《宋書·州郡志二》《南齊書·州郡志上》，江州廬陵郡所領有石陽縣（今江西吉水縣北），則此“廬江”或即“廬陵”之訛，似應更正。

[3]庭中楊梅樹隆冬生實：按，大德本、汲古閣本、殿本“生”作“三”。《藝文類聚》引宋躬《孝子傳》作“庭中橘樹隆冬而實”。

[4]墓上橘樹：《太平御覽》卷二六引《齊書》作“墓左樹棕”。

時又有顧昌衍、江柔之、江軻並以篤行知名。[1]昌衍吴人，居喪幾致滅性。王儉言之天子曰：[2]“昌衍既有至行，且張永之甥，[3]宜居禮闈，[4]以光郎署。”乃以爲書庫部郎。[5]柔之、軻並濟陽人。[6]柔之字叔遠，[7]孝悌通亮，亦至臺郎。[8]軻字伯倫，貞嚴有行。宗人江槩位至侍中，[9]性豪侈，唯見軻則敬挹焉。

[1]顧昌衍、江柔之、江軻：按，《宋書》卷九一《孝義傳》、《南齊書》卷五五《孝義傳》皆無此三人傳。

[2]王儉：字仲寶，琅邪臨沂（今山東臨沂市）人。本書卷二二有附傳，《南齊書》卷二三有傳。

[3]張永：字景雲，吴郡吴（今江蘇蘇州市）人。本書卷三一、《宋書》卷五三有附傳。

[4]禮闈：漢代尚書省在建禮門内，又近禁闈，故謂之禮闈。後因以代指尚書省。

[5]書庫部郎：大德本、汲古閣本、殿本、百衲本作“尚書庫部郎”。底本脱字，應據諸本補。尚書庫部郎，官名。尚書省庫部曹長

官。掌兵仗武器。宋六品。梁五班。陳四品，秩六百石。按，《通志》卷一六七與本書同，《册府元龜》卷七五三作“尚書禮部郎”。

［6］濟陽：郡名。治濟陽縣，在今河南蘭考縣東北。

［7］柔之字叔遠：按，柔之事迹亦見本書卷六〇、《梁書》卷三六之《江革傳》。

［8］臺郎：即尚書郎。南朝宋、齊尚書省定置二十郎。宋六品。按，本書、《梁書》之《江革傳》均云江柔之爲“尚書倉部郎”。

［9］江槩：濟陽考城（今河南民權縣）人。事見本書卷三六《江智深傳》。

吴慶之字文悦，[1]濮陽人也，[2]寓居江興。[3]宋江夏王義恭爲揚州，[4]召爲西曹書佐。[5]及義恭誅，慶之自傷爲吏無狀，不復肯仕，終身蔬食。後王琨爲吴興太守，[6]欲召爲功曹。答曰：“走素無人世情，直以明府見接有禮，所以奔走歲時。若欲見吏，則是蓄魚於樹，栖鳥於泉耳。”不辭而退。琨追謝之，望塵不及矣。

［1］吴慶之字文悦：按，《宋書》卷九一《孝義傳》、《南齊書》卷五五《孝義傳》皆無慶之傳，此傳爲李延壽新增。

［2］濮陽：郡名。治濮陽縣，在今河南濮陽市西南。

［3］江興：按，大德本、汲古閣本、殿本、百衲本同，中華本據《通志》改作“吴興”。

［4］宋江夏王義恭：劉義恭。宋武帝之子。諸子之中，最受寵愛。文帝元嘉元年（424）封江夏王。前廢帝狂悖無道，欲謀廢立，被前廢帝所殺。本書卷一三、《宋書》卷六一有傳。

［5］西曹書佐：官名。州刺史的主要僚屬之一。掌諸吏及選舉事，位與主簿相亞而略低，但在諸從事之上。

［6］王琨：琅邪臨沂（今山東臨沂市）人。本書卷二三有附

傳，《南齊書》卷三二有傳。

蕭叡明字景濟，[1]南蘭陵人也。[2]母病風，積年沉卧。[3]叡明晝夜祈禱，時寒，叡明下淚爲之冰如筯，額上叩頭血亦冰不溜。忽有一人以小石函授之，曰："此療夫人病。"叡明跪受之，忽不見。以函奉母，函中唯有三寸絹，丹書爲"日月"字，母服之即平復。

[1]蕭叡明字景濟：按，《南齊書》卷五五《蕭叡明傳》無"字景濟"三字。

[2]南蘭陵：郡名。南朝宋改蘭陵郡置。治蘭陵縣，在今江蘇常州市武進區西北。齊末併入南琅邪郡。

[3]母病風，積年沉卧：以下至"母服之即平復"，按，《南齊書·蕭叡明傳》無此段文字。《太平御覽》卷四一一引《齊春秋》與此大同小異，或即李延壽所本。

于時秣陵朱緒無行，[1]母病積年，忽思菰羹，緒妻到市買菰爲羹欲奉母，緒曰："病復安能食。"[2]先嘗之，遂併食盡。母怒曰："我病欲此羹，汝何心併啖盡。[3]天若有知，當令汝哽死。"緒便聞心中介介然，即利血，[4]明日而死。叡明聞之，大悲慟，不食積日。問緒尸何在處，[5]欲手自戮之。既而曰："洿吾刀。"乃止。永明五年，居母喪，不勝喪，[6]卒，詔贈中書郎。[7]

[1]于時秣陵朱緒無行：以下至"乃止"，按，《南齊書》卷五五《蕭叡明傳》無此段文字。舊題宋彭乘撰《墨客揮犀》卷八"蕭叡明"條與之僅個別字句稍有異同。秣陵，縣名。治所在今江

蘇南京市中華門外。

[2]病復安能食：按，《墨客揮犀》"復"作"後"。

[3]汝何心併啖盡：按，《墨客揮犀》"何心"作"何必"。

[4]緒便聞心中介介然，即利血：中華本改"便聞"爲"聞便"。《墨客揮犀》亦作"便聞"，"利血"作"痢血"。

[5]何在：按，大德本、汲古閣本、殿本作"在何"。

[6]不勝喪：按，汲古閣本、百衲本同，大德本、殿本作"不勝哀"。底本誤，應改"喪"作"哀"。

[7]贈中書郎：據《南齊書·蕭叡明傳》，叡明歷官員外殿中將軍、龍驤將軍、安西中兵參軍、松滋令。

時又有鮮于文宗，漁陽人，[1]年七歲喪父。父以種芋時亡，至明年芋時，對芋嗚咽，如此終身。姊文英適荀氏，七日而夫亡，執節不嫁。及母卒，晝夜哭泣，遂喪明。

[1]漁陽：郡名。秦漢時治漁陽縣，在今北京市密雲區西南。西晉省入燕國，在今北京市西南隅。

蕭矯妻羊字淑禕，性至孝，居父喪，哭輒吐血。母嘗有疾，淑禕於中夜祈禱，忽見一人在樹下自稱枯桑君，曰："若人無患，令泄氣在亥，[1]西南求白石鎮之。"言訖不見。明日如言而疾愈。

[1]若人無患，令泄氣在亥：按，《通志》卷一六七"人""令"分别作"母""今"。中華本據《通志》改"令"作"今"。

又時有羊緝之女佩任者，烏程人。隨母還舅氏，母亡，晝夜號哭，不飲食三日而亡，鄉里號曰“女表”。[1]

[1]女表：女子的表率。

又有晉陵吴康之妻趙氏，父亡弟幼，遇歲飢，母老病篤，趙詣鄉里告乞，言辭哀苦，[1]鄉里憐之，各分升米，遂得免。及嫁康之，少時夫亡，家欲更嫁，誓死不貳焉。[2]

[1]趙詣鄉里告乞，言辭哀苦：按，《南齊書》卷五五《孝義傳》“告乞”“哀苦”作“自賣”“哀切”。

[2]誓死：按，大德本、汲古閣本、殿本作“誓言”。《南齊書·孝義傳》與本書同。

又義興蔣儁之妻黄氏，[1]夫亡不重嫁，家逼之，欲自殺，乃止。建元三年，詔蠲表門閭。[2]

[1]儁：按，大德本、汲古閣本同，殿本作“雋”。

[2]詔蠲表門閭：按，《南齊書》卷五五《孝義傳》作“詔蠲租賦，表門閭”。蠲、表乃二事，故“租賦”二字不當删。

又會稽永興吴翼之母丁氏，[1]少喪夫。性仁愛，遭年荒，分衣食以飴里中飢餓者，[2]鄰里求借未嘗違。同里陳攘父母死，[3]孤單無親戚，丁收養之。及長爲營婚娶。又同里王禮妻徐，[4]荒年客死丁陰，爲買棺器，[5]自往斂葬。元徽末，[6]大雪，商旅斷行，村里比室飢餓，丁自出鹽米，計口分賦。同里左僑家露四喪無以葬，丁爲辦冢椁。有三調不登者，[7]代爲送。[8]丁長子婦王氏守寡，執志不再醮。州郡上言，詔表門閭，蠲租税。

[1]吴翼之：按，《南齊書》卷五五《孝義傳》作“倪翼之”。

[2]飴：按，大德本、殿本同，汲古閣本作“貽”。

[3]陳攘：按，《南齊書·孝義傳》作“陳穰”。

[4]徐：按，大德本、汲古閣本、殿本同，中華本作“徐氏”。

[5]荒年客死丁陰，爲買棺器：按，各本同，中華本據《南齊書·孝義傳》改作“荒年客死山陰，丁爲買棺器”。

[6]元徽：南朝宋後廢帝劉昱年號（473—477）。

[7]三調：南朝賦税名。又稱三課。即調粟（徵收糧食）、調帛（徵交絹帛）、雜調（攤派勞役）。始於宋後廢帝時，規定按貲産多少定税。亦有以爲三調指租、布、雜税，徵收粟、布帛及錢；或即租布，按户徵收調粟、調布。

[8]代爲送：按，各本同，中華本據《南齊書·孝義傳》補作“代爲輸送”。

又會稽寒人陳氏，[1]有三女，無男，祖父母年八九十，老無所知，父篤癃病，母不安其室。遇歲飢，三女相率於西湖採菱蓴，更日至市貨賣，未嘗虧怠，鄉里稱爲義門，多欲娶爲婦。長女自傷煢獨，誓不肯行。祖父母尋相繼卒，三女自營殯葬，爲菴舍居墓側。

[1]又會稽寒人陳氏：按，《南齊書》卷五五《孝義傳》無“寒”字。

又永興概中里王氏女年五歲，得毒病，兩目皆盲。性至孝，年二十父死，[1]臨尸一叫，眼皆血出。小妹娥舐其血，左目即開，時人稱爲孝感。

[1]父死：按，《南齊書》卷五五《孝義傳》作“父母死”。

又諸暨東洿里屠氏女，父失明，母痼疾，親戚相棄，鄉里不容。女移父母遠住紵舍，[1]晝採樵，夜紡績，以供養。父母俱卒，親營殯葬，負土成墳。忽空中有聲云：“汝至性可重，山神欲相驅使，汝可爲人療病，[2]必得大富。”[3]女謂是魅魅，弗敢從。遂得病積時。鄰舍人有溪蜮毒者，[4]女試療之，自覺病便差，遂以巫道爲人療病，[5]無不愈。家産日益，鄉里多欲娶之。女以無兄弟，誓守墳墓不嫁，爲山劫所殺。

[1]紵舍：按，各本同，中華本據《南齊書》卷五五《孝義傳》改作“苧羅”。苧羅，山名。即苧蘿山，在今浙江諸暨市南，爲春秋時越國美女西施、鄭旦出生地。

[2]療病：按，《南齊書·孝義傳》作“治病”，本書避唐高宗李治諱改。

[3]大富：按，大德本、汲古閣本、殿本作“大富貴”。

[4]鄰舍人有溪蜮毒者：按，各本同，中華本據《南齊書·孝義傳》於“溪”前補“中”字。

[5]療病：按，大德本、汲古閣本、殿本作“療疾”。

又吴興乘公濟妻姚氏，生二男，而公濟及兄公願、乾伯並卒，各有一子，姚養育之，賣田宅爲取婦，自與二男寄止鄰家。明帝詔爲其二子婚，表閭，[1]復徭役。

[1]表閭：按，《南齊書》卷五五《孝義傳》“表”下有“門”字。

又吴郡范法恂妻褚氏，亦勤苦執婦業。宋昇明中，孫曇瓘謀反亡命，[1]褚謂其子僧簡曰：[2]“孫越州先姑之姊子，與汝父親則從母兄弟，交則義重古人，逃竄脱不免，汝宜收之。”曇瓘等伏法，[3]褚氏令僧簡往斂葬。年七十餘，永明中卒。僧簡在都聞病馳歸，未至，褚已卒，將殯舉尸不起，尋而僧簡至焉。

[1]孫曇瓘：吴郡富陽（今浙江杭州市富陽區）人。以軍功進爲越州刺史，後被誅。《宋書》卷八三有附傳。

[2]僧簡：范僧簡。南朝齊將。東昏侯永元二年（500），以寧朔將軍從蕭穎胄起兵，爲安成太守，旋城陷被殺。事見《南齊書》卷三八《蕭穎胄傳》。

[3]等：按，大德本、汲古閣本、殿本及《南齊書》卷五五《孝義傳》作“尋”。

公孫僧遠，會稽剡人也。[1]居父喪至孝，事母及伯父甚謹。年饑，僧遠省飡減食以養母及伯父。[2]兄弟亡，[3]貧無以葬，身自販貼與鄰里，供斂送終之費，[4]躬負土，手種松柏。兄姊未婚嫁，乃自賣爲之成禮。名聞郡縣。齊高帝即位，遣兼散騎常侍虞炎等十二部使，[5]

表列僧遠等二十三人，詔並表門閭，蠲租税。

[1]剡：縣名。治所在今浙江嵊州市西南。

[2]以養母及伯父：按，《南齊書》卷五五《公孫僧遠傳》作“以供母、伯”。

[3]兄弟亡：按，各本同，中華本據《南齊書·公孫僧遠傳》删“兄”字。

[4]身自販貼與鄰里，供斂送終之費：按，《南齊書·公孫僧遠傳》“身”下無“自”字，“送”下無“終”字。販貼，謂出賣勞力且依附於人。

[5]虞炎：會稽（今浙江紹興市）人。齊武帝永明中，以文學與沈約同爲文惠太子所遇，官至驍騎將軍。事見本書卷四八、《南齊書》卷五二之《陸厥傳》。　十二部使：按，各本同。據《册府元龜》卷二一〇、《通志》卷一六七及《南齊書·公孫僧遠傳》，其下有“行天下”三字，應據補。

吴欣之，晉陵利城人也。[1]宋元嘉末，弟慰之爲武進縣史。[2]隨王誕起義，元凶遣軍主華欽討之，[3]吏人皆散，慰之獨留見執。將死，欣之詣欽乞代弟命，辭淚哀切，[4]兄弟皆見原。齊建元三年，有詔蠲表之。

[1]利城：縣名。亦作利成。東晉初僑置於晉陵郡界。南朝宋文帝元嘉中改爲實土，治所在今江蘇江陰市西。屬南東海郡。隋平陳廢。

[2]武進：縣名。西晉置。治所在今江蘇丹陽市東。南朝梁改名蘭陵縣。　縣史：按，大德本同，汲古閣本、殿本、百衲本及《通志》卷一六七作“縣吏”，《南齊書》卷五五《吴欣之傳》、《册府元龜》卷二一〇作“縣戍”。

[3]華欽：按，《南齊書·吴欣之傳》同，《宋書》卷九九《元凶劭傳》作“燕欽”。

[4]辭淚：按，《南齊書·吴欣之傳》同，《册府元龜》卷八五一作“辭旨”。

永明初，廣陵人童超之二息犯罪争死，[1]太守劉悛表以聞。[2]

[1]廣陵：郡名。治廣陵縣，在今江蘇揚州市西北蜀岡上。童超之：按，《南齊書》卷五五《孝義傳》作“章起之”。

[2]劉悛：字士操，彭城（今江蘇徐州市）安上里人。本書卷三九有附傳，《南齊書》卷三七有傳。

韓係伯，襄陽人也，[1]事父母謹孝。襄陽人鄰居種桑樹於界上爲誌，[2]係伯以桑枝蔭妨他地，遷界上開數尺，鄰畔隨復侵之，係伯輒更改種。久之，鄰人慙愧，還所侵地，躬往謝之。齊建元三年，蠲表門閭，[3]以壽終。

[1]襄陽：郡名。治襄陽縣，在今湖北襄陽市。

[2]襄陽人：按，《南齊書》卷五五《韓係伯傳》“人”作“土俗”。

[3]蠲表門閭：按，《南齊書·韓係伯傳》“蠲”下有“租税”二字。

時有吴興人聞人敻，年十七，結客報父仇，爲高帝所賞，位至長水校尉。[1]

[1]長水校尉：官名。侍衛武官。宋四品。梁七班。陳六品，秩千石。

丘冠先字道玄，[1]吴興烏程人也，少有節義。齊永明中，位給事中。[2]時求使蠕蠕國，[3]尚書令王儉言："冠先雖名位未升，而義行甚重。若爲行人，[4]則蘇武、鄭衆之流也。"[5]於是使蠕蠕。[6]蠕蠕逼令拜，[7]冠先執節不從。以刃臨之，冠先曰："能殺我者蠕蠕也，不能以天子使拜戎狄者，我也。"遂見殺。武帝以冠先不辱命，賜其子雄錢一萬、布三十匹。[8]雄不受，詣闕上書曰：[9]"臣父執節如蘇武，守死如谷吉，[10]遂不書之良史，甄之褒策，萬代之後，誰死社稷。建元四年，車僧朗銜使不異，[11]抗節是同，詔贈正員外郎，此天朝舊準，臣父成例也。今僧朗反葬冢塋，臣父湮棄絶域，語忠烈則亦不謝車，輪荼苦則彼優而此劇，[12]名位不殊，禮數宜等，乞申哀贈。"書奏不省。

[1]丘冠先字道玄：按，《南齊書》卷五五《孝義傳》未立丘冠先傳，其事迹見《南齊書》卷五九《河南傳》。

[2]給事中：官名。南朝集書省屬官，常侍從皇帝左右，獻納得失，諫諍糾彈等，權不甚重。宋五品。梁四班。陳七品，秩六百石。

[3]蠕蠕：古國名。即柔然。亦作芮芮、茹茹。本書卷七九及南北朝諸史並有傳。

[4]行人：使者的通稱。亦爲官名。南北朝常置，掌出使聘問。

[5]蘇武：字子卿，杜陵（今陝西西安市）人。《漢書》卷五四有傳。　鄭衆：字仲師，河南開封（今河南開封市）人。《後漢

書》卷三六有傳。

［6］於是使蠕蠕：按，《南齊書》卷五九《芮芮虜傳》無丘冠先“使蠕蠕”事。據《南齊書·河南傳》，冠先衹是齊武帝永明三年（485）出使河南（即吐谷渾）時“并送芮芮使”而已。

［7］蠕蠕逼令拜：以下至“遂見殺”，按，《南齊書·河南傳》作“冠先至河南，休留茂逼令先拜，冠先厲色不肯，休留茂耻其國人，執冠先於絶巖上推墮深谷而死”，李延壽當别有所本。《太平御覽》卷八三五引《齊書》曰：“丘冠先使于蠕蠕，執節不拜，爲所殺。武帝以冠先不辱命，賜其子雄錢一萬，布三十疋。雄不受。”可與本書互證。

［8］錢一萬：按，《南齊書·河南傳》作“錢十萬”。

［9］雄不受，詣闕上書曰：以下至“書奏不省”，按，此段文字爲《南齊書·河南傳》所無。

［10］谷吉：京兆長安（今陝西西安市）人。西漢元帝時爲衛司馬。初元四年（前45），奉命護送匈奴郅支單于侍子歸北，至單于庭，卒爲郅支所殺。事見《漢書》卷七〇《陳湯傳》。

［11］車僧朗：南朝齊人。高帝時爲後軍參軍，使北魏，遇刺身亡。武帝即位，追贈散騎侍郎。見《南齊書》卷五七《魏虜傳》、《魏書》卷七上《高祖紀上》。

［12］輪：按，大德本、汲古閣本、殿本作“論”。底本誤，應據諸本改。

孫淡，太原人也，[1]世居長沙。[2]事母至孝，母疾，不眠食，以差爲期。母哀之，後有疾不使知也。齊建元三年，蠲表門閭。[3]卒於家。

［1］太原：郡名。治晋陽縣，在今山西太原市西南。

［2］長沙：郡名。治臨湘縣，在今湖南長沙市。

［3］蠲表門閭：按，《南齊書》卷五五《孫淡傳》“蠲”下有“租稅”二字，不當省。

華寶，晋陵無錫人也。[1]父豪，晋義熙末戍長安，[2]年八歲，[3]臨别謂寶曰：“須我還當爲汝上頭。”[4]長安陷，[5]寶年至七十不婚冠。[6]或問之者，輒號慟彌日，不忍答也。

［1］無錫：縣名。治所在今江蘇無錫市。

［2］義熙：東晋安帝司馬德宗年號（405—418）。　長安：城名。在今陝西西安市西北。十六國時前趙、前秦、後秦先後建都於此。

［3］年八歲：按，各本同，中華本據《南齊書》卷五五《華寶傳》補作“寶年八歲”。

［4］上頭：即行冠禮，爲男子成年的標誌。

［5］長安陷：按，《南齊書·華寶傳》下有“虜豪殁”三字，似不當删。

［6］寶年至七十不婚冠：按，《南齊書·華寶傳》、《通志》卷一六七同。《册府元龜》卷二一〇亦同，卷七五三“七十”作“二十”。《太平御覽》卷四一二引《宋書·孝義傳》作“十七”。

同郡薛天生，母噎艱菜食，[1]天生亦菜食。母未免喪而死，[2]天生終身不食魚肉。

［1］噎艱：按，大德本、汲古閣本、殿本作“遭艱”。底本誤，應據諸本改。遭艱，遭遇父母親喪事。猶丁憂。

［2］免喪：謂守孝期滿，除去喪服。

又同郡劉懷胤與弟懷則，年十歲遭父喪，不衣絮帛，不食鹽菜。齊建元三年，並表門閭。

解叔謙字楚梁，[1]鴈門人也。[2]母有疾，叔謙夜於庭中稽顙祈福，聞空中語云："此疾得丁公藤爲酒便差。"[3]即訪醫及《本草注》，皆無識者。乃求訪至宜都郡，[4]遥見山中一老公伐木，問其所用，答云：[5]"此丁公藤，療風尤驗。"叔謙便拜伏流涕，具言來意。此公愴然，以四段與之，并示以漬酒法。叔謙受之，顧視此人，不復知處。依法爲酒，母病即差。齊建武初，[6]以奉朝請徵，不至。

[1]解叔謙字楚梁：按，《南齊書》卷五五《孝義傳》未立解叔謙傳，但《樂頤傳》末附鴈門解仲恭入山采藥事與本傳所叙略同，或以爲"仲恭、叔謙當是昆季"（參見《南齊書》中華本校勘記）。

[2]鴈門：郡名。治廣武縣，在今山西代縣西南。按，《南齊書·孝義傳》"鴈門解仲恭"下有"亦僑居南郡"五字。

[3]疾：按，大德本、汲古閣本、殿本作"病"。

[4]宜都：郡名。初治夷陵縣，在今湖北宜昌市東南。南朝宋移治夷道縣，在今湖北枝江市。

[5]答云：按，大德本、汲古閣本、殿本作"答曰"。

[6]建武：南朝齊明帝蕭鸞年號（494—498）。

時又有宗元卿、庾震、朱文濟、匡昕、魯康祚、謝昌寓皆有素履，[1]而叔謙尤高。元卿字希蔣，[2]南陽人，有至行。早孤，爲祖母所養。祖母病，元卿在途輒心痛，[3]大病則大痛，小病則小痛，以此爲常。鄉里宗事之，號曰宗曾子。[4]

[1]宗元卿、庾震、朱文濟、匡昕、魯康祚、謝昌寓：按，《南齊書》卷五五《孝義傳》無此六人附傳，皆李延壽所增補。　素履：語出《易·履》："初九：素履，往，无咎。《象》曰：素履之往，獨行願也。"比喻質樸無華、清白自守的言行舉止。

[2]元卿字希蔣：元卿事迹亦見《太平御覽》卷四一一引《齊春秋》、《册府元龜》卷七五七。按，字希蔣，《太平御覽》卷四一一引《齊春秋》作"字希符"，《册府元龜》卷七五七作"字希獎"。

[3]途：按，大德本、汲古閣本、殿本作"遠"。

[4]曾子：曾參。春秋時魯國人。事見《史記》卷六七《仲尼弟子列傳》。

震字彦文，新野人。[1]喪父母，居貧無以葬，賃書以營事，至手掌穿然後葬事獲濟。南陽劉虬因此爲撰《孝子傳》。[2]

[1]新野：郡名。治新野縣，在今河南新野縣。

[2]劉虬：字靈預，一字德明，南陽涅陽（今河南鄧州市）人。本書卷五〇、《南齊書》卷五四有傳。

文濟字敬達，吴興人。自賣以葬母，太守謝瀹命爲儒林，[1]不就。

[1]謝瀹：字義潔，陳郡陽夏（今河南太康縣）人。本書卷二〇有附傳，《南齊書》卷四三有傳。　儒林：按，《通志》卷一

六七作“儒林祭酒”。

昕字令先，廬陵人，[1]有至性，隱金華山，[2]服食不與俗人交。母病亡已經日，[3]昕奔還號叫，母即蘇。皆以爲孝感所致。

[1]廬陵：郡名。治石陽縣，在今江西吉水縣北。

[2]金華山：山名。在今江西樂安縣西北。

[3]已經日：按，《太平御覽》卷四一一引《齊書》作“已經七月”。

康祚，扶風人，[1]亦有至行。母患乳癰，諸醫療不愈，康祚乃跪，兩手捧癰大悲泣，母即覺小寬，因此漸差。時人以其有冥應。康祚位至屯騎校尉。[2]

[1]扶風：郡名。治池陽縣，在今陝西涇陽縣西北。

[2]屯騎校尉：官名。南朝以授勳舊等充任皇帝侍衛武官。宋四品。梁七班。陳六品，秩千石。

昌寓，陳郡人也，[1]爲劉悛廣州參軍。孝性甚至。嘗養一鵠，昌寓病二旬，而鵠二旬不食。昌寓亡而鵠遂飛去。

[1]陳郡：郡名。治陳縣，在今河南周口市淮陽區。

韓靈敏，會稽剡人也。早孤，與兄靈珍並有孝性。

母尋又亡，家貧無以營凶，兄弟共種瓜，朝採瓜子，[1]暮生已復，[2]遂辦葬事。靈珍亡無子，妻朝氏守節不嫁，[3]慮家人奪其志，未嘗告歸。靈敏事之如母。

[1]兄弟共種瓜，朝採瓜子：按，《南齊書》卷五五《韓靈敏傳》作"兄弟共種苽半畝，朝採苽子"。

[2]暮生已復：按，《南齊書·韓靈敏傳》作"暮已復生"，中華本校勘記疑本書誤倒。

[3]朝氏：按，大德本、汲古閣本同，殿本作"胡氏"。《南齊書·韓靈敏傳》作"卓氏"。

劉渢字處和，[1]南陽人也。父紹，仕宋位中書郎。渢母早亡，紹被敕納路太后兄女爲繼室。[2]渢年數歲，路氏不以爲子，奴婢輩捶打之無期度。渢母亡日，輒悲啼不食，彌爲婢輩所苦。路氏生溓，兄渢憐愛之不忍捨，恒在牀帳側，輒被驅捶，終不肯去。路氏病經年，渢晝夜不離左右，每有增加，輒流涕不食。路氏病差，感其意，慈愛遂隆。路氏富盛，一旦爲渢立齋宇，筵席不減侯王。溓有識，事渢過於同產，事無大小，必諮兄而後行。

[1]劉渢字處和：按，《南齊書》卷五四《孝義傳》無劉渢傳，渢事迹附見《南齊書》卷四五《蕭遥光傳》。

[2]路太后：路惠男。宋孝武帝生母。本書卷一一、《宋書》卷四一有傳。

渢妹適江祏弟禧，[1]與祏兄弟異常。自尚書比部郎，[2]後爲遥光諮議，[3]專知腹心任。時遥光任當顧託，朝野向渢如雲。渢忌之，[4]求出爲丹楊丞，[5]雖外遷而意任無改。及遥光舉事，且方召渢，渢以爲宜悉呼佐史。[6]渢之徙丹楊丞也，遥光以蕭懿第四弟晋安王之文學暢爲諮議，[7]領録事。及召入，遥光謂曰："劉暄欲有異志，[8]今夕當取之。"遥光去歲暴風，性理乖錯，多時方愈。暢曰："公去歲違和，今欲發動。"顧左右急呼師視脉。遥光厲聲曰："諮議欲作異邪！"因訶令出。須臾渢入，暢謂曰："公昔年風疾，今復發。"渢曰："卿視今夕處分，云何而作此語。"及迎垣歷生至，[9]與渢俱勸夜攻臺。[10]既不見納，渢、歷生並撫膺曰："今欲作賊而坐守此城，今年坐公滅族矣。"及遥光敗，渢静坐圜舍。[11]溓爲度支郎，[12]亦奔亡，遇渢仍不復肯去。渢曰："吾爲人作吏，自不避死，[13]汝可去，無相守同盡。"答曰："向若不逢兄，亦草間苟免，[14]今既相逢，何忍獨生。"因以衣帶結兄衣，俱見殺。何胤聞之歎曰：[15]"兄死君難，弟死兄禍，美哉。"

[1]江祏：字弘業，濟陽考城（今河南民權縣）人。齊明帝腹心。本書卷四七、《南齊書》卷四二有傳。　禧：江禧。居喪早卒。見本書、《南齊書》之《江祏傳》。

[2]尚書比部郎：官名。簡稱比部郎。尚書省比部曹長官，掌法制。亦稱比部郎中，其資深者可稱比部侍郎。南朝宋六品。梁五班。陳四品，秩六百石。

[3]遥光：蕭遥光。字元暉，始安王蕭鳳長子，襲父爵。本書

卷四一有傳，《南齊書》卷四五有附傳。　諮議：官名。諮議參軍的省稱。東晉、南朝王府、丞相府、公府、位從公府、州軍府等皆有置者，職掌不定，在列曹參軍上，品秩皆依府主地位而定。

[4]渢忌之：按，各本同，中華本校勘記引王懋竑《讀書記疑》謂“忌當作患”。

[5]丹楊丞：官名。亦稱丹陽尹丞。東晉、南朝置，爲丹陽郡次官，佐丹陽尹掌衆事。

[6]佐史：輔佐官員統稱。此處既指始安王府僚屬，亦指丹陽郡官署屬吏。

[7]蕭懿：字元達，梁文帝蕭順之之子，梁武帝胞兄。後爲齊東昏侯所殺。梁武帝天監元年（502），追贈丞相、長沙郡王，謚號宣武。本書卷五一、《梁書》卷二二有傳。　晋安王：蕭子懋。字雲昌，齊武帝第七子。本書卷四四、《南齊書》卷四〇有傳。　暢：蕭暢。梁文帝第四子，梁武帝弟。有美名，仕齊位太常。齊明帝建武中卒。梁武帝天監元年，追贈開府儀同三司，封衡陽郡王。本書卷五一有傳，《梁書》卷二二有附傳。

[8]劉暄：字士穆，彭城（今江蘇徐州市）人。本書卷四七、《南齊書》卷四二有附傳。

[9]垣歷生：略陽桓道（今甘肅隴西縣）人。本書卷二五、《南齊書》卷二八有附傳。

[10]臺：城名。即臺城。在今江蘇南京市雞籠山南、乾河沿北。東晉、南朝時爲臺省與宫殿所在地，故名。

[11]圍舍：按，《通志》卷一六七作“府舍”。

[12]度支郎：官名。尚書省度支曹長官。亦稱度支郎中，資深勤能者可轉侍郎。隸度支尚書，掌貢税租賦的統計、調撥、支出等。南朝宋六品。梁五班。陳四品，秩六百石。

[13]避：按，大德本、殿本同，汲古閣本作“逃”。

[14]苟免：按，《通志》卷一六七作“苟死”。

[15]何胤：字子季，廬江灊（今安徽霍山縣）人。本書卷三

〇有附傳，《南齊書》卷五四、《梁書》卷五一有傳。

又柳叔夜，[1]河東人。[2]父宗，宋黄門郎。叔夜年十六爲新野太守，甚有名績，補遥光諮議參軍。及事敗，左右扶上馬，欲與俱亡，答曰："吾已許始安以死，豈可負之邪。" 遂自殺。

[1]又柳叔夜：以下至"遂自殺"，按，《南齊書》卷五五《孝義傳》無柳叔夜傳，此附傳爲李延壽所增加。

[2]河東：郡名。治安邑縣，在今山西夏縣西北。

封延伯字仲連，勃海人也。[1]世爲州郡著姓，寓居東海，[2]三世同財，爲北州所宗附。延伯好學退讓，[3]事寡嫂甚謹。垣崇祖爲兖州，[4]請爲長史，不就。崇祖軾其門，不肯相見。後爲豫州，[5]上表薦之，詔書優禮。起家爲平西長史、梁郡太守。[6]爲政清静，有高士風。俄以疾免，還東海。[7]于時四州入魏，[8]士子皆依海曲，争往宗之，如遼東之仰邴原也。[9]

[1]封延伯字仲連，勃海人也：按，《南齊書》卷五五《封延伯傳》"仲連""勃海"作"仲璉""渤海"。勃海，郡名。治南皮縣，在今河北南皮縣東北。大德本、汲古閣本同，殿本作"渤海"。

[2]東海：郡名。治郯縣，在今山東郯城縣。

[3]好學退讓：按，《南齊書·封延伯傳》作"有學行，不與世人交"。

[4]垣崇祖：字敬遠，一字僧寶，祖籍略陽桓道（今甘肅隴西縣），祖父苗率部曲家下邳（今江蘇睢寧縣）。本書卷二五有附傳，

《南齊書》卷二五有傳。　兗州：州名。魏晋時治廪丘縣，在今山東鄆城縣西北。南朝宋移治瑕丘城，在今山東濟寧市兗州區。

［5］豫州：州名。治壽春縣，在今安徽壽縣。

［6］起家爲平西長史、梁郡太守：按，《南齊書·封延伯傳》作“用爲長史，帶梁郡太守”。梁郡，郡名。南朝齊改晋宋南梁郡置。治睢陽縣，在今安徽壽縣。

［7］俄以疾免，還東海：按，《南齊書·封延伯傳》作“以疾自免，僑居東海，遂不至京師”。

［8］于時四州入魏：以下至“如遼東之仰邴原也”，按。《南齊書·封延伯傳》無此文。四州，指淮河以北青、冀、徐、兗四州。

［9］邴原：字根矩，北海朱虚（今山東臨朐縣）人。《三國志》卷一一有傳。

建元三年，大使巡行天下，義興陳玄子四世同居，一百七口。[1]武陵邵榮興、文獻叔並八世同居。[2]東海徐生之、武陵范安祖、李聖伯、范道根，並五世同居。零陵譚弘寶、衡陽何弘、華陽陽黑頭，[3]疏從四世同居。詔俱表門閭，蠲租税。

［1］一百七口：按，《南齊書》卷五五《封延伯傳》作“一百七十口”。《册府元龜》卷二一〇作“一百七十口”，卷八〇三作“户口一百七人”。

［2］武陵：郡名。治臨沅縣，在今湖南常德市。

［3］零陵：郡名。治泉陵縣，在今湖南永州市。　衡陽：郡名。治湘西縣，在今湖南株洲市西南。　華陽：郡名。南朝宋僑置。治白馬城，在今陝西勉縣西北。屬梁州。

又蜀郡王續祖、華陽郝道福並累世同爨，[1]建武三年，明帝詔表門，[2]蠲調役。

[1]蜀郡：郡名。治成都縣，在今四川成都市。

[2]明帝詔表門：按，《南齊書》卷五五《封延伯傳》“門”下有“閭”字。

吴達之，義興人也。嫂亡無以葬，自賣爲十夫客，以營冢椁。從祖弟敬伯，夫妻荒年被略賣江北，達之有田十畝，貨以贖之，與同財共處之。[1]命爲主簿，固以讓兄。又讓世舊田與族弟，[2]弟亦不受，田遂閑廢。齊建元三年，詔表門閭。

[1]共處之：按，大德本、汲古閣本、殿本及《南齊書》卷五五《吴達之傳》作“共宅郡”，“郡”屬下句讀。

[2]世舊田：按，各本同，《南齊書·吴達之傳》及《册府元龜》卷二一〇作“世業舊田”，《通志》卷一六七作“先世舊田”。

先是有蔡曇智，[1]鄉里號蔡曾子，廬江何伯璵兄弟，鄉里號爲何展禽，[2]並爲高士沈顗所重。[3]常云“聞蔡曇智之風，怯夫勇，鄙夫有立志。聞何伯璵之風，僞夫正，薄夫厚”云。

[1]先是有蔡曇智：以下至“僞夫正，薄夫厚云”，按，此段内容爲《南齊書》卷五五《孝義傳》所無。《太平御覽》卷四一二所引《宋書·孝義傳》云云幾乎完全與之相同。

[2]展禽：即柳下惠。春秋時魯國大夫。見《左傳》僖公二十

六年及杜預注。

[3]沈顗：字處默，吴興武康（今浙江德清縣）人。齊梁時隱士，屢徵不仕。本書卷三六有附傳，《梁書》卷五一有傳。

伯璵與弟幼璵俱厲節操，養孤兄子，及長爲婚，推家業盡與之。安貧枯槁，誨人不倦，郡守下車莫不脩謁。伯璵卒，[1]幼璵末好佛法，[2]翦落長齋，持行精苦，梁初卒。兄弟年八十餘。[3]

[1]伯璵卒：按，《南齊書》卷五五《孝義傳》“伯璵”上有“永明十一年”，似不當删除。

[2]幼璵末好佛法：按，《南齊書·孝義傳》“末”作“少”。

[3]兄弟年八十餘：按，《南齊書·孝義傳》“年”下有“並”字。

王文殊字令章，[1]吴興故鄣人也。[2]父没魏，文殊思慕泣血，終身蔬食，[3]不衣帛，服麻緼而已。不婚，不交人物。吴興太守謝瀹聘爲功曹，[4]不就。立小屋於縣西，[5]端拱其中，歲時伏臘，月朝十五，未嘗不北望長悲，如此三十餘年。太守孔琇之表其行，[6]鬱林詔榜門，[7]改所居爲孝行里。

[1]王文殊字令章：按，《南齊書》卷五四《王文殊傳》無“字令章”三字，《太平御覽》卷四一二引《齊書》與本書同。

[2]故鄣：縣名。治所在今浙江安吉縣西北。

[3]終身蔬食：按，《南齊書·王文殊傳》作“蔬食山谷三十餘年”。《太平御覽》卷四一二引《齊書》與本書同。

［4］吴興太守謝瀹聘爲功曹：按，《南齊書·王文殊傳》無“吴興”二字，“聘”作“板”。《太平御覽》卷四一二引《齊書》“聘”作“板”。

［5］立小屋於縣西：以下至“如此三十餘年”，按，此段爲《南齊書·王文殊傳》所無。《太平御覽》卷四一二引《齊書》有，且與之略同。

［6］太守孔琇之表其行：按，《南齊書·王文殊傳》“太守”上有“永明十一年”五字。孔琇之，會稽山陰（今浙江紹興市）人。本書卷二七有附傳，《南齊書》卷五三有傳。

［7］鬱林：南朝齊皇帝蕭昭業。字元尚，小字法身，文惠太子蕭長懋長子。在位未及一年，即爲蕭鸞所殺，廢爲鬱林王。本書卷五、《南齊書》卷四有紀。

樂頤之字文德，[1]南陽涅陽人也，世居南郡，[2]少而言行和謹。仕爲京府參軍，[3]父在郢病亡。[4]頤之忽悲戀涕泣，[5]因請假還，中路果得父凶問，便徒跣號咷，出陶後渚，[6]遇商人附載西上，水漿不入口數日。嘗遇病，與母隔壁，忍病不言，嚙被至碎，恐母之哀己也。湘州刺史王僧虔引爲主簿，[7]以同僚非人，棄官去。吏部郎庾杲之嘗往候，[8]頤之爲設食，唯枯魚菜葅，杲之曰：“我不能食此。”母聞之，自出常膳魚羹數種。杲之曰：“卿過於茅季偉，[9]我非郭林宗。”[10]仕至郢州中從事。[11]

［1］樂頤之字文德：按，《南齊書》卷五四《樂頤傳》無“之”字。

［2］南郡：郡名。治江陵縣，在今湖北荆州市荆州區。

[3]京府：謂京師所在地區。此指建康，在今江蘇南京市。

[4]郢：州名。南朝宋置，治夏口城，在今湖北武漢市武昌區。隋平陳，改爲鄂州。按，《南齊書·樂頤傳》“郢”下有“州”字。

[5]悲戀：按，《南齊書·樂頤傳》作“思父”。

[6]陶後渚：按，各本同，《南齊書·樂頤傳》作“陶家後渚”。應據補“家”字。陶家後渚，江洲名。在今江蘇南京市西南。原爲長江中小沙洲，位於江岸與蔡洲之間，今已與蔡洲一同並岸。

[7]湘州：州名。治臨湘縣，在今湖南長沙市。　王僧虔：琅邪臨沂（今山東臨沂市）人。宋後廢帝元徽中，遷吏部尚書。本書卷二二有附傳，《南齊書》卷三三有傳。

[8]庾杲之：字景行，新野（今河南新野縣）人。博學有風采，齊武帝永明中遷尚書吏部郎。本書卷四九、《南齊書》卷三四有傳。

[9]茅季偉：茅容。字季偉，陳留（今河南開封市）人。《後漢書》卷六八有附傳。

[10]郭林宗：郭太。字林宗，太原界休（今山西介休市）人。《後漢書》卷六八有傳。

[11]郢州中從事：按，《南齊書·樂頤傳》作“郢州治中”，本書避唐高宗李治諱省易之。中從事，官名。即治中從事。州刺史屬官，掌衆曹文書事。南朝宋多以六品官爲之，齊同。

弟預字文介，[1]亦至孝。父臨亡，[2]執手以託郢州行事王英。[3]預悲感悶絶，吐血數升，遂發病。官至驃騎録事參軍。[4]

[1]弟預字文介：按，《南齊書》卷五四《樂預傳》無“字文介”三字。

[2]父：按，大德本、殿本同，汲古閣本作“文”，誤。

[3]王英：按，各本同。中華本據《南齊書》改作“王奂”，應從改。詳見其校勘記。王奂，字彦孫，琅邪臨沂（今山東臨沂市）人。本書卷二三有附傳，《南齊書》卷四九有傳。

[4]録事參軍：官名。東晋、南朝公府、將軍府、州刺史開軍府者皆置，掌諸曹文書及糾察等事。宋七品。梁六班至二班。陳七品至九品。

隆昌末，[1]預謂丹楊尹徐孝嗣曰：[2]“外傳籍藉，[3]似有伊、周之事。[4]君蒙武帝殊常之恩，荷託付之重，恐不得同人此事。人笑褚公，[5]至今齒冷，無爲效尤。”孝嗣故吏吴興沈昇之亦説之曰：[6]“昇之與君俱有項領之功，今一言而二功俱解，豈願聞之乎。君受恩二祖，而更參惟新之政，以君爲反覆人，事成則無處逃咎矣。昇之草萊百姓，言出禍已隨之，孰與超然謝病，高枕家園，則與松柏比操，風霜等烈，豈不美邪。”孝嗣並改容謝之。

[1]隆昌：南朝齊鬱林王蕭昭業年號（494）。

[2]徐孝嗣：字始昌，小字遺奴，東海郯（今山東郯城縣）人，徐湛之之孫。本書卷一五有附傳，《南齊書》卷四四有傳。

[3]籍藉：按，大德本、汲古閣本、殿本作“藉藉”。

[4]伊、周之事：即商代伊尹和西周周公旦。兩人都曾攝政。此喻指廢立君主。

[5]褚公：即褚淵。字彦回，河南陽翟（今河南禹州市）人。後助蕭道成代宋建齊，仕齊官至尚書令。本書卷二八有附傳，《南齊書》卷二三有傳。

[6]孝嗣故吏吴興沈昇之亦説之曰：以下至“孝嗣並改容謝之”，按，《南齊書》卷五五《樂預傳》無此段記述。

預建武中爲永世令，[1]人懷其德，卒官。時有一媪年可六七十，擔槲蔌葉造市貨之，[2]聞預亡大泣，棄溪中，曰："失樂令，我輩孤獨老姥政應就死耳。" 市人亦皆泣，其惠化如此。

[1]永世：縣名。治所在今江蘇溧陽市南。

[2]擔槲簌葉造市貨之：按，《南齊書》卷五五《樂預傳》各本“槲簌葉”或作“斛若葉”，或作“斛蔌葉”。參本書中華本校勘記。

江泌字士清，濟陽考城人也。[1]父亮之，員外郎。泌少貧，晝日斫屧爲業，[2]夜讀書隨月光，光斜則握卷升屋，睡極墮地則更登。性行仁義，衣弊蝨多，綿裹置壁上，[3]恐蝨飢死，乃復置衣中。數日間，終身無復蝨。母亡後，以生闕供養，遇鮭不忍食。菜不食心，以其有生意，唯食老葉而已。[4]母墓爲野火所燒，依“新宫災，三日哭”。[5]淚盡繼之以血。[6]

[1]考城：縣名。治所在今河南民權縣東北。

[2]晝日斫屧爲業：以下至“睡極墮地則更登”，按，《南齊書》卷五五《江泌傳》無“爲業”“光斜則”“睡極墮地則更登”數字。

[3]綿裹置壁上：按，各本同，中華本“裹”作“裹”。《南齊書·江泌傳》無此五字。按，《太平御覽》卷九五一引《齊書》作

"綿裹置壁上"。

[4]唯食老葉而已：按，《南齊書·江泌傳》無此六字。《太平御覽》卷九七六引《齊書》有。

[5]新宫災，三日哭：語出《左傳》成公三年杜預注："三年喪畢，宣公神主新入廟，故謂之'新宫'。書'三日哭'，善得禮。宗廟，親之神靈所馮居，而遇災，故哀而哭之。"

[6]繼：按，大德本、殿本同，汲古閣本作"係"。

歷仕南中郎行參軍，所給募吏去役，[1]得時病，莫有舍之者。吏扶杖投泌，泌親自隱恤。[2]吏死，泌爲買棺。無僮役，兄弟共輿埋之。後領國子助教，[3]乘牽車至染烏頭，[4]見一老公步行，下車載之，躬自步去。齊武帝以爲南康王子琳侍讀。[5]

[1]募吏：平民服吏役者。又稱白衣吏。魏晋南北朝時官府、軍府、官僚個人均擁有數目不等的役吏。其服役僅及身而止，身份較世代相承服吏役的吏户爲高。

[2]親自：按，大德本、汲古閣本、殿本作"自"。《南齊書》卷五五《江泌傳》與本書同。

[3]國子助教：官名。協助博士教授國子學生徒儒學。南朝齊立國學，置十員，位比侍御史。梁沿置，二班。陳八品，秩六百石。

[4]染烏頭：地名。在今江蘇南京市内，確址不詳。《樂府詩集》卷四五載《上聲歌》八首之四有"三鼓染烏頭，聞鼓白門里"。白門，即建康宫城正南之宣陽門。

[5]躬自步去。齊武帝以爲南康王子琳侍讀：按，大德本、汲古閣本、殿本"齊"作"梁"，百衲本、中華本作"染"，並綴於上句"躬自步去"之下。《南齊書·江泌傳》作"躬自步去。世祖

以爲南康王子琳侍讀”。張元濟《南史校勘記》云:“殿誤，此齊武帝。按‘染’即上文‘染烏頭’，‘武帝’《南齊》作‘世祖’。”詳其百衲本《南史跋》。　南康王子琳：蕭子琳。字雲璋，齊武帝第十九子。本書卷四四、《南齊書》卷四〇有傳。　侍讀：官名。南朝宋、齊、梁、陳置。職掌侍從皇帝讀經，或給諸王講授經史。

建武中，明帝害諸王，後泌憂念子琳，訪誌公道人，[1]問其禍福。誌公覆香鑪灰示之曰:“都盡無餘。”及子琳被害，泌往哭之，淚盡繼以血，親視殯葬畢乃去。泌尋卒。族人兖州中從事泌，[2]黄門郎悆子也，與泌同名，世謂泌爲“孝泌”以别之。[3]

[1]誌公道人：即釋寶誌。本書卷七六有傳。

[2]中從事：按，《南齊書》卷五五《江泌傳》作“治中”。本書避唐高宗李治諱省易。

[3]孝泌：按，《南齊書·江泌傳》作“孝江泌”。

庾道愍，[1]潁川鄢陵人，[2]晋司空冰之玄孫也。[3]有孝行，頗能屬文。少出孤悴，時人莫知。其所生母流漂交州，[4]道愍尚在繈褓。及長，知之，求爲廣州綏寧府佐。[5]至南而去交州尚遠，乃自負擔昌嶮，[6]僅得自達。及至交州，尋求母雖經年，日夜悲泣。嘗入村，日暮雨驟，乃寄止一家。且有一嫗負薪外還，[7]而道愍心動，因訪之，乃其母也。於是行伏號泣，遠近赴之，莫不揮淚。

[1]庾道愍：按，《宋書》卷九一《孝義傳》、《南齊書》卷五五《孝義傳》皆未立庾道愍傳，此乃李延壽增補。又，《册府元龜》卷七五三載道愍尋母事，除個别字稍異，全與本傳同。

[2]潁川：郡名。治許昌縣，在今河南許昌市東。　鄢陵：縣名。治所在今河南鄢陵縣西北。

[3]晉司空冰：庾冰。字季堅，庾亮弟。以討華軼功，封都鄉侯。王導死後入朝輔政，時稱賢相。《晉書》卷七三有附傳。

[4]交州：州名。治龍編縣，在今越南北寧省仙游縣東。

[5]廣州：州名。治番禺縣，在今廣東廣州市。　綏寧：縣名。南朝宋置。一説東晋置。治所在今廣西賓陽縣東。梁改安成縣。

[6]昌嶮：按，大德本、汲古閣本、殿本作“冒嶮”。底本誤，應據諸本改。

[7]且：按，各本同，中華本作“旦”。疑底本及各本皆訛。

道愍尤精相板，[1]宋明帝時，山陽王休祐屢以言語忤顔，[2]見道愍，託以己板爲他物，令道愍占之。道愍曰：“此乃甚貴，然使人多愆忤怵。”[3]休祐以褚顔回詳密，[4]求换其板。他日，彦回侍明帝，自稱下官。帝多忌，甚不悦。休祐具以狀言，帝乃意解。

[1]道愍尤精相板：以下至“帝乃意解”，按，《太平御覽》卷六九二引《宋書》文，除末句“帝乃意解”作“帝意乃解”，全與之同。按，此相板之事無關孝義，似不當采編。相板，古代相術之一。又稱相笏。即撫摩官員手板（笏）以卜休咎。

[2]山陽王休祐：劉休祐。宋文帝第十三子。本書卷一四、《宋書》卷七二有傳。

[3]怵：按，大德本、汲古閣本、殿本無此字，疑底本衍。

[4]褚顔回：按，大德本、汲古閣本、殿本“顔”作“彦”。

底本誤，應據諸本改。褚淵字彦回，本書避唐高祖李淵諱以字行。

道慼仕齊，位射聲校尉。[1]族孫沙彌亦以孝行著。

[1]射聲校尉：官名。南朝爲侍衛武官，不領兵，多用以安置勳舊武臣。宋四品。梁七班。陳六品，秩千石。

沙彌，晉司空冰之六世孫也。父佩玉，仕宋位長沙内史，昇明中，坐沈攸之事誅。[1]時沙彌始生。及年五歲，所生母爲製采衣，輒不肯服。母問其故，流涕對曰："家門禍酷，用是何爲？"及長，終身布衣蔬食。爲中軍田曹行參軍。嫡母劉氏寢疾，沙彌晨昏侍側，衣不解帶。或應針灸，輒以身先試。及母亡，水漿不入口累日。初進大麥薄飲，[2]經十旬方爲薄粥。終喪不食鹽酢，冬日不衣綿纊，夏日不解衰絰。不出廬户，晝夜號慟，鄰人不忍聞。所坐薦，淚霑爲爛。墓在新林，[3]忽生旅松百許株，枝葉鬱茂，有異常松。劉好噉甘蔗，沙彌遂不食焉。宗人都官尚書詠表言其狀，[4]應純孝之舉，梁武帝召見嘉之，以補歙令。[5]還除輕車邵陵王參軍事，隨府會稽，復丁所生憂，[6]喪還都，濟浙江，中流遇風，舫將覆没。沙彌抱柩號哭，俄而風静，咸以爲孝感所致。後卒於長城令。子持。

[1]沈攸之：字仲達，吴興武康（今浙江德清縣）人。本書卷三七有附傳，《宋書》卷七四有傳。

[2]初進大麥薄飲：以下至"夏日不解衰絰"，按，此段《梁

書》卷四七《庾沙彌傳》衹以“終喪不解衰絰”一語概括之。

[3]新林：地名。在今江蘇南京市西南西善橋。

[4]宗人：按，《梁書·庾沙彌傳》作“族兄”，《通志》卷一六七與本書同。

[5]歙：縣名。治所在今安徽歙縣。

[6]所生憂：按，各本同，《梁書·庾沙彌傳》、《册府元龜》卷七五七及《通志》卷一六七作“所生毋憂”。應據補。

持字元德，[1]少孤，性至孝，父憂，居喪過禮。篤志好學，仕梁爲尚書左户郎，[2]後兼建康監。[3]陳文帝爲吴興太守，以爲郡丞，兼掌書翰。天嘉初，[4]爲尚書左丞，[5]封崇德縣子。拜封之日，請令史爲客，受其餉遺，文帝怒之，因坐免。後爲臨安令，[6]坐杖殺人免。[7]還爲給事黄門侍郎，歷鹽官令，秘書監，[8]知國史事。又爲少府卿，[9]遷太中大夫，[10]領步兵校尉，卒。[11]持善字書，每屬辭，好爲奇字，文士亦以此譏之。有集十卷。

[1]元德：按，《陳書》卷三四《庾持傳》作“允德”。

[2]尚書左户郎：官名。即尚書左民郎，本書避唐太宗李世民諱改。尚書省左民曹長官，亦稱郎中。南朝宋六品。梁五班。陳四品，秩六百石。

[3]建康監：官名。南朝梁、陳置，爲建康三官之一。屬建康令，職掌與延尉監略同。梁四班。陳七品，秩千石。按，《陳書·庾持傳》作“建康令”。

[4]天嘉：南朝陳文帝陳蒨年號（560—566）。

[5]尚書左丞：官名。尚書省佐官，位次尚書，與右丞共掌尚書都省庶務等。南朝宋六品。梁九班。陳四品，秩六百石。

[6]臨安：縣名。治所在今浙江杭州市臨安區北。

[7]坐杖殺人免：按，各本同。中華本據《陳書·庾持傳》於“免”後補“封”字。應據補。上文“因坐免”，當是免去其尚書左丞的官職；至此“免封”，即免其崇德縣子的封爵。參《陳書》中華本校勘記。

[8]秘書監：官名。南北朝時爲秘書省長官，掌圖書經籍事，領著作省。宋三品。梁十一班。陳四品，秩中二千石。按，《陳書·庾持傳》“秘書監”上有“光大元年遷”五字。

[9]少府卿：官名。南朝梁以少府改稱，列爲十二卿之一，職掌宫廷手工業等，九班。陳沿置，三品，秩中二千石。

[10]太中大夫：官名。亦作大中大夫。侍從皇帝左右，掌顧問應對等。南朝宋七品，品秩雖不高，禄賜與卿相當。梁十一班。陳四品，秩千石。多用以安置老疾退免的九卿等大臣，無具體職事。

[11]領步兵校尉，卒：據《陳書·庾持傳》，其卒於陳宣帝太建元年（569），時年六十二。

南史　卷七四

列傳第六十四

孝義下

[1]張悌：按，大德本、汲古閣本同，殿本作“張悌等”。

滕曇恭，豫章南昌人也。[1]年五歲，母楊氏患熱，思食寒瓜，土俗所不產。曇恭歷訪不能得，銜悲哀切。俄遇一桑門問其故，[2]曇恭具以告。桑門曰：“我有兩瓜，分一相遺。”還以與母，[3]舉室驚異，尋訪桑門，莫知所在。及父母卒，曇恭並水漿不入口者旬日，[4]感動嘔血，[5]絶而復蘇。降冬不著繭絮，[6]蔬食終身。每至忌日，思慕不自堪，晝夜哀動。[7]其門外有冬生樹二株，時忽有神光自樹而起，俄見佛像及夾侍之儀，容光顯著，自門而入。曇恭家人大小咸共禮拜，久之乃滅。遠近道俗咸傳之。太守王僧虔引曇恭爲功曹，[8]固辭不就。王儉時隨僧虔在郡，[9]號爲滕曾子。[10]梁天監元年，[11]陸璉奉使巡行風俗，[12]表言其狀。曇恭有子三人，皆有行業。

[1]豫章：郡名。治南昌縣，在今江西南昌市。　南昌：縣名。治所在今江西南昌市。

[2]俄遇一桑門問其故：按,《梁書》卷四七《滕曇恭傳》"遇"作"值"。

[3]還以與母：按，《梁書·滕曇恭傳》作"曇恭拜謝，因捧瓜還，以薦其母"。

[4]曇恭並水漿不入口者旬日：按，《梁書·滕曇恭傳》"曇恭"下無"並"字。

[5]憾動：按，大德本、汲古閣本、殿本作"感慟"。

[6]降：按，大德本、汲古閣本、殿本作"隆"。

[7]哀動：按，大德本、汲古閣本、殿本作"哀慟"。

[8]王僧虔：琅邪臨沂（今山東臨沂市）人。本書卷二二有附傳,《南齊書》卷三三有傳。

[9]王儉：字仲寶，琅邪臨沂（今山東臨沂市）人。本書卷二二有附傳,《南齊書》卷二三有傳。

[10]曾子：曾參。春秋時魯國人。事見《史記》卷六七《仲尼弟子列傳》。

[11]天監：南朝梁武帝蕭衍年號（502—519）。

[12]陸璉：吴郡（今江蘇蘇州市）人。事見本書卷六〇《徐勉傳》、卷七一《儒林傳序》。

時有徐普濟者，長沙臨湘人。[1]居喪未葬，而鄰家火起，延及其舍。普濟號慟伏棺上，以身蔽火。鄰人往救之，焚炙已悶絶，累日方蘇。

[1]長沙：郡名。治臨湘縣，在今湖南長沙市。　臨湘：縣名。治所在今湖南長沙市。

又有建康人張悌，[1]家貧無以供養，以情告鄰富人。富人不與，不勝忿，遂結四人作劫，所得衣服，[2]三劫持去，實無一錢入己。縣抵悌死罪。悌兄松訢稱：[3]"與弟景是前母子，後母唯生悌，松長不能教誨，乞代悌死。"景又曰："松是嫡長，後母唯生悌。若從法，[4]母亦不全。"亦請死。[5]母又云："悌應死，豈以弟罪柱及諸兄。[6]悌亦引分，全兩兄供養。"[7]縣以上讞，帝以爲孝義，特降死，後不得爲例。

[1]又有建康人張悌：以下至"特降死，後不得爲例"，按，此附傳爲《梁書》卷四七《孝行傳》所無。建康，縣名。治所在今江蘇南京市。

[2]衣服：按，大德本、汲古閣本、殿本及《册府元龜》卷八五一、《通志》卷一六七並作"衣物"。疑底本誤。

[3]訢稱：按，大德本、汲古閣本、殿本作"訴稱"。底本誤，應據諸本改。

[4]若從法：按，《通志》卷一六七上有"悌"字。

[5]亦請死：按，各本同，中華本據《通志》卷一六七補作"亦請代死"。

[6]柱：按，大德本、汲古閣本、殿本作"枉"。底本誤，應

據諸本改。

[7]全兩兄供養：按，各本同，中華本據《通志》卷一六七補作“乞全兩兄供養”。文淵閣四庫全書本《南史》有“乞”字。

陶季直，丹陽秣陵人也。[1]祖愍祖，宋廣州刺史。父景仁，中散大夫。

[1]丹陽：郡名。治建康縣，在今江蘇南京市。　秣陵：縣名。治所在今江蘇南京市中華門外故報恩寺附近。

季直早慧，愍祖甚愛異之，嘗以四函銀列置於前，令諸孫各取其一。季直時年四歲，獨不取，曰：“若有賜，當先父伯，不應度及諸孫，故不取。”愍祖益奇之。五歲喪母，哀若成人。初母未病，令於外染衣，卒後，家人始贖。季直抱之號慟，聞者莫不酸感。及長好學，澹於榮利，徵召不起，時人號曰聘君。後爲望蔡令，[1]以病免。

[1]望蔡：縣名。治所在今江西上高縣。

時劉彦節、袁粲以齊高帝權盛，[1]將圖之。彦節素重季直，欲與謀。季直以袁、劉儒者，必致顛殞，固辭不赴。俄而彦節等敗。

[1]劉彦節：劉秉。字彦節，本書避唐高祖李淵父李昞諱以字行。本書卷一三、《宋書》卷五一有附傳。　袁粲：字景倩，陳郡

陽夏（今河南太康縣）人。本書卷二六有附傳,《宋書》卷八九有傳。

齊初爲尚書比部郎,[1]時褚彦回爲尚書令,[2]素與季直善，頻以爲司空司徒主簿，委以府事。彦回卒，尚書令王儉以彦回有至行，欲謚“文孝公”。季直曰:“文孝是司馬道子謚,[3]恐其人非具美，不如文簡。”儉從之。季直又請爲彦回立碑，始終營護，甚有吏節。再遷東莞太守,[4]在郡號爲清和。後爲鎮西諮議參軍。[5]

[1]尚書比部郎：官名。尚書省比部曹長官，掌管法制。亦稱比部郎中，其資深者可稱比部侍郎。宋六品。梁五班。陳四品，秩六百石。

[2]褚彦回：褚淵。字彦回，本書避唐高祖李淵諱以字行。河南陽翟（今河南禹州市）人。本書卷二八有附傳，《南齊書》卷二三有傳。

[3]司馬道子：字道子，晋簡文帝之子。《晋書》卷六四有傳。

[4]東莞：郡名。即南東莞郡。東晋僑置於晋陵郡界。治所在今江蘇常州市東南。南齊末廢。

[5]諮議參軍：官名。東晋、南朝王府、相府、公府、位從公府、州軍府皆有置者，職掌不定。位在列曹參軍上，品秩皆依府主地位而定。

齊武帝崩，明帝作相，誅鋤異己。季直不能阿意取容，明帝頗忌之，出爲輔國長史、北海太守。邊職上佐，素士罕爲之者，或勸季直造門致謝，明帝留以爲驃騎諮議參軍，兼尚書左丞,[1]遷建安太守。[2]爲政清静，百姓便之。

[1]兼：官制術語。即以本官兼任、兼行或兼領其他官職。南北朝時凡祭祀、奉使等臨時委官代行某職，皆曰兼某職，或於正式任命某職之前，先授予兼某職之名義，意即試某職。

[2]建安：郡名。治建安縣，在今福建建甌市。

梁臺建，爲給事黄門侍郎，[1]常稱仕至二千石始願畢矣，無爲久預人間事，[2]乃辭疾還鄉里。梁天監初，就拜太中大夫。[3]武帝曰："梁有天下，遂不見此人。"十年，卒於家。[4]季直素清苦絶倫，又屏居十餘載，及死，家徒四壁，子孫無以殯斂，聞者莫不傷其志事云。

[1]給事黄門侍郎：官名。侍中省或門下省次官，與侍中俱掌門下衆事，職掌略同。宋五品。梁十二班。陳四品，秩二千石。

[2]無爲久預人間事：按，《梁書》卷五二《陶季直傳》作"無爲務人間之事"。

[3]太中大夫：官名。亦作大中大夫。侍從皇帝左右，掌顧問應對等。宋七品，品秩雖不高，禄賜與卿相當。梁十一班。陳四品，秩千石。品位與卿相近，多用以安置老疾退免的九卿等大臣，無具體職事。

[4]十年，卒於家：據《梁書·陶季直傳》，其時年七十五。

沈崇傃字思整，吴興武康人也。[1]父懷明，宋兖州刺史。[2]崇傃六歲丁父憂，哭踊過禮。及長，事所生母至孝，家貧，常傭書以養。天監二年，[3]太守柳惲辟爲主簿。[4]崇傃從惲到郡，還迎其母，未至而母卒。崇傃以不及侍疾，將欲致死，水漿不入口，晝夜號哭，旬日殆將絶氣。兄弟謂曰：“殯葬未申，遽自毁滅，非全孝道也。”崇傃心悟，乃稍進食。母權瘞，去家數里，哀至輒之瘞所，不避雨雪。每倚墳哀慟，飛鳥翔集。夜恒有猛獸來望之，有聲狀如歎息者。家貧無以遷厝，乃行乞經年，始獲葬焉。既而廬于墓側，自以初行喪禮不備，復以葬後更行服三年。久食麥屑，不噉鹽酢，坐卧於單薦，因虚腫不能起。[5]郡縣舉至孝。梁武聞，即遣中書舍人慰勉之，乃詔令釋服，擢補太子洗馬，旌其門閭。[6]崇傃奉詔釋服，而涕泣如居喪。固辭不受官，乃除永寧令。[7]自以禄不及養，哀思不自堪，未至縣，卒。[8]

[1]吴興：郡名。治烏程縣，在今浙江湖州市。　武康：縣名。治所在今浙江德清縣西。

[2]父懷明，宋兗州刺史：據《宋書》卷七七《沈慶之傳》，沈懷明爲沈慶之從孫。其任爲南兗州刺史。

[3]二年：按，《梁書》卷四七《沈崇傃傳》作“三年”。

[4]柳惲：字文暢，河東解（今山西臨猗縣）人。本書卷三八有附傳，《梁書》卷二一有傳。　主簿：官名。郡門下吏，位僅次功曹。典領文書簿籍，經辦衆事。

[5]因虚腫不能起：按，殿本同，大德本、汲古閣本“因”作“困”。《梁書·沈崇傃傳》與本書同。“因”是。

[6]閭：按，大德本、殿本同，汲古閣本作“廬”。

[7]乃除永寧令：按，《梁書·沈崇傃傳》“乃”上有“苦自陳讓經年”六字。

[8]未至縣，卒：按，《梁書·沈崇傃傳》作“至縣卒，時年

三十九”。

荀匠字文師，潁陰人，[1]晋太保勗九世孫也。[2]祖瓊，年十五復父仇於成都市，以孝聞。宋元嘉末度淮，[3]逢武陵王舉義，[4]爲元凶追兵所殺，[5]贈員外散騎侍郎。父法起，[6]仕齊爲安復令，[7]卒官。匠號慟氣絶，身體皆冷，至夜乃蘇。既而奔喪，每宿江渚，商侶不忍聞其哭聲。

[1]潁陰：縣名。治所在今河南許昌市。屬潁川郡。

[2]晋太保勗：荀勗。字公曾，潁川潁陰（今河南許昌市）人。《晋書》卷三九有傳。

[3]元嘉：南朝宋文帝劉義隆年號（424—453）。　淮：水名。即淮河。

[4]武陵王：劉駿。宋文帝第三子，初封武陵王。後爲孝武帝。本書卷二、《宋書》卷六有紀。

[5]元凶：按，劉劭。宋文帝長子、太子。本書卷一四、《宋書》卷九九有傳。

[6]法起：按，大德本、汲古閣本、殿本及《梁書》卷四七《荀匠傳》並作“法超”。

[7]仕齊爲安復令：按，《梁書·荀匠傳》作“齊中興末爲安復令”。安復，縣名。治所在今江西安福縣西。

梁天監元年，[1]其兄斐爲鬱林太守，[2]征俚賊，[3]爲流矢所中，死於陣。喪還，匠迎于豫章，望舟投水，傍人赴救，僅而得全。及至，家貧不時葬，[4]居父憂并兄服，歷四年不出廬户。自括髮不復櫛沐，髮皆秃落，哭無時。聲盡則係之以泣，目眥皆爛，形骸枯顇，皮骨裁連，雖家人不復識。郡縣以狀言，武帝詔遣中書舍人爲其除服，擢爲豫章王國左常侍。[5]匠雖即吉而毁顇逾甚，外祖孫謙誡之曰：[6]“生上以孝臨天下，[7]汝行過古人，故擢汝此職。非唯君父之命難拒，故亦揚名後世，所顯豈獨汝身哉。”匠乃拜，竟以毁卒。[8]

[1]梁天監元年：按，《梁書》卷四七《荀匠傳》作“服未闋”。

[2]鬱林：郡名。治布山縣，在今廣西桂平市西南古城。

[3]俚：古族名。其先爲百越一支。六朝時分布於交、廣二州蒼梧、鬱林、合浦、高凉等郡，即今廣東西南和廣西東南地區。其一部分發展爲今之壯族、黎族等民族。

[4]家貧不時葬：按，中華本據《梁書·荀匠傳》、《册府元龜》卷七五三於“不”下補“得”字。《通志》卷一六七與本書同。

[5]左常侍：官名。王國屬官，與右常侍共侍從左右，掌贊相禮儀等。南朝宋八品。梁二班至一班。陳九品。

[6]孫謙：字長遜，東莞莒（今山東莒縣）人。本書卷七〇、《梁書》卷五三有傳。

[7]生上：大德本、汲古閣本、殿本作“主上”。底本誤，應據諸本改。

[8]竟以毁卒：按，《梁書·荀匠傳》下有“於家，時年二十一”七字。

吉翂字彦霄，馮翊蓮勺人也。[1]家居襄陽。[2]翂幼有孝性，年十一遭所生母憂，水漿不入口，殆將滅性，親黨異之。

[1]馮翊：郡名。治臨晋縣，在今陝西大荔縣。　蓮勺：縣名。一作蓮芍。治所在今陝西渭南市東北。

[2]襄陽：郡名。治襄陽縣，在今湖北襄陽市。

梁天監初，父爲吴興原鄉令，[1]爲吏所誣，逮詣延尉。[2]玢年十五，號泣衢路，祈請公卿，行人見者皆爲隕涕。其父理雖清白，而耻爲吏訊，乃虚自引咎，罪當大辟。玢乃撾登聞鼓，[3]乞代父命。武帝異之，尚以其童幼，疑受教於人，敕廷尉蔡法度嚴加脅誘，[4]取其款實。法度乃還寺，盛陳徽纆，厲色問曰："爾求代父死，敕已相許，便應伏法；然刀鋸至劇，審能死不？且爾童孺，志不及此，必爲人所教，性名是誰？[5]若有悔異，亦相聽許。"對曰："囚雖蒙弱，豈不知死可畏憚；顧諸弟幼藐，唯囚爲長，不忍見父極刑，自延視息，所以内斷胸臆，上干萬乘。今欲殉身不測，委骨泉壤，此非細故，奈何受人教邪。"法度知不可屈撓，乃更和顔誘語之，曰："主上知尊侯無罪，行當釋亮。觀君神儀明秀，足稱佳童，今若轉辭，幸父子同濟，奚以此妙年苦求湯鑊。"玢白：[6]"凡鯤鮞螻蟻尚惜其生，况在人斯，豈願齏粉。[7]但父挂深劾，必正刑書，故忍殞仆，[8]冀延父命。"玢初見囚，獄掾依法備加桎梏，法度矜之，命脱其二械，更令著一小者。玢弗聽，曰："玢求代父死，死囚豈可减乎。"竟不脱械。法度以聞，帝乃宥其父。

[1]原鄉：縣名。治所在今浙江長興縣南。

[2]延尉：大德本、汲古閣本、殿本作"廷尉"。底本誤，應

據諸本改。

[3]登聞鼓：朝堂外的懸鼓，臣民有諫議或冤情，許以擊鼓上聞，故名。

[4]廷尉蔡法度：《梁書》卷四七《吉翂傳》作“廷尉卿蔡法度”。廷尉，官名。即廷尉卿。國家最高司法審判機構長官。南朝梁十二卿之一，十一班。陳因之，三品，秩中二千石。蔡法度，濟陽（今河南蘭考縣）人。仕齊爲郎官。梁武帝天監初以尚書删定郎參與編撰《梁律》。及新律成，乃守廷尉卿。後出爲義興太守。事見本書卷六《梁武帝紀》、《隋書·刑法志》及《經籍志二》。

[5]性名：按，大德本、汲古閣本、殿本作“姓名”。底本誤，應據諸本改。

[6]白：按，大德本、汲古閣本、殿本作“曰”。底本誤，應據諸本改。

[7]齎粉：按，大德本、汲古閣本同，殿本、百衲本作“齏粉”。“齏”同“齏”，“齎”“齏”形近而訛。底本誤，應改作“齏粉”。齏粉，細粉，粉末，常比喻粉身碎骨。齏，切碎的醬菜和肉等。

[8]忍：按，殿本同，大德本、汲古閣本作“思”。

丹楊尹王志求其在廷尉故事，[1]并諸鄉居，[2]欲於歲首舉充純孝。[3]翂曰：“異哉王尹，何量翂之薄，[4]天父辱子死，[5]斯道固然，若翂有靦面目，[6]當其此舉，則是因父買名，一何甚辱。”拒之而止。

[1]丹楊尹：官名。即丹陽尹。京師所在丹陽郡長官，亦稱京尹。　王志：字次道，琅邪臨沂（今山東臨沂市）人。本書卷二二有附傳，《梁書》卷二一有傳。

[2]并諸鄉居：按，《梁書》卷四七《吉翂傳》“諸”作

“請”。按,《資治通鑑》卷一四五《梁紀一》武帝天監二年作“問”，胡三省注:“魏、晋以來舉士皆由州鄉，故問其鄉里。”司馬光《家範》卷四“梁湘州主簿吉翂”條則作“諸”。

[3]欲於歲首舉充純孝：按，《梁書·吉翂傳》下有“之選”二字，似不可省。

[4]何量翂之薄：按，大德本、殿本同，汲古閣本“薄”作“淺”，百衲本作“莫”。《梁書·吉翂傳》與本書同。

[5]天：按，大德本、汲古閣本、殿本作“夫”。底本誤，應據諸本改。

[6]有靦面目：語出《詩·小雅·何人斯》:“有靦面目，視人罔極。”毛傳：“靦，始也。”可理解爲人模人樣的外表。

年十七，應辟爲本州主簿,[1]出監萬年縣。[2]攝官期月，風化大行。自雍還郢,[3]湘州刺史柳忱復召爲主簿。[4]後秣陵鄉人裴儉、丹陽郡守臧盾、揚州中正張仄連名薦翂,[5]以爲孝行純至，明通《易》《老》。敕付太常旌舉。[6]初，翂以父陷罪，因成悸疾，後因發而卒。

[1]本州：即雍州。東晋僑置於襄陽縣，在今湖北襄陽市。南朝宋割荆州北部襄陽等五郡爲雍州，又分實土郡縣以爲僑郡縣境，仍治襄陽縣。西魏改爲襄州。

[2]監：官制術語。即監理。謂以較高官職監理下級官署或某地區諸軍事，亦指以他官監理某地區民政事務。南朝多見此制。凡監某州、郡、縣者，即行刺史、郡守、縣令之職權。　萬年：縣名。東晋僑置。寄治襄陽縣。南朝宋移寄治均口，在今湖北丹江口市西。梁廢。

[3]雍：地名。指雍州治所襄陽。　郢：地名。指郢州治所夏口，在今湖北武漢市武昌區。

［4］湘州：州名。南朝梁初置。治新化縣，在今湖北大悟縣東北。北齊改置北江州。　柳忱：字文若，河東解（今山西臨猗縣）人。本書卷三八、《梁書》卷一二有附傳。按，大德本、殿本同，汲古閣本作"柳沈"。

［5］秣陵：按，各本及《通志》卷一六七並同，《梁書》卷四七《吉翂傳》無此二字。　郡守：各本及《通志》卷一六七並同。中華本據《梁書·吉翂傳》及卷四二《臧盾傳》改作"尹丞"。

［6］太常：官署名。掌禮樂、宗廟、社稷、陵寢等事宜。

甄恬字彦約，中山無極人也，[1]世居江陵。[2]數歲喪父，哀感有若成人。家人矜其小，以肉汁和飯飼之，恬不肯食。年八歲，嘗問其母，恨生不識父，[3]遂悲泣累日。忽若有見，言形貌則其父也，時以爲孝感。家貧養母，常得珍羞。及居喪，[4]廬於墓側，恒有鳥玄黄雜色集於廬樹，恬哭則鳴，哭止則止。[5]又有白鳩白雀栖宿其廬。[6]州將始興王憺表其行狀，[7]詔旌表門閭，[8]加以爵位。恬官至安南行參軍。[9]

［1］中山：郡名。治盧奴縣，在今河北定州市。　無極：縣名。即毋極縣。治所在今河北無極縣西。

［2］江陵：縣名。治所在今湖北荆州市荆州區。

［3］年八歲，嘗問其母，恨生不識父：按，李慈銘《南史札記》以爲："此傳皆本《梁書》，然所叙實相矛盾，既云'數歲喪父，哀感有若成人'，何以又云'恨生不識父'？"

［4］及居喪：按，《梁書》卷四七《甄恬傳》同，《太平御覽》卷四一一引《梁書》作"及母亡"。

［5］恬哭則鳴，哭止則止：按，《梁書·甄恬傳》同，《太平御

覽》引《梁書》作"恬哭即鳴，止則無聲"。

[6]又有白鳩白雀栖宿其廬：按，《梁書·甄恬傳》無"白鳩"二字。本書殿本《考證》亦云："一本無'白鳩'二字。"

[7]始興王憺：蕭憺。字僧達，梁武帝第十一弟。本書卷五二、《梁書》卷二二有傳。

[8]間：按，大德本、殿本同，汲古閣本作"廬"。

[9]恬官至：按，大德本、殿本同，汲古閣本無"恬"字。

趙拔扈，[1]新城人也。[2]兄震動富於財，太守樊文茂求之不已，震動怒曰："無厭將及我。"文茂聞其語，聚其族誅之。拔扈走免，亡命聚黨，至社樹呪曰："文茂殺拔扈兄，今欲報之，若事克，斫樹處更生，不克即死。"三宿三枿生十丈餘，人間傳以爲神，附者十餘萬。既殺文茂，轉攻傍邑。將至成都，十餘日戰敗，退保新城求降。文茂，黎州刺史文熾弟，[3]襄陽人也。

[1]趙拔扈：按，《梁書》卷四七《孝行傳》無拔扈傳。明朱明鎬《史糾》卷三《南史孝義趙拔扈傳》以爲，"趙拔扈誓社報讐，劫殺長吏，攻剽城邑，以正律之，居然一盜耳"，故《南史》"是借忠孝之路，以開盜賊之門"。清李慈銘《南史札記》云："趙拔扈乃亂賊，安得入之《孝義》？觀其兄弟以'震動''拔扈'爲名，蓋素非良善可知。"

[2]新城：郡名。南朝宋分廣漢郡置。治北五城縣，在今四川三台縣。南齊廢。

[3]黎州：州名。南朝梁改西益州置。治興安縣，在今四川廣元市。西魏改爲利州。

韓懷明，上黨人也。[1]客居荆州。[2]十歲，母患尸疰，[3]每發輒危殆。懷明夜於星下稽顙祈禱，時寒甚切，忽聞香氣，空中有人曰："童子母須臾永差，無勞自苦。"未曉而母平復，鄉里以此異之。十五喪父，幾至滅性，負土成墳，賻助無所受。[4]免喪，與鄉人郭麻俱師南陽劉虬。[5]虬嘗一日廢講，獨居涕泣，懷明竊問虬家人，答云是外祖亡日。時虬母亦已亡矣，懷明聞之，即日罷學，還家就養。虬歎白："韓生無丘吾之恨矣。"[6]家貧，肆力以供甘脆，嬉怡膝下，朝夕不離母側。母年九十，[7]以壽終。懷明水漿不入口一旬，號哭不絶聲。有雙白鳩巢其廬上，字乳馴狎，若家禽焉，服釋乃去。及除喪，蔬食終身，衣衾無所改。梁天監初，刺史始興王憺表言之。州累辟不就，卒于家。

[1]上黨：郡名。治潞縣，在今山西長治市潞城區東北。

[2]荆州：州名。治江陵縣，在今湖北荆州市荆州區。

[3]尸疰：中醫病名。亦作尸注，又稱癆瘵。即由癆蟲侵襲肺葉而引起的具有傳染性的慢性虚弱疾患，其表現與西醫的肺結核及外肺結核相同。

[4]賻：按，《梁書》卷四七《韓懷明傳》作"贈"。

[5]郭麻：按，《梁書·韓懷明傳》作"郭麐"。《梁書》中華本校勘記："《安成王秀傳》是'麻'字。《册府元龜》七五三作'麻香'，當是'麐'字分刻爲二。"　劉虬：字靈預，一字德明，南陽涅陽（今河南鄧州市）人。本書卷五〇、《南齊書》卷五四有傳。

[6]韓生無丘吾之恨矣：按，《梁書·韓懷明傳》"丘吾"作"虞丘"。丘吾即丘吾子，古"虞""吾"二字通用。參李慈銘《南

史札記》。丘吾，春秋時人，名皋魚。自言，少好學，周游天下。歸而親亡，子欲養而親不待，悔之不及，請從此辭，遂立槁而死。亦説自刎而死，或投水而死。事見《韓詩外傳》卷九、《説苑》卷一〇、《孔子家語》卷二。

［7］九十：按，《梁書・韓懷明傳》及《册府元龜》卷七五七作"九十一"，《通志》卷一六七與本書同。

褚脩，吴郡錢唐人也。[1]父仲都，善《周易》，爲當時之冠。[2]梁天監中，歷位《五經》博士。脩少傳父業，[3]武陵王紀爲揚州，[4]引爲宣惠參軍，兼限内記室。[5]脩性至孝，父喪毁瘠過禮，因患冷氣。及丁母憂，水漿不入口二十三日，每號慟輒嘔血，遂以毁卒。

［1］吴郡：郡名。治吴縣，在今江蘇蘇州市。　錢唐：縣名。治所在今浙江杭州市。

［2］父仲都，善《周易》，爲當時之冠：按，《隋書・經籍志一》著録"《周易講疏》十六卷，梁《五經》博士褚仲都撰"，《舊唐書・經籍志上》《新唐書・藝文志一》並同。唐陸德明《經典釋文・序録》："近代梁褚仲都、陳周弘正並作《易義》，此其知名者。"

［3］脩少傳父業：按，《梁書》卷四七《褚脩傳》下有"兼通《孝經》《論語》，善尺牘，頗解文章"諸語。

［4］武陵王紀：蕭紀。字世詢，梁武帝第八子。本書卷五三、《梁書》卷五五有傳。

［5］限内：官制術語。南朝梁、陳指定員之内的官吏。

張景仁，[1]廣平人也。[2]父梁天監初爲同縣韋法所殺，[3]景仁時年八歲。及長，志在復讎。普通七年，[4]遇法於公田渚，手斬其首以祭父墓。事竟，詣郡自縛，乞依刑法。太守蔡天起上言於州，[5]時簡文在鎮，[6]乃下教褒美之，原其罪，下屬長蠲其一户租調，以旌孝行。

[1]張景仁：按，此傳爲李延壽所增，《梁書》卷四七《孝行傳》無。《太平御覽》卷四八一引《梁書》及《册府元龜》卷八九六叙景仁事皆與之同。

[2]廣平：郡名。東晋僑置。寄治於襄陽縣，在今湖北襄陽市。屬雍州。南朝宋移治廣平縣，在今河南鄧州市東南；齊移治廣平縣，在今湖北丹江口市東南。

[3]父梁天監初：《通志》卷一六七同，《太平御覽》引《梁書》作“父天監初”。

[4]普通：南朝梁武帝蕭衍年號（520—527）。

[5]上言於州：按，《册府元龜》《通志》並同，《太平御覽》引《梁書》無“州”字，遂以“於”字連下句。

[6]簡文：梁簡文帝蕭綱。梁武帝天監五年（506）封晋安王，普通四年（523）累遷都督、雍州刺史，中大通三年（531）被徵入朝。

又天監中，宣城宛陵女子與母同床眠，[1]母爲猛獸所取，[2]女啼號隨挐猛獸，行數十里，獸毛盡落，獸乃置其母而去。女抱母猶有氣息，[3]經時乃絶。鄉里言於郡縣，太守蕭琮表上，[4]詔榜其門閭。

[1]宣城：郡名。治宛陵縣，在今安徽宣城市宣州區。　宛陵：縣名。治所在今安徽宣城市宣州區。按，宣城宛陵女子事《梁書》

卷四七附於《滕曇恭傳》下，字句略有不同。

［2］母爲猛獸所取：按，《梁書・宛陵女子傳》“獸”作“虎”，本書避唐高祖李淵祖父李虎諱改。

［3］女抱母：按，《梁書・宛陵女子傳》“母”下有“還”字，似不當删。

［4］蕭琮：按，《梁書・宛陵女子傳》作“蕭琛”。據《梁書》卷二六《蕭琛傳》，琛於梁武帝天監元年（502）出爲宣城太守。各本誤，應據《梁書》改作“蕭琛”。蕭琛，字彦瑜，南蘭陵（今江蘇常州市武進區）人。本書卷一八有附傳，《梁書》卷二六有傳。

又霸城王整之姊嫁爲衛敬瑜妻，[1]年十六而敬瑜亡，父母舅姑咸欲嫁之，誓而不許，乃截耳置盤中爲誓乃止。遂手爲亡壻種樹數百株，墓前柏樹忽成連理，一年許還復分散。女乃爲詩曰：“墓前一株柏，根連復並枝。妾心能感木，頹城何足奇。”所住户有鷰巢，常雙飛來去，後忽孤飛。[2]女感其偏栖，乃以縷繫脚爲誌。[3]後歲此鷰果復更來，猶帶前縷。女復爲誌曰：[4]“昔年無偶去，今春猶獨歸。故人恩既重，不忍復雙飛。”[5]雍州刺史西昌侯藻嘉其美節，[6]乃起樓於門，題曰“貞義衛婦之閭”。又表於臺。[7]

［1］又霸城王整之姊嫁爲衛敬瑜妻：按，《梁書》卷四七《孝行傳》未載衛敬瑜妻事，此附傳爲李延壽所增。霸城，縣名。東晋孝武帝時僑置，寄治襄陽縣。屬雍州京兆郡。南朝宋孝武帝大明元年（457）廢。按，《太平御覽》卷九二二引《南史》“霸城”作“襄陽霸城”。

［2］禐：按，大德本、汲古閣本、殿本作“後”。《太平御覽》引《南史》亦作“後”。據文意，底本應誤。

［3］誅：按，大德本、汲古閣本、殿本作“誌”。《太平御覽》引《南史》亦作“誌”。據文意，底本應誤。

［4］誅：按，大德本、汲古閣本、殿本作“詩”。《太平御覽》引《南史》亦作“詩”。據文意，底本應誤。

［5］故人恩既重，不忍復雙飛：按，《太平廣記》卷二七〇《衛敬瑜妻》載其詩“既”“復”分別作“義”“更”。

［6］西昌侯藻：蕭藻。字靖藝，梁武帝長兄蕭懿之子，封西昌縣侯。本書卷五一、《梁書》卷二三有附傳。

［7］臺：官署名。兩晉、南朝常用作朝廷禁省及中樞機構之代稱。

後有河東劉景昕事母孝謹，［1］母常病癖三十餘年，一朝而瘳，鄉里以爲景昕誠感。荆州刺史湘東王繹辟爲主簿。［2］

［1］後有河東劉景昕：按，《梁書》卷四七《孝行傳》未載劉景昕事，此附傳爲李延壽所增。河東，郡名。南朝齊改南河東郡置，屬荆州。治松滋縣，在今湖北松滋市西北。隋廢。

［2］湘東王繹：蕭繹。即梁元帝。字世誠，梁武帝第七子。本書卷八、《梁書》卷五有紀。

陶子鏘字海育，［1］丹楊秣陵人也。父延，尚書比部郎。兄尚，宋末爲倖臣所怨，被繫。子鏘公私緣素，［2］流血稽顙，行路嗟傷。逢謝超宗下車相訪，［3］回入縣詣建康令勞彦遠曰：［4］“豈忍見人昆季如此而不留心。”勞感之，兄得釋。母終，居喪盡禮。與范雲鄰，[5]雲每聞其哭聲，必動容改色，欲相申薦。會雲卒。初，子鏘母嗜蓴，母没後，恒以供奠。梁武義師初至，此年冬營蓴不得，子鏘痛恨，慟哭而絶，久之乃蘇。遂長斷蓴味。

[1]陶子鏘字海育：按,《梁書》卷四七《孝行傳》未載陶子鏘事，此傳爲李延壽所增。

[2]素：按，大德本、汲古閣本、殿本作“訴”。底本誤，應據諸本改。

[3]謝超宗：陳郡陽夏（今河南太康縣）人。本書卷一九有附傳,《南齊書》卷三六有傳。

[4]勞彦遠：宋明帝泰始中官尚書右丞，以善棋爲明帝所親。事見本書卷四七《劉休傳》。

[5]范雲：字彦龍，南鄉舞陰（今河南泌陽縣）人。本書卷五七、《梁書》卷一三有傳。

成景儁字超，[1]范陽人也。[2]祖興，仕魏爲五兵尚書。父安樂，淮陽太守。[3]梁天監六年，常邕和殺安樂，以城内附。景儁謀復讎，因殺魏宿預城主，[4]以地南入。普通六年，邕和爲鄱陽内史，[5]景儁購人刺殺之。未久，重購邕和家人鴆殺其子弟，噍類俱盡。武帝義之，每爲屈法。景儁家讎既雪，每思報效，後除北豫州刺史，[6]侵魏，所向必摧其智勇，[7]時以比馬仙琕。[8]兼有政績見懷，北豫州吏人樹碑紀德。卒，謚曰忠烈云。

[1]成景儁字超：按，《梁書》卷四七《孝行傳》未立成景儁傳，此傳爲李延壽所增。

[2]范陽：郡名。治涿縣，在今河北涿州市。

[3]淮陽：郡名。治睢陵縣，在今江蘇睢寧縣。北齊廢。

[4]宿預：郡名。北魏孝文帝太和中置。治宿預縣，在今江蘇宿遷市東南。隋文帝開皇初廢。　城主：官名。本爲守城長官的泛稱。南北朝時的鎮將或刺史、郡守亦稱城主。按，據《魏書》卷八《世宗紀》，永平元年（508）十月“丁丑，前宿豫戍主成安樂子景儁殺宿豫戍主嚴仲賢”。

[5]鄱陽：郡名。治鄱陽縣，在今江西鄱陽縣。

[6]北豫州：州名。南朝梁武帝天監中置。治湖陂城，在今湖北麻城市西南。

[7]摧：按，大德本、汲古閣本、殿本作“推”。

[8]馬仙琕：字靈馥，扶風郿（今陜西眉縣）人。本書卷二六有附傳，《梁書》卷一七有傳。

李慶緒字孝緒，[1]廣漢郪人也。[2]父爲人所害，慶緒九歲而孤，爲兄所養，日夜號泣，志在復讎。投州將陳顯達，[3]仍於部伍白日手刃其仇，自縛歸罪，州將義而釋之。梁天監中，爲東莞太守。丁母憂去職，廬于墓側，每慟嘔血數升。後爲巴郡太守，[4]號良吏。累遷衛尉，[5]封安陸縣侯。益州一二百年無復貴仕，[6]慶緒承恩至此，便欲西歸。尋徙太子右衛率，未拜而卒。

[1]李慶緒字孝緒：按，《梁書》卷四七《孝行傳》無李慶緒傳，此爲李延壽所增。

[2]廣漢：郡名。治廣漢縣，在今四川射洪市南。　郪：縣名。治所在今四川三台縣南。

[3]州將：魏晋南北朝時，刺史當方面之任、總兵權，通稱州

將。　陳顯達：南彭城彭城（今江蘇鎮江市）人。本書卷四五、《南齊書》卷二六有傳。

[4]巴郡：郡名。治墊江縣，在今重慶市。

[5]衛尉：官名。南朝梁稱衛尉卿，位列十二卿，掌宮門宿衛屯兵，巡行宮外，糾察不法等，十二班。陳沿置，三品，秩中二千石。

[6]益州：州名。治成都縣，在今四川成都市。　一二百年：按，大德本、殿本同，汲古閣本作"三百年"。

謝藺字希如，陳郡陽夏人，[1]晋太傅安之八世孫也。[2]父經，[3]北中郎諮議參軍。藺五歲時，父未食，[4]乳媪欲令先飯，藺終不進。舅阮孝緒聞之，[5]歎曰："此兒在家則曾子之流，事君則藺生之匹。"[6]因名曰藺。稍授以經史，過目便能諷誦，孝緒每曰："吾家陽元也。"[7]及丁父憂，晝夜號慟，毁瘠骨立。母阮氏常自守視譬抑之。服闋，[8]吏部尚書蕭子顯嘉其至行，[9]擢爲王府法曹行參軍。[10]累遷外兵、記室參軍。

[1]陳郡：郡名。治陳縣，在今河南周口市淮陽區。　陽夏：縣名。治所在今河南太康縣。

[2]晋太傅安：謝安。字安石，陳國陽夏（今河南太康縣）人。東晋名臣。《晋書》卷七九有傳。

[3]父經：按，《梁書》卷四七《謝藺傳》同，《陳書》卷三二《謝貞傳》"經"作"綏"。

[4]父未食：按，《梁書·謝藺傳》作"每父母未飯"。

[5]阮孝緒：字士宗，陳留尉氏（今河南尉氏縣）人。本書卷七六、《梁書》卷五一有傳。

［6］藺生：藺相如。戰國時趙國人。《史記》卷八一有傳。

［7］陽元：魏舒。字陽元，任城樊（今山東濟寧市兖州區）人。《晋書》卷四一有傳。

［8］服闋：按，大德本、汲古閣本、殿本作"服闋"。

［9］吏部尚書：官名。尚書省吏部曹長官，職掌官吏任免考選，領吏部、删定、三公、比部四曹郎，位居列曹尚書之首。宋三品。梁十四班。陳三品，秩中二千石。　蕭子顯：字景陽，南蘭陵（今江蘇常州市武進區）人。南朝齊宗室，入梁歷任國子祭酒、吏部尚書、吴興太守等。著有《後漢書》《齊書》（即《南齊書》）等。本書卷四二、《梁書》卷三五有附傳。

［10］法曹行參軍：官名。掌本府法曹事務。其品位隨府主地位高低不等。梁三班至流外。陳八品至九品。

時甘露降士林館，[1]藺獻頌，武帝嘉之。有詔使製北兖州刺史蕭楷德政碑。又奉詔令製宣城王《奉述中庸頌》。後爲兼散騎常侍，使魏。[2]會侯景入附，[3]境土交兵，[4]藺母既慮不得還，感氣而卒。及藺還，入境夜夢不祥，旦便投列馳歸。[5]及至，號慟嘔血，氣絶久之，水漿不入口。每哭，眼耳口鼻皆血流，經月餘日，因夜臨而卒。[6]所製詩賦碑頌數十篇。子貞。

［1］士林館：學館名。梁武帝大同七年（541）立於建康宫城之西，以延集學士講述經義。其地在今江蘇南京市雞籠山南幹河沿北古臺城故址内。

［2］魏：指東魏。

［3］侯景：字萬景。原爲東魏大將，後叛至南朝梁，於梁武帝太清二年（548）在壽陽發動叛亂，次年攻克都城建康，擅行廢立，

禍亂朝野，史稱“侯景之亂”。本書卷八〇、《梁書》卷五六有傳。

[4]境土：按，大德本、汲古閣本、殿本及《梁書》卷四七《謝藺傳》並作“境上”。

[5]夜夢不祥，旦便投列馳歸：按，《梁書·謝藺傳》“夜”“列”分別作“爾夕”“劾”。本書殿本《考證》：“‘列’一本作‘劾’。”

[6]因夜臨而卒：據《梁書·謝藺傳》，其卒於梁武帝太清元年，時年三十八。

貞字元正，幼聰敏，有至性。祖母阮氏先苦風眩，每發，便一二日不能飲食。貞時年七歲，祖母不食，貞亦不食，往往如此。母王氏授以《論語》《孝經》，讀訖便誦。八歲，嘗爲《春日閑居》詩，從舅王筠奇之，[1]謂所親曰：“至如‘風定花猶落’，乃追步惠連矣。”[2]年十三，尤善《左氏春秋》，工草隸蟲篆。

[1]王筠：字元禮，一字德柔。本書卷二二有附傳，《梁書》卷三三有傳。　奇之：按，《陳書》卷三二《謝貞傳》作“奇其有佳致”。

[2]惠連：謝惠連。陳郡陽夏（今河南太康縣）人。本書卷一九、《宋書》卷五三有附傳。

十四，丁父艱，號頓於地，絶而復蘇者數矣。初貞父藺以憂毁卒，家人賓客復憂貞，從父洽、族兄暠乃共請華嚴寺長爪禪師爲貞説法。仍譬以母須侍養，不宜毁滅，乃少進饘粥。及魏剋江陵，[1]入長安。暠逃難番禺，[2]貞母出家于宣明寺。及陳武帝受禪，暠還鄉里，供養貞母，將二十年。

[1]魏：指西魏。　江陵：縣名。治所在今湖北荆州市荆州區。南朝梁承聖元年（552），湘東王蕭繹即位，是爲元帝，建都於此。

[2]番禺：縣名。治所在今廣東廣州市。

初貞在周，嘗侍周武帝愛弟趙王招讀，[1]招厚禮之。聞其獨處，必晝夜涕泣，私問知母在鄉，乃謂曰："寡人若出居藩，當遣侍讀還家。"後數年，招果出，因辭，面奏請放貞還。帝奇招仁愛，遣隨聘使杜子暉歸國。是歲陳太建五年也。[2]

[1]趙王招：宇文招。字豆盧突，宇文泰第七子。《周書》卷一三、《北史》卷五八有傳。

[2]太建：南朝陳宣帝陳頊年號（569—582）。

始自周還時，始興王叔陵爲揚州刺史，[1]引祠部侍郎阮卓爲記室，[2]辟貞爲主簿。[3]尋遷府録事參軍，領丹陽丞。貞知叔陵有異志，因與卓自疏。[4]每有宴遊，輒以疾辭，永嘗參預，[5]叔陵雅重之，弗之罪也。及叔陵肆逆，唯貞與卓不坐。

[1]始興王叔陵：陳叔陵。陳宣帝次子，封始興王。本書卷六五、《陳書》卷三六有傳。

[2]阮卓：陳留尉氏（今河南尉氏縣）人。本書卷七二、《陳書》卷三四有傳。

[3]辟貞爲主簿：按，《陳書》卷三二《謝貞傳》下有"貞不

得已乃行”六字。

［4］因與卓自疏：按，各本同，中華本據《陳書·謝貞傳》於其句末補“於王”二字。是，應據補。

［5］永：按，大德本、汲古閣本、殿本作“未”。底本誤，應據諸本改。

再遷南平王友，[1]掌記室事。府長史汝南周確新除都官尚書，[2]請貞爲讓表，後主覽而奇之。及問知貞所作，因敕舍人施文慶曰：[3]“謝貞在王家未有禄秩，可賜米百石。”以母憂去職。頃之，敕起還府，累啓固辭，敕不許。貞哀毀羸瘠，終不能之官舍。

［1］南平王：陳嶷。字承岳，陳後主第二子。至德元年（583）封爲南平王。本書卷六五、《陳書》卷二八有傳。　友：官名。王府屬官，掌侍從游處，規諷道義。宋六品。梁八班。陳六品。

［2］周確：字士潜，汝南安成（今河南汝南縣）人，周弘直之子。本書卷三四、《陳書》卷二四有附傳。

［3］施文慶：吴興烏程（今浙江湖州市）人。陳後主即位後擢其爲中書舍人，内外衆事，無不任委。本書卷七七有傳，《陳書》卷三一有附傳。

吏部尚書姚察與貞友善，[1]及貞病篤，問以後事。貞曰：“孤子釁禍所集，將隨灰壤，族子凱等粗自成立，已有疏附之，[2]此固不足仰塵厚德。弱兒年甫六歲，名靖，字依仁，情累所不能忘，敢以爲託。”是夜卒。後主問察曰：“謝貞有何親屬？”察以靖答，即敕長給衣糧。初貞之病，有遺疏告族子凱：“氣絶之後，若依僧家尸陁林法，[3]是吾所願，正恐過爲獨異。可用薄板周身，載以露車，覆以草席，坎山次而埋之。又靖年尚小，未閱人事，[4]但可三月施小床，設香水，盡卿兄弟相厚之情。即除之，無益之事，勿爲也。”

[1]姚察：字伯審，吴興武康（今浙江德清縣）人。本書卷六九、《陳書》卷二七有傳。

[2]附：按，大德本、汲古閣本、殿本作“付”。

[3]尸陁林：梵語音譯。棄尸之處，指僧人墓地。

[4]未閱人事：按《陳書》卷三二《謝貞傳》“閱”作“閑”。

殷不害字長卿，陳郡長平人也。[1]祖汪，[2]齊豫章王行參軍。父高明，梁尚書兵部郎。[3]不害性至孝，居父憂過禮，由是少知名。家世儉約，居甚貧寠。有弟五人，皆幼弱。不害事老母，養小弟，勤劇無所不至，士大夫以篤行稱之。

[1]長平：縣名。治所在今河南西華縣東北。

[2]汪：按，各本及《通志》卷一六七並同，《陳書》卷三二《殷不害傳》作“任”。

[3]尚書兵部郎：按，各本及《通志》卷一六七並同，《陳書·殷不害傳》作“尚書中兵郎”，中華本據《陳書》改，其校勘記：“‘兵部郎’起於隋，前此未有。”應從改。尚書中兵郎，官名。尚書省中兵曹長官通稱，亦稱中兵郎中。掌都城畿内軍隊政令軍務。宋六品。梁五班。陳四品，秩六百石。

年十七，仕梁爲廷尉平，[1]長於政事，兼飾以儒術，名法有輕重不便者，輒上書言之，多見納用。大同五年，[2]兼東宫通事舍人。[3]時朝政多委東宫，不害與舍人庾肩吾直日奏事，[4]梁武帝嘗謂肩吾曰："卿是文學之士，吏事非卿所長，何不使殷不害來邪？"其見知如此。簡文以不害善事親，賜其母蔡氏錦裙襦氈席被褥，單複畢備。

[1]廷尉平：官名。亦稱廷尉評。廷尉屬官。與廷尉正、廷尉監合稱廷尉三官。參議案例律條，覆核平决疑獄，可駁回廷尉所奏。公牘須三官聯署。宋六品。梁六班。陳七品，秩六百石。

[2]大同：南朝梁武帝蕭衍年號（535—546）。

[3]東宫通事舍人：官名。東宫内典書通事舍人的省稱。南朝齊置，掌宣傳皇太子令旨、東宫内外啓事。梁、陳沿置。

[4]庾肩吾：字慎之（《梁書》作"子慎"），南陽新野（今河南新野縣）人，庾信之父。本書卷五〇、《梁書》卷四九有附傳。

侯景之亂，不害從簡文入臺。及臺城陷，簡文在中書道，[1]景帶甲將兵，入朝陛見，過謁簡文，左右甚不遜，[2]侍衛者莫不驚恐辟易，唯不害與中庶子徐摛侍側不動。[3]簡文爲景所幽，遣人請不害與居處，景許之，不害供侍益謹。

[1]及臺城陷，簡文在中書道：按，本書卷八《梁簡文帝紀》作"臺城陷，太子坐永福省見侯景"。永福省在建康宫城内。《資治通鑑》卷一六二《梁紀十八》武帝太清三年胡三省注："自宋以來，太子居之，取其福國於有永也。"臺城，城名。爲東晋、南朝臺省與宫殿所在地，故名。其地在今江蘇南京市雞籠山南、乾河沿

北。中書道，大德本、汲古閣本、殿本作“中書省”。

［2］左右甚不遜：按，各本同，《陳書》卷三二《殷不害傳》作“景兵士皆羌、胡雜種，衝突左右，甚不遜”，中華本據《陳書》補作“衝突左右，甚不遜”。

［3］徐摛：字士秀，東海郯（今山東郯城縣）人。本書卷六二、《梁書》卷三〇有傳。

梁元帝立，以不害爲中書郎，[1]兼廷尉卿。魏平江陵，失母所在。時甚寒雪，凍死者填滿溝壑。不害行哭尋求，聲不暫輟。過見死人溝中，[2]即投身捧視，舉體凍僵，水漿不入口者七日，始得母屍。憑屍而哭，每輒氣絶，[3]行路皆爲流涕。即江陵權殯，與王褒、庾信俱入長安。[4]自是蔬食布衣，枯槁骨立，見者莫不哀之。

［1］中書郎：官名。即中書侍郎。中書省長官監、令之副，助監、令掌尚書奏事。如缺監、令，或亦主持中書省務。宋五品。梁九班。陳四品，秩千石。

［2］過見死人溝中：按，各本同，《陳書》卷三二《殷不害傳》“過”作“遇”，中華本據《陳書》改。

［3］每輒氣絶：按，各本同，《陳書·殷不害傳》作“每舉音輒氣絶”，中華本據《陳書》補“舉音”二字。

［4］王褒：字子淵，琅邪臨沂（今山東臨沂市）人。《梁書》卷四一有附傳，《周書》卷四一、《北史》卷八三有傳。　庾信：字子山，南陽新野（今河南新野縣）人。《周書》卷四一、《北史》卷八三有傳。

太建七年，自周還陳，除司農卿。[1]遷晋陵太守。[2]

在郡感疾，詔以光禄大夫徵還養疾。[3]後主即位，加給事中。[4]初，不害之還也，周留其長子僧首，因居關中。禎明三年，[5]陳亡，僧首來迎，不害道卒，年八十五。不害弟不佞。

[1]司農卿：官名。南朝梁改大司農爲司農卿，位列十二卿，職掌勸農、倉儲等，十一班。陳因之，三品，秩中二千石。

[2]晋陵：郡名。治晋陵縣，在今江蘇常州市。

[3]光禄大夫：官名。授予年老有病的致仕官員，無具體職掌。亦加於在朝顯職以示優崇，或用作卒後贈官。宋三品。梁十三班。陳三品，秩中二千石。

[4]給事中：官名。南朝集書省屬官，常侍從皇帝左右，獻納得失等，權不甚重，或用作加官。宋五品。梁四班。陳七品，六百石。

[5]禎明：南朝陳後主陳叔寶年號（587—589）。

不佞字季卿，少立名節，居父喪以至孝稱。好讀書，尤長吏術。梁承聖初，[1]爲武康令。時兵荒飢饉，百姓流移，不佞循撫招集，繈負至者以千數。會魏剋江陵，而母辛，[2]道路隔絶，久不得奔赴。四載之中，晝夜號泣，居處飲食，常爲居喪之禮。陳武帝受禪，除婁令。[3]至是第四兄不齊始於江陵迎母喪柩歸葬。不佞居處之節，如始聞問，若此者又三年。身自負土，手植松柏，每歲時伏臘，必三日不食。

[1]承聖：南朝梁元帝蕭繹年號（552—555）。

[2]辛：按，大德本、汲古閣本、殿本作“卒”。底本誤，應

據諸本改。

[3]婁：縣名。治所在今江蘇昆山市東北。

文帝時，兼尚書右丞，[1]遷東宫通事舍人。及廢帝嗣立，宣帝爲太傅、録尚書輔政，甚爲朝望所歸。不佞素以名節自立，又受委東宫，乃與僕射到仲舉、中書舍人劉師知、尚書左丞王暹等謀，[2]矯詔出宣帝。衆人猶豫未敢先發，不佞乃馳詣相府，面宣詔旨，令相王還第。及事發，仲舉等皆伏誅，宣帝雅重不佞，特赦之，免其官而已。及即位，以爲軍師始興王諮議參軍。後兼尚書左丞，[3]加通直散騎常侍，[4]卒官。[5]不佞兄不疑、不齊並早亡，[6]事第二寡嫂張氏甚謹，所得禄奉，不入私室。長子梵童，位尚書金部郎。[7]

[1]尚書右丞：官名。尚書省佐官，位次尚書，居左丞下，與左丞共掌尚書都省庶務等。宋六品。梁八班。陳四品，秩六百石。

[2]到仲舉：字德言，彭城武原（今江蘇邳州市）人。本書卷二五有附傳，《陳書》卷二〇有傳。　劉師知：本名師智，避梁敬帝蕭方智諱改，沛國相（今安徽濉溪縣）人。本書卷六八、《陳書》卷一六有傳。　尚書左丞王暹：按，《陳書》卷三二《殷不佞傳》“尚書左丞”作“尚書右丞”。《陳書》卷二〇《到仲舉傳》亦云“尚書左丞王暹”。王暹，仕梁官至尚書中兵郎。見《陳書》卷三《世祖紀》。

[3]左丞：按，《陳書·殷不佞傳》作“右丞”。

[4]通直散騎常侍：官名。使與散騎常侍通員當值，故名。掌侍從、規諫，不典事。南朝多以衰老之士擔任，地位漸低。梁武帝欲提高其地位，以比御史中丞，常用作加官。梁十一班。陳四品，

秩二千石。

[5]卒官：據《陳書·殷不佞傳》，其卒於宣帝太建五年(573)，時年五十六。

[6]不疑、不齊：按，大德本、汲古閣本、殿本作“不疑不占不齊”。《陳書·殷不佞傳》云“弟三兄不疑，次不占，次不齊，並早亡”。底本脱“不占”，應據諸本補。

[7]尚書金部郎：官名。尚書省金部曹長官，掌庫藏、金寶、貨物、權衡、度量等事。亦稱金部郎中，資深勤能者可轉侍郎。宋六品。梁侍郎六班、郎中五班。陳四品，秩六百石。

司馬暠字文昇，河内温人也。[1]高祖柔之，晋侍中，以南頓王孫紹齊文獻王攸後。[2]父子産，即梁武帝之外兄也，位岳陽太守。

[1]河内：郡名。治野王縣，在今河南沁陽市。　温：縣名。治所在今河南温縣西南。

[2]南頓王：司馬宗。晋宗室。惠帝元康中以功封王。《晋書》卷五九有附傳。　齊文獻王攸：司馬攸。晋武帝弟，泰始初封齊王。《晋書》卷三八有傳。按，齊文獻王，各本及《陳書》卷三二《司馬暠傳》並同，《晋書·齊王攸傳》作“齊獻王”。“文”字衍，當删。

暠幼聰警，有至性。年十二，丁内艱，[1]孺慕過禮，[2]水漿不入口，殆經一旬。每號慟，必至悶絶，父母喻之，[3]令進粥，然猶毁瘠骨立。服闋，[4]以姻戚子弟入問訊。梁武帝見其羸疾，[5]歎息久之，字其小字謂其父曰：“昨見羅兒面顔顦顇，使人惻然，便是不墜家風，爲有子矣。”後累遷正員郎。[6]丁父艱，哀毁愈甚，廬于墓側，日進薄麥粥一升。墓在新林，[7]連接山阜，舊多猛獸，暠結廬數載，豺狼絶迹。常有兩鳩栖宿廬所，馴狎異常。承聖中，除太子庶子。魏剋江陵，隨例入長安。而梁宗屠戮，[8]太子殯瘞失所，及周受禪，暠以宫臣，乃抗表求還江陵改葬，[9]辭甚酸切。周朝優詔答之，即敕荆州以禮安厝。陳太建八年，自周還，宣帝特降殊禮。歷位通直散騎常侍、太中大夫，卒。有集十卷。

[1]内艱：遭母喪。

[2]孺慕：指對父母的哀悼、悼念。按，大德本、汲古閣本、殿本作“哀慕”。《陳書》卷三二《司馬暠傳》與本書同。

[3]父母喻之：按，殿本同，大德本、汲古閣本作“父每喻之”。《陳書·司馬暠傳》作“父子産每曉喻之”。底本誤，應改“母”作“每”。

[4]服闕：按，大德本、汲古閣本、殿本作“服闋”。

[5]梁武帝見其羸疾：按，《陳書·司馬暠傳》“疾”作“瘦”。

[6]正員郎：官名。魏晋南北朝時謂員額之内的散騎侍郎。宋五品。梁八班。陳五品，秩千石。

[7]新林：地名。在今江蘇南京市西南西善橋。

[8]而梁宗屠戮：按，《陳書·司馬暠傳》“宗”作“室”。

[9]抗表：按，大德本、汲古閣本、殿本同，百衲本作“杭表”。

子延義字希忠，少沈敏好學。初隨父入關，丁母憂，喪過于禮。及暠還都，延義乃躬負靈櫬，晝伏宵行，冒履冰霜，手足皸瘃。至都，[1]遂致攣廢，數年乃愈。位司徒從事中郎。[2]

[1]至都：按，《陳書》卷三二《司馬暠傳》下有“以中風冷”四字，《册府元龜》卷七五四與之同。

[2]從事中郎：官名。魏晋南北朝皆置。其職掌依時依府而異，地位較高。南朝宋公府及將軍爲都督加儀同三司者置，六品。齊、梁公府置，梁九班至八班不等。陳沿置，五品至六品不等，皆秩六百石。

張昭字德明，吴郡吴人也。[1]幼有孝性，父熯常患消渴，嗜鮮魚，昭乃身自結網捕魚，以供朝夕。弟乾字玄明，聰敏好學，亦有至性。及父卒，兄弟並不衣綿帛，不食鹽酢，日唯食一升麥屑粥。每一感慟，必致歐血，鄰里聞之，皆爲涕泣。父服未終，母陸氏又卒，兄弟遂六年哀毁，形容骨立。家貧，未得大葬，[2]遂布衣蔬食，十有餘年，杜門不出，屏絶人事。時衡陽王伯信臨郡，[3]舉乾孝廉，固辭不就。兄弟並因毁成疾，昭一眼失明，乾亦中冷苦癖，年並未五十，終于家，子胤俱絶。

[1]吴：縣名。治所在今江蘇蘇州市。

[2]大葬：正式葬禮。

[3]衡陽王伯信：陳伯信。字孚之，陳文帝第七子。本書卷六五有附傳，《陳書》卷二八有傳。　臨郡：按，各本及《陳書》卷三二《張昭傳》同。中華本據《陳書·衡陽王伯信傳》改作“臨州”。詳中華本校勘記。

宣帝時，有太原王知玄者，[1]僑居會稽剡縣，[2]居家以孝聞。及丁憂，[3]哀毁而卒。帝嘉之，詔改所居青苦里爲孝家里。[4]

[1]宣帝時，有太原王知玄者：按，《太平御覽》卷一五七引《宋書》，除無“宣帝時”三字外，全與本書同。太原，郡名。治晉陽縣，在今山西太原市西南。

[2]會稽：郡名。治山陰縣，在今浙江紹興市。　剡縣：縣名。治所在今浙江嵊州市西南。

[3]及丁憂：按，各本同，中華本據《陳書》卷三二《張昭傳》補作“及丁父憂”。“父”字《册府元龜》卷二一〇有，而《太平御覽》引《宋書》及《通志》卷一六七則無。

[4]青苦里：按，各本及《太平御覽》引《宋書》並同，《陳書·張昭傳》及《册府元龜》《通志》作“清苦里”。

論曰：[1]自澆風一起，人倫毁薄，蓋抑引之教，導俗所先，變里旌閭，義存勸奬。是以漢世士務脩身，[2]故忠孝成俗，至于乘軒服冕，非此莫由。晉、宋以來，風衰義缺，刻身厲行，事薄膏腴。若使孝立閨庭，[3]忠被史策，多發溝畎之中，非出衣簪之下。以此而言聲教，不亦卿大夫之耻乎。

[1]論曰：按，此論首句繫因《南齊書》卷五五《孝義傳》論改寫，以下部分則全采自《宋書》卷九一《孝義傳》論。

[2]是以漢世士務脩身：按，《宋書·孝義傳》論“脩”作“治”，本書避唐高宗李治諱改。

[3]若使孝立閨庭：按，《宋書·孝義傳》論“使”作“夫”。

南史　卷七五

列傳第六十五

隱逸上

陶潛　宗少文 孫測 從弟彧之　沈道虔　孔淳之　周續之
戴顒　翟法賜　雷次宗　郭希林　劉凝之　龔祈
朱百年　關康之 辛普明 樓惠明　漁父　褚伯玉
顧歡 盧度　杜京産 孔道徽 京産子栖 剡縣小兒

《易》有君子之道四焉，[1]語默之謂也。故有入廟堂而不出，徇江湖而永歸。隱避紛紜，情迹萬品。若道義内足，希微兩亡，藏景窮巖，蔽名愚谷，解桎梏於仁義，示形神於天壤，[2]則名教之外别有風猷。故堯封有非聖之人，孔門謬雞黍之客。次則揚獨往之高節，[3]重去就之虚名。[4]或慮全後悔，事歸知殆，或道窮不申，[5]行吟山澤，皆用宇宙而成心，借風雲以爲氣。[6]求志達道，[7]未或非然，故須含貞養素，文以藝業。不爾，則與夫樵者在山，何殊異也。[8]若夫陶潛之徒，或仕不求聞，退不譏俗；或全身幽履，服道儒門；或遁迹江湖之上，或藏名巖石之下，斯並向時隱倫之徒歟。[9]今並綴緝，以備《隱逸篇》焉。又齊、梁之際，有釋寶誌者，雖處非顯晦，而道合希夷，[10]求其行事，蓋亦俗外之徒也。故附之云。

［1］《易》有君子之道四焉：以下至"何殊異也"，全采自《南齊書》卷五四《高逸傳序》，僅個别字句稍有出入。按，此序自"若夫陶潛之徒"起，始爲李延壽所撰述。君子之道四，指君子立身行事的方式。語本《易·繫辭上》："君子之道，或出或處，或默或語。"後因喻士人出仕或隱居。

［2］示形神於天壤：《南齊書·高逸傳》"示"作"永"。

［3］次則揚獨往之高節：《南齊書·高逸傳》"揚"作"揭"。

［4］重去就之虚名：此句下《南齊書·高逸傳》有"激競違貪，與世爲異"八字。

［5］窮：大德本、汲古閣本、殿本作"有"。《南齊書·高逸傳》亦作"有"。

［6］借風雲以爲氣：《南齊書·高逸傳》"氣"作"戒"。

［7］求志達道：《南齊書·高逸傳》"求志"作"果志"

［8］何殊異也：《南齊書·高逸傳》作"何殊别哉"。

［9］倫：大德本、汲古閣本、殿本作"淪"。

［10］希夷：語出《老子》："視之不見名曰夷，聽之不聞名曰希。"後因以指虚寂玄妙。此處謂清静無爲，任其自然。

陶潛字淵明，或云字深明，名元亮。[1]尋陽柴桑人，[2]晋大司馬侃之曾孫也。[3]少有高趣，宅邊有五柳樹，故常著《五柳先生傳》云：

[1]陶潛字淵明，或云字深明，名元亮：《宋書》卷九三《陶潛傳》作"陶潛字淵明，或云淵明字元亮"。按，錢大昕《廿二史考異》卷三七："上'淵'字亦當爲'深'，此後人追改。'或云'以下當云'名深明，字元亮'。"說是。而《晉書》卷九四《陶潛傳》略去"淵明"，省作"陶潛字元亮"，亦屬避諱之書法。又，蕭統《陶淵明傳》作"陶淵明字元亮，或云潛字淵明"，則"潛"與"淵明"何爲本名，早在梁代即有分歧。

[2]尋陽：郡名。治柴桑縣，在今江西九江市西南。　柴桑：縣名。治所在今江西九江市西南。

[3]晉大司馬侃：陶侃。字士行，本鄱陽（今江西鄱陽縣）人，晉平吴，徙家廬江之尋陽。《晉書》卷六六有傳。

先生不知何許人，不詳姓氏。[1]閑静少言，不慕榮利。好讀書，不求甚解，每有會意，欣然忘食。性嗜酒，而家貧不能恒得。親舊知其如此，或置酒招之，造飲輒盡，期在必醉。既醉而退，曾不吝情去留。[2]環堵蕭然，不蔽風日，短褐穿結，[3]簞瓢屢空，晏如也。常著文章自娱，頗示己志，忘懷得失，以此自終。

[1]姓氏：大德本、汲古閣本、殿本作"姓字"。《宋書》卷九三、《晉書》卷九四之《陶潛傳》亦作"姓字"。

[2]曾不吝情去留：《宋書·陶潛傳》同，《晉書·陶潛傳》無"去留"二字。

[3]短褐：各本同，中華本據《宋書·陶潛傳》改作"裋褐"。

按，短褐，貧賤者所穿的粗布衣服。《墨子·魯問》:“短褐之衣，黎藿之羹。”

其自序如此。蓋以自況，時人謂之實録。

親老家貧，起爲州祭酒，[1]不堪吏職，少日自解而歸。州召主簿，不就，躬耕自資，遂抱羸疾。江州刺史檀道濟往候之，[2]偃卧瘠餒有日矣，道濟謂曰:“夫賢者處世，天下無道則隱，有道則至。今子生文明之世，奈何自苦如此。”對曰:“潛也何敢望賢，志不及也。”道濟饋以梁肉，[3]麾而去之。

[1]州祭酒：官名。又稱祭酒從事史。州刺史僚屬，掌州府兵、賊、倉、户、水、鎧諸曹事。

[2]江州刺史檀道濟往候之：以下至“道濟饋以梁肉，麾而去之”，《宋書》卷九三《陶潛傳》、《晋書》卷九四《陶潛傳》均無此段記述，爲李延壽采蕭統《陶淵明傳》文所增補之。然道濟在宋文帝元嘉三年（426）始爲江州刺史，而本傳書此事於潛“爲鎮軍、建威參軍”前，故錢大昕《廿二史考異》卷三六以爲，“先後失次”“延壽採之它書，不及撿照年月”。又，文中出現兩個“世”字，亦不合本書史例，疑乃後人妄加回改。江州，州名。治南昌縣，在今江西南昌市。檀道濟，高平金鄉（今山東嘉祥縣）人。隨劉裕征伐，以功封永修縣公。宋武帝臨終，與徐羡之、謝晦受顧命，後謀廢少帝，立文帝。官至司空。本書卷一五、《宋書》卷四三有傳。

[3]梁肉：大德本、殿本同，汲古閣本、百衲本作“粱肉”。“梁”“粱”通。

後爲鎮軍、建威參軍,[1]謂親朋曰:“聊欲絃歌,[2]以爲三徑之資,[3]可乎?”執事者聞之,以爲彭澤令。[4]不以家累自隨,[5]送一力給其子,[6]書曰:“汝旦夕之費,自給爲難,今遣此力,助汝薪水之勞。此亦人子也,可善遇之。”公田悉令吏種秫稻,[7]妻子固請種秔,乃使二頃五十畝種秫,[8]五十畝種秔。

[1]參軍:官名。參軍事的省稱。東晉公府等所設諸曹長官,其人數依曹而異,不開府將軍出征時亦置,品秩不詳。

[2]絃歌:語出《論語·陽貨》:“子之武城,聞弦歌之聲。”本指子游爲武城宰以禮樂教化民衆。此處引申爲當官。

[3]三徑:典出東漢趙岐《三輔決録·逃名》:“蔣詡歸鄉里,荆棘塞門,舍中有三徑,不出,惟求仲、羊仲從之遊。”後因以比喻隱居不仕。

[4]彭澤:縣名。治所在今江西湖口縣東南。

[5]不以家累自隨:以下至“可善遇之”,《宋書》卷九三《陶潛傳》、《晉書》卷九四《陶潛傳》皆無之,此亦采自蕭統《陶淵明傳》。

[6]力:又稱事力。南北朝時官吏有禄有力。力即國家按品級授予官吏無償役使的勞動者。南朝多以軍人爲之,可以隨官吏遷轉,主要從事農業生産。

[7]公田:即禄田。又稱職田、職分田。國家按品級分給官吏以充俸禄的田地,但不屬官吏私人所有,離職時要移交給下一任。秫稻:即糯稻。又稱江稻。米粒富於黏性,適於釀酒。

[8]二頃五十畝:《宋書·陶潛傳》、蕭統《陶淵明傳》並同,《晉書·陶潛傳》作“一頃五十畝”。

郡遣督郵至縣，[1]吏白應束帶見之。潛歎曰："我不能爲五斗米折腰向鄉里小人。"[2]即日解印綬去職，[3]賦《歸去來》以遂其志，[4]曰：

[1]督郵：官名。漢始置，郡府屬吏，秩六百石。除督送郵書外，還代表郡太守督察所屬中各縣，糾舉違法，宣達教令，並兼司獄訟捕亡等事，其權甚重。魏晋南北朝多沿置。

[2]五斗米：大德本、汲古閣本同，殿本作"五米斗"。

[3]即日解印綬去職：《宋書》卷九三《陶潛傳》、蕭統《陶淵明傳》同，《晋書》卷九四《陶潛傳》"即日"作"義熙二年"，"職"作"縣"。

[4]《歸去來》：《文選》卷四五載録其辭，李善注引其《序》。

歸去來兮，田園將蕪，[1]胡不歸？既自以心爲形役，[2]奚惆悵而獨悲。悟已往之不諫，知來者之可追。實迷塗其未遠，覺今是而昨非。舟遥遥以輕颺，[3]風飄飄而吹衣，問征夫以前路，恨晨光之熹微。[4]乃瞻衡宇，載欣載奔，僮僕歡迎，弱子候門。[5]三徑就荒，松菊猶存，攜幼入室，有酒盈罇。[6]引壺觴而自酌，眄庭柯以怡顔，倚南牕而寄傲，審容膝之易安。園日涉而成趣，門雖設而常關。策扶老以流憩，[7]時矯首而遐觀。雲無心以出岫，鳥勌飛而知還。景翳翳其將入，撫孤松而盤桓。

[1]田園將蕪：《文選》卷四五、《晋書》卷九四《陶潛傳》並

同，《宋書》卷九三《陶潛傳》作“園田荒蕪”。

[2]既自以心爲形役：大德本、汲古閣本、殿本同，百衲本作“既以自爲形役兮”。《宋書·陶潛傳》《晋書·陶潛傳》《文選》亦作“既自以心爲形役”。

[3]舟遥遥以輕颺：《晋書·陶潛傳》《文選》同，《宋書·陶潛傳》“遥遥”作“超遥”。

[4]恨晨光之熹微：《文選》同，《宋書·陶潛傳》《晋書·陶潛傳》“熹”作“希”字。按，《文選》李善注引《聲類》曰：“‘熹’亦‘熙’字也。熙，光明也。”

[5]弱子候門：《文選》《宋書·陶潛傳》《晋書·陶潛傳》“弱”並作“稚”，此乃避唐高宗李治諱改。

[6]有酒盈罇：《晋書·陶潛傳》《文選》並同，《宋書·陶潛傳》“盈罇”作“停尊”。

[7]策扶老以流憩：《文選》同，《宋書·陶潛傳》“憩”作“愒”，《晋書·陶潛傳》“以”作“而”。

歸去來兮，請息交而絶遊，世與我而相遺，[1]復駕言兮焉求。悦親戚之情話，樂琴書以消憂，農人告余以春及，[2]將有事於西疇。[3]或命巾車，[4]或棹扁舟，[5]既窈窕以窮壑，亦崎嶇而經丘。木欣欣以向榮，泉涓涓而始流，善萬物之得時，感吾生之行休。已矣乎，寓形宇内復幾時，曷不委心任去留，[6]胡爲遑遑欲何之。富貴非吾願，帝鄉不可期。懷良辰以孤往，[7]或植杖而芸耔。[8]登東皋以舒嘯，臨清流而賦詩，聊乘化以歸盡，[9]樂夫天命復奚疑。

[1]世與我而相遺：《晋書》卷九四《陶潛傳》、《文選》同，

《宋書》卷九三《陶潛傳》“而”作“以”。遺，大德本、殿本同，汲古閣本、百衲本作“違”。

[2]農人告余以春及：《文選》同，《宋書·陶潛傳》“春及”作“上春”，《晋書·陶潛傳》作“暮春”。按，“春及”下百衲本衍一“棹”字。参張元濟《南史校勘記》。

[3]將有事於西疇：大德本、殿本同，汲古閣本、百衲本“於”作“兮”，《晋書·陶潛傳》《文選》作“乎”。

[4]或命巾車：《宋書·陶潛傳》《晋書·陶潛傳》《文選》並同。按《宋書》中華本校勘記：“《文選》江文通《擬陶徵君詩》注引作‘或巾柴車’。黄侃以爲‘或巾柴車’是。”巾車，有帷幕的車子。柴車，簡陋無飾的車子。

[5]或棹扁舟：《宋書·陶潛傳》同，《晋書·陶潛傳》《文選》“扁舟”作“孤舟”。

[6]曷不委心任去留：《晋書·陶潛傳》《文選》同，《宋書·陶潛傳》“曷”作“奚”。

[7]懷良辰以孤往：《宋書·陶潛傳》《文選》同，《晋書·陶潛傳》“辰”作“晨”。

[8]或植杖而芸耔：《晋書·陶潛傳》同，《宋書·陶潛傳》《文選》“芸耔”作“耘耔”。

[9]聊乘化以歸盡：《宋書·陶潛傳》《文選》同，《晋書·陶潛傳》“以”作“而”。

義熙末，[1]徵爲著作佐郎，[2]不就。江州刺史王弘欲識之，[3]不能致也。潛嘗往廬山，[4]弘令潛故人龐通之齎酒具於半道栗里要之。[5]潛有脚疾，使一門生二兒舉籃轝。[6]及至，欣然便共飲酌，俄頃弘至，亦無忤也。

[1]義熙末：《宋書》卷九三《陶潛傳》同，《晋書》卷九四

《陶潛傳》作“頃之”，蕭統《陶淵明傳》無此三字。義熙，東晋安帝司馬德宗年號（405—418）。

[2]著作佐郎：《宋書·陶潛傳》同，蕭統《陶淵明傳》、《晋書·陶潛傳》作“著作郎”。

[3]王弘：字休元，琅邪臨沂（今山東臨沂市）人。本書卷二一、《宋書》卷四二有傳。

[4]廬山：山名。即今江西九江市南廬山。

[5]栗里：地名。在今江西九江市柴桑區廬山南麓。

[6]舉籃轝：《宋書·陶潛傳》作“轝籃輿”。

先是，顏延之爲劉柳後軍功曹，[1]在尋陽與潛情款。後爲始安郡，[2]經過潛，每往必酣飲致醉。[3]弘欲要延之一坐，彌日不得。延之臨去，留二萬錢與潛，潛悉送酒家稍就取酒。嘗九月九日無酒，[4]出宅邊菊叢中坐久之。[5]逢弘送酒至，[6]即便就酌，醉而後歸。[7]

[1]顏延之：字延年，琅邪臨沂（今山東臨沂市）人。本書卷三四、《宋書》卷七三有傳。 劉柳：字叔惠，南陽（今河南南陽市）人。《晋書》卷六一有附傳。

[2]始安：郡名。治始安縣，在今廣西桂林市。

[3]致：大德本、汲古閣本同，殿本作“至”。

[4]嘗九月九日無酒：按，《晋書》卷九四《陶潛傳》未載此事。

[5]出宅邊菊叢中坐久之：《宋書》卷九三《陶潛傳》“坐久之”作“坐久”，無“之”字；蕭統《陶淵明傳》其下更有“滿手把菊”四字。

[6]逢弘送酒至：《宋書·陶潛傳》“逢”作“值”，蕭統《陶淵明傳》作“忽值”。

[7]醉而後歸:《宋書·陶潛傳》同,蕭統《陶淵明傳》作“醉而歸”,無“後”字。

潛不解音聲,[1]而畜素琴一張。[2]每有酒適,輒撫弄以寄其意。貴賤造之者,有酒輒設。潛若先醉,便語客:“我醉欲眠卿可去。”其真率如此。郡將候潛,[3]逢其酒熟,取頭上葛巾漉酒,畢,還復著之。潛弱年薄宦,不絜去就之迹。自以曾祖晋世宰輔,耻復屈身後代,自宋武帝王業漸隆,不復肯仕。所著文章,皆題其年月。義熙以前,明書晋氏年號,自永初以來,[4]唯云甲子而已。與子書以言其志,并爲訓戒曰:

[1]潛不解音聲:《宋書》卷九三《陶潛傳》同,《晋書》卷九四《陶潛傳》作“性不解音”,蕭統《陶淵明傳》作“淵明不解音律”。

[2]而畜素琴一張:《宋書·陶潛傳》此句下有“無絃”二字,《晋書·陶潛傳》有“絃徽不具”四字,蕭統《陶淵明傳》則作“而蓄無弦琴一張”。

[3]郡將:郡太守的别稱。漢代因郡守兼領武事,故名。見《漢書》卷九〇《嚴延年傳》顔師古注。魏晋南朝沿稱。

[4]永初:南朝宋武帝劉裕年號(420—422)。

吾年過五十,而窮苦荼毒。[1]性剛才拙,與物多忤。自量爲己,必貽俗患。僶俛辭事,[2]使汝幼而飢寒耳。常感孺仲賢妻之言,[3]敗絮自擁,何慙兒子。此既一事矣。但恨隣靡二仲,[4]室無萊婦,[5]抱兹苦心,良獨罔罔。[6]少來好書,[7]偶愛閑靖,[8]開卷有得，便欣然忘食。見樹木交蔭，時鳥變聲，亦復歡爾有喜。嘗言五六月北窗下卧，遇涼風暫至，自謂是羲皇上人。意淺識陋，日月遂往，疾患以來，漸就衰損。親舊不遺，每有藥石見救，[9]自恐大分將有限也。汝輩幼小，[10]家貧無役，柴水之勞，何時可免。念之在心，若何可言。然雖不同生，當思四海皆兄弟之義。鮑叔、敬仲，[11]分財無猜，歸生、伍舉，[12]班荆道舊，遂能以敗爲成，因喪立功。佗人尚爾，况共父之人哉。潁川韓元長，[13]漢末名士，身處卿佐，八十而終，[14]兄弟同居，至於没齒。濟北氾幼春，[15]晋時操行人也。七世同財，家人無怨色。《詩》云"高山景行"，[16]汝其慎哉。[17]又爲《命子詩》以貽之。[18]

[1]而窮苦荼毒：按，《宋書》卷九三《陶潛傳》此句下有"以家貧弊，東西遊走"八字。《陶淵明集》卷七《與子儼等疏》作"少而窮苦"。

[2]僶俛辭事：《宋書·陶潛傳》"事"作"世"，此避唐太宗李世民諱改。

[3]孺仲：王霸。字孺仲，太原廣武(今山西代縣)人。《後漢書》卷八三有傳。孺仲賢妻，即王霸妻。史佚其名。《後漢書》卷八四有傳。

[4]二仲：指羊仲、求仲。《文選》陶淵明《歸去來辭》李善注引《三輔决録》："蔣詡字元卿，舍中三徑，唯羊仲、求仲從之遊，皆挫廉逃名不出。"後因以泛指旨趣相合的廉潔隱逸之士。

[5]萊婦：春秋時楚國老萊子之妻，曾勸阻其夫接受楚王官爵。見漢劉向《列女傳·賢明·楚老萊妻》。後因以作爲賢婦的代稱。

[6]抱兹苦心，良獨罔罔：按，《宋書·陶潛傳》、《册府元龜》卷八一六同。《通志》卷一七七"苦心"作"甘心"。《陶淵明集·

與子儼等疏》“罔罔”作“内愧”。

［7］少來好書：按，《宋書·陶潛傳》“少”下有一“年”字。《册府元龜》卷八一六作“少年好書”，《通志》卷一七七作“少來好讀書”，《陶淵明集·與子儼等疏》作“少學琴書”。

［8］偶愛閑靖：按，大德本、汲古閣本同，殿本“靖”作“情”，《宋書·陶潛傳》作“静”。“靖”“静”通用，《册府元龜》卷八一六、《通志》卷一七七、《陶淵明集·與子儼等疏》並與《宋書》同。

［9］每有藥石見救：《宋書·陶潛傳》“有”作“以”。

［10］汝輩幼小：按，《通志》卷一七七同，《宋書·陶潛傳》、《册府元龜》卷八一六作“恨汝輩稚小”，《陶淵明集·與子儼等疏》作“汝輩稚小”。“幼”本字“稚”，此避唐高宗李治諱改。

［11］鮑叔、敬仲：鮑叔即鮑叔牙，敬仲即管仲，並春秋時齊國人，少相友善。桓公即位，欲任叔牙爲宰，辭讓不就，力薦舉仲代己執政，遂使齊國富强稱霸。事見《史記》卷六二《管晏列傳》。

［12］歸生、伍舉：歸生即公孫歸生，號聲子，春秋時蔡國大夫。伍舉爲春秋時楚國大夫，與歸生友善。舉懼於流言將亡奔晋，賴歸生使楚勸説，得以返楚復仕，因顯名於楚。事見《左傳》襄公二十六年。

［13］韓元長：韓融。字元長，潁川舞陽（今河南舞陽縣）人。《後漢書》卷六二有附傳。

［14］八十而終：按,《宋書·陶潛傳》同。據《後漢書·韓融傳》，融終年七十歲。

［15］氾幼春：按,“幼”本字“稚”，此避唐高宗李治諱改。大德本、汲古閣本同，殿本“氾”作“氾”。作“氾”是。氾稚春，名毓。濟北盧（今山東長清縣）人，客居青州（今山東淄博市臨淄區）。《晋書》卷九一有傳。

［16］高山景行：按，《通志》卷一七七同，《宋書·陶潛傳》及《册府元龜》卷八一六、《陶淵明集·與子儼等疏》作“高山仰

止，景行行止”。“高山景行”爲“高山仰止，景行行止”之省略，語出《詩·小雅·車舝》，比喻德行高尚。

[17]汝其慎哉:《宋書·陶潛傳》此句下有“吾復何言”四字,似不當删。

[18]《命子詩》:四言古詩。全詩十章,前六章叙述陶氏歷代祖先的功德,後四章表達對兒子的期望與誡勉。詩載《宋書·陶潛傳》。

元嘉四年,[1]將復徵命,會卒。[2]世號靖節先生。其妻翟氏,志趣亦同,能安苦節,夫耕於前,妻鋤於後云。

[1]元嘉:南朝宋文帝劉義隆年號(424—453)。

[2]會卒:據《宋書》卷九三《陶潛傳》及蕭統《陶淵明傳》,卒時年六十三。

宗少文,[1]南陽涅陽人也。[2]祖承,宜都太守。父繇之,湘鄉令。母同郡師氏,聰辯有學義,教授諸子。

[1]宗少文:《宋書》卷九三《宗炳傳》作“宗炳字少文”,此避唐高祖李淵父李昞諱以字行。

[2]南陽:郡名。治宛縣,在今河南南陽市。　涅陽:縣名。治所在今河南鄧州市東北。

少文善居喪,[1]爲鄉閭所稱。宋武帝既誅劉毅,[2]領荆州,[3]問毅府諮議參軍申永曰:“今日何施而可?”永曰:“除其宿釁，倍其惠澤，貫叙門次，顯擢才能，如此而已。”武帝納之，乃辟少文爲主簿，不起，問其故。答曰:“栖丘飲谷，三十餘年。”[4]武帝善其對而止。

[1]善居喪：《宋書》卷九三《宗炳傳》作“居喪過禮”。

[2]劉毅：字希樂，彭城沛（今江蘇沛縣）人。《晋書》卷八五有傳。

[3]荆州：州名。治江陵縣，在今湖北荆州市荆州區。

[4]栖丘飲谷，三十餘年：按，《宋書·宗炳傳》同。《太平御覽》卷五〇四引《宋書》此句下有“豈可於王門折腰，爲趍走吏乎”十二字。

少文妙善琴書圖畫，[1]精於言理，每游山水，往輒忘歸。征西長史王敬弘每從之，[2]未嘗不彌日也。乃下入廬山，就釋慧遠考尋文義。[3]兄臧爲南平太守，[4]逼與俱還，乃於江陵三湖立宅，[5]閑居無事。武帝召爲太尉行參軍，驃騎道憐命爲記室參軍，[6]並不就。

[1]妙善琴書圖畫：按，《宋書》卷九三《宗炳傳》無“圖畫”二字。

[2]王敬弘：王裕之。字敬弘，名與宋武帝同，故稱字，琅邪臨沂（今山東臨沂市）人。本書卷二四、《宋書》卷六六有傳。

[3]釋慧遠：俗姓賈氏，雁門樓煩（今山西寧武縣）人。梁釋慧皎《高僧傳》卷六有傳。

[4]南平：郡名。治江安縣，在今湖北公安縣西北。

[5]江陵：縣名。治所在今湖北荆州市荆州區。亦爲荆州與南郡治所。　三湖：地名。在江陵縣東津鄉界，今湖北荆州市荆州區東。以其地有三個湖泊，故名。

[6]驃騎道憐：劉道憐。宋武帝之弟。本書卷一三、《宋書》卷五一有傳。《宋書·劉道憐傳》中華本校勘記云：“按嚴可均輯《全宋文》收録《宋故散騎常侍護軍將軍臨澧侯劉使君墓誌》云：‘曾祖宋孝皇帝。祖諱道鄰字道鄰，侍中、太傅、長沙景王。’是道

憐本作道鄰。顏師古《匡謬正俗》亦云：'宋高祖弟道鄰，史牒誤爲憐字，讀者就而呼之，莫有知其本實。余家嘗得《宋高祖集》十卷，是宋元嘉時秘閣官書，所載道鄰字，始知道憐者是錯。'"

二兄早卒，孤累甚多，家貧無以相贍，頗營稼穡。人有餉遺，並受之。武帝敕南郡長給吏役，[1]又數致餼賚。後子弟從禄，[2]乃悉不復受。武帝開府辟召，下書召少文與鴈門周續之並爲太尉掾，皆不起。宋受禪及元嘉中頻徵，並不應。妻羅氏亦有高情，與少文協趣。羅氏没，少文哀之過甚，既乃悲情頓釋，謂沙門釋慧堅曰："死生之分，未易可達，三復至教，方能遣哀。"衡陽王義季爲荆州，[3]親至其室，與之歡宴，命爲諮議參軍，不起。好山水，愛遠遊，西陟荆、巫，南登衡岳，[4]因結宇衡山，欲懷尚平之志。[5]有疾還江陵，歎曰："老疾俱至，名山恐難徧覩，唯澄懷觀道，[6]卧以游之。"凡所游履，皆圖之於室，謂之"撫琴動操，欲令衆山皆響"。[7]古有《金石弄》，爲諸桓所重，桓氏亡，其聲遂絶，唯少文傳焉。文帝遣樂師楊歡就受之。少文孫測，亦有祖風。

[1]南郡：郡名。治江陵縣，在今湖北荆州市荆州區。

[2]禄：大德本同，汲古閣本、殿本作"仕"。《宋書》卷九三《宗炳傳》亦作"禄"。

[3]衡陽王義季：劉義季。宋武帝第七子。本書卷一三、《宋書》卷六一有傳。

[4]衡岳：山名。即南嶽衡山。位於湖南中部，主體部分在今

湖南衡陽市南嶽區及衡山、衡陽縣境。

［5］尚平：尚長。字子平，河内朝歌（今河南武陟縣）人。據《後漢書》卷八三《逸民傳》，長“隱居不仕”，“與同好北海禽慶俱遊五嶽名山”。按，《後漢書・逸民傳》“尚長”作“向長”，李賢注：“《高士傳》‘向’作‘尚’。”參《宋書・宗炳傳》中華本校勘記。

［6］唯澄懷觀道：《宋書・宗炳傳》“唯”下有一“當”字。

［7］謂之“撫琴動操，欲令衆山皆響”：按，《宋書・宗炳傳》“謂之”作‘謂人曰”，《册府元龜》卷八五七、《通志》卷一七八並與《宋書》同。又按，《宋書・宗炳傳》末有“元嘉二十年，炳卒，時年六十九”十二字，不當一概删之。

測字敬微，一字茂深，[1]家居江陵。[2]少静退，不樂人間。歎曰：“家貧親老，不擇官而仕，先哲以爲美談，余竊有惑。誠不能潛感地金，[3]冥致江鯉，[4]但當用天之道，分地之利。孰能食人厚禄，憂人重事乎？”

［1］一字茂深：《南齊書》卷五四《宗測傳》無此四字。

［2］家居江陵：《南齊書・宗測傳》“家”作“世”，此避唐太宗李世民諱改。

［3］潛感地金：謂西漢郭巨掘地埋兒而得黄金。見《初學記》卷二七引宗躬《孝子傳》。

［4］冥致江鯉：謂西晋王祥剖冰而獲雙鯉。見《北堂書鈔》卷一五八引臧榮緒《晋書》。一説指東漢姜詩妻舍側泉涌江水、旦出雙鯉。見《後漢書》卷八四《列女傳》。

齊驃騎豫章王嶷徵爲參軍，[1]不起，測答府云：[2]

“何爲謬傷海鳥，橫斤山木。”母喪，自負土，[3]植松柏。嶷復遣書請之，辟爲參軍。測答曰：“性同鱗羽，愛止山壑，眷戀松雲，[4]輕迷人路。縱宕巖流，有若狂者，忽不知老至。而今鬢已白，豈容課虛責有，限魚鳥慕哉。”[5]

[1]豫章王嶷：蕭嶷。字宣儼，齊高帝第二子。高帝建元元年(479)，封爲豫章王。本書卷四二、《南齊書》卷二二有傳。

[2]測答府云：《南齊書》卷五四《宗測傳》 “府”下有“召”字。

[3]自負土：大德本作“身負土”，汲古閣本、殿本作“身自負土”。《南齊書·宗測傳》作“身負土”。

[4]眷戀松雲：《南齊書·宗測傳》“雲”作“筠”。

[5]限魚鳥慕：按，《南齊書·宗測傳》作“限魚慕鳥”。《建康實録》卷一六、《通志》卷一七八與本書同，《册府元龜》卷二九二、八一〇作“恨魚慕鳥”。

永明三年，[1]詔徵太子舍人，不就。欲游名山，乃寫祖少文所作《尚子平圖》於壁上。測長子賓宦在都，知父此旨，便求禄還爲南郡丞，付以家事。[2]刺史安陸王子敬、長史劉寅以下皆贈送之，[3]測無所受，齎《老子》《莊子》二書自隨。子孫拜辭悲泣，測長嘯不視，遂往廬山，止祖少文舊宅。

[1]永明：南朝齊武帝蕭賾年號（483—493）。

[2]付以家事：按，各本同，中華本據《通志》補作“測遂付以家事”。《南齊書》卷五四《宗測傳》亦無“測遂”二字。

[3]安陸王子敬：蕭子敬。字雲端，齊武帝第五子。本書卷四四、《南齊書》卷四〇有傳。

魚復侯子響爲江州，[1]厚遣贈遺。測曰："少有狂疾，尋山採藥，遠來至此，量腹而進松术，度形而衣薜蘿，淡然已足，豈容當此横施。"子響命駕造之，測不見。後子響不告而來，奄至所住，測不得已，巾褐對之，竟不交言。子響不悦而退。侍中王秀之彌所欽慕，[2]乃令陸探微畫其形與己相對，[3]又貽書曰："昔人有圖畫僑、札，[4]輕以自方耳。"王儉亦雅重之，[5]贈以蒲褥筍席。[6]

[1]魚復侯子響：蕭子響。字雲音，齊武帝第四子。初封巴東王。本書卷四四、《南齊書》卷四〇有傳。

[2]王秀之：字伯奮，琅邪臨沂（今山東臨沂市）人。本書卷二四有附傳，《南齊書》卷四六有傳。

[3]陸探微：吴郡（今江蘇蘇州市）人。善畫，與東晋顧愷之並稱"顧陸"。謝赫《古畫品録》稱其畫"極乎上上品之外"，名列一品五人之首。

[4]僑、札：並春秋時人。僑，鄭國公孫僑，字子産。札，吴國季札，又稱公子札。兩人一見"如舊相識"。事見《左傳》襄公二十九年。後因以比喻朋友之交。

[5]王儉：字仲寶，琅邪臨沂（今山東臨沂市）人。本書卷二二有附傳，《南齊書》卷二三有傳。

[6]贈以蒲褥筍席：《南齊書》卷五四《宗測傳》作"餉測蒲褥"，無"筍席"二字。

頃之，測送弟喪還西，仍留舊宅永業寺，絶賓友，唯與同志庾易、劉虯、宗人尚之等往來講説。[1]荆州刺史隨王子隆至，[2]遣别駕宗忻口致勞問。[3]測咲曰："貴賤理隔，何以及此。"竟不答。建武二年，[4]徵爲司徒主簿，不就，卒。

[1]庾易：字幼簡，新野新野（今河南新野縣）人。本書卷五〇、《南齊書》卷五四有傳。　劉虯：字靈預，一字德明，南陽涅陽（今河南鄧州市）人。本書卷五〇、《南齊書》卷五四有傳。

[2]荆州刺史隨王子隆至：各本同，《南齊書》卷五四《宗測傳》"至"後有"鎮"字，中華本據《南齊書》補。隨王子隆，蕭子隆。字雲興，齊武帝第八子，封隨郡王。本書卷四四、《南齊書》卷四〇有傳。

[3]遣别駕宗忻口致勞問：按，大德本、殿本同，汲古閣本"宗忻"作"宗昕"，《南齊書·宗測傳》作"宗哲"，其下無"口"字。疑"忻口"二字或爲"哲"誤刻所致。

[4]建武：南朝齊明帝蕭鸞年號（494—498）。

測善畫，自圖阮籍遇蘇門於行鄣上，[1]坐卧對之。又畫永業佛影臺，皆爲妙作。好音律，善《易》《老》，續皇甫謐《高士傳》三卷。嘗游衡山七嶺，著《衡山》《廬山記》。尚之字敬之，[2]亦好山澤，徵辟一無所就，以壽終。

[1]阮籍：字嗣宗，陳留尉氏（今河南尉氏縣）人，阮瑀子。好老莊，善詩賦。《晋書》卷四九有傳。　蘇門：蘇門生。即阮籍少時游蘇門山所遇隱者，莫知姓名。見《三國志》卷二一《魏

書·阮瑀傳》裴松之注引《魏氏春秋》。一説指魏晋時隱居於蘇門山中的孫登。見《晋書·阮籍傳》。

［2］尚之字敬之：各本同，中華本據《南齊書》卷五四《宗測傳》改“敬之”作“敬文”。按，《册府元龜》卷七七九作“敬文”，《通志》卷一七八作“敬之”。

彧之字叔粲，少文從父弟也。早孤，事兄恭謹。家貧好學，雖文義不逮少文，而真澹過之。徵辟一無所就。宋元嘉初，大使陸子真觀採風俗，[1]三詣彧之。每辭疾不見，告人曰："我布衣草萊之人，少長壟畝，何宜枉軒冕之客。"子真還，表薦之，又不就徵。卒於家。[2]

［1］陸子真：吴郡（今江蘇蘇州市）人。事見本書卷四八、《南齊書》卷四六《陸慧曉傳》。

［2］卒於家：據《宋書》卷九三《宗彧之傳》，彧之卒於宋文帝元嘉八年（431），時年五十。

沈道虔，吴興武康人也。[1]少仁愛，好《老》《易》，居縣北石山下。孫恩亂後飢荒，[2]縣令庾肅之迎出縣南廢頭里，爲立宅，[3]臨溪，有山水之玩。時復還石山精廬，與諸孤兄子共釜庾之資，困不改節。受琴於戴逵，[4]王敬弘深貴重之。[5]郡州府凡十二命，皆不就。

［1］吴興：郡名。治烏程縣，在今浙江湖州市。　武康：縣名。治所在今浙江德清縣西。

［2］孫恩：字靈秀，琅邪（今山東臨沂市）人。世奉五斗米道，於東晋末年發動民衆起兵反晋，擁衆數十萬。遭東晋政府鎮

壓，戰敗投水自殺。《晉書》卷一〇〇有傳。

[3]爲立宅:《宋書》卷九三《沈道虔傳》　“宅”上有“小”字。

[4]戴逵：字安道，譙國（今安徽亳州市）人。《晉書》卷九四有傳。

[5]深貴重之:《宋書·沈道虔傳》“貴重”作“敬”。

有人竊其園菜者，外還見之，乃自逃隱，待竊者去後乃出。人又拔其屋後大筍，令人止之，曰:“惜此筍欲令成林，更有佳者相與。”乃令人買大筍送與之，盜者慚不取，道虔使置其門内而還。常以捃拾自資，同捃者或争穟，道虔諫之不止，悉以其所得與之。争者愧恧，後每事輒云“勿令居士知”。[1]冬月無複衣，戴顒聞而迎之，爲作衣服，并與錢一萬。及還，分身上衣及錢悉供諸兄弟子無衣者。

[1]後每事輒云：各本同，《宋書》卷九三《沈道虔傳》“事”作“争”，中華本據《宋書》改。

鄉里少年相率受學，道虔常無食以立學徒。[1]武康令孔欣之厚相資給，受業者咸得有成。宋文帝聞之，遣使存問，賜錢三萬，米二百斛，悉供孤兄子嫁娶。[2]徵員外散騎侍郎，不就。

[1]道虔常無食以立學徒:《宋書》卷九三《沈道虔傳》“以”上有“無”字。

[2]悉供孤兄子嫁娶：《宋書·沈道虔傳》作“悉以嫁娶孤

兄子”。

累世事佛，推父祖舊宅爲寺。至四月八日每請像，請像之日，輒舉家感慟焉。

道虔年老菜食，恒無經日之資，而琴書爲樂，孜孜不倦。文帝敕郡縣使隨時資給。卒。[1]子慧鋒，脩父業，不就州辟。

[1]卒：據《宋書》卷九三《沈道虔傳》，道虔卒於宋文帝元嘉二十六年（449），時年八十二。

孔淳之字彦深，魯人也。[1]祖惔，尚書祠部郎。父粲，秘書監徵，不就。

[1]魯人也：《宋書》卷九三《孔淳之傳》作“魯郡魯人也”。魯，郡名。治魯縣，在今山東曲阜市東北。

淳之少有高尚，愛好墳籍，爲太原王恭所稱。[1]居會稽剡縣。[2]性好山水，每有所游，必窮其幽峻，或旬日忘歸。嘗游山，遇沙門釋法崇，因留共止，遂停三載。[3]法崇歎曰：“緬想人外三十年矣，[4]今乃傾蓋于兹，不覺老之將至也。”及淳之還，乃不告以姓。[5]除著作佐郎、太尉參軍，並不就。

[1]王恭：字孝伯，太原晋陽（今山西太原市）人。《晋書》卷八四有傳。

[2]會稽：郡名。治山陰縣，在今浙江紹興市。 剡縣：縣名。治所在今浙江嵊州市西南。

[3]“嘗游山”至“遂停三載”：按,《宋書》卷九三《孔淳之傳》同。《初學記》卷一八引王智深《宋紀》:“孔淳之隱居剡山，嘗遇桑門釋法崇於三山，披衿領契，自以爲得意之交。”可與此事參照。釋法崇，東晋高僧。亦作竺法崇。少出家，嘗住持長沙麓山寺。後還剡之葛峴山，茅菴澗飲，以禪慧爲樂，東甌學者競往聚集。著有《法華義疏》四卷。梁釋慧皎《高僧傳》卷四有傳。參梁寶唱《名僧傳抄·隱道上》。

[4]想：大德本、汲古閣本同，殿本作“息”。《宋書·孔淳之傳》亦作“想”。

[5]及淳之還，乃不告以姓：《宋書·孔淳之傳》“乃”作“反”，屬上句讀。

居喪至孝，廬于墓側。服闋，與徵士戴顒、王弘之及王敬弘等共爲人外之游,[1]又申以婚姻。敬弘以女適淳之子尚，遂以烏羊繫所乘車轅，提壺爲禮。至則盡歡共飲，迄暮而歸。或怪其如此，答曰:“固亦農夫田父之禮也。”[2]

[1]王弘之：字方平，琅邪臨沂（今山東臨沂市）人。本書卷二四有附傳,《宋書》卷九三有傳。

[2]“遂以烏羊繫所乘車轅”至“固亦農夫田父之禮也”：此段叙述爲《宋書》卷九三《孔淳之傳》所無。

會稽太守謝方明苦要之不能致,[1]使謂曰:“苟不入吾郡，何爲入吾郭?”淳之笑曰:“潛游者不識其水，巢栖者非辯其林，飛沈所至，何問其主。”[2]終不肯往。茅室蓬户，庭草蕪徑，唯牀上有數帙書。[3]元嘉初，復徵爲散騎侍郎，乃逃于上虞縣界，[4]家人莫知所在。[5]弟默之爲廣州刺史，[6]出都與别，司徒王弘要淳之集冶城，[7]即日命駕東歸，遂不顧也。元嘉七年卒。[8]

[1]謝方明：陳郡陽夏（今河南太康縣）人。本書卷一九有附傳，《宋書》卷五三有傳。　苦要之不能致：《宋書》卷九三《孔淳之傳》作“苦要入郡”。

[2]“使謂曰”至“何問其主”：《宋書·孔淳之傳》未載此番對話。

[3]唯牀上有數帙書：《宋書·孔淳之傳》“帙”作“卷”。

[4]上虞：縣名。治所在今浙江紹興市上虞區百官街道。

[5]家人莫知所在：《宋書·孔淳之傳》“在”作“之”。

[6]弟默之爲廣州刺史：據《宋書》卷五《文帝紀》，元嘉六年（429）“七月己酉，以尚書左丞孔默之爲廣州刺史”。

[7]冶城：地名。又稱冶亭。在今江蘇南京市朝天宫一帶。

[8]元嘉七年，卒：據《宋書·孔淳之傳》，淳之卒時年五十九。

默之儒學，注《穀梁春秋》。默之子熙先，事在《范曄傳》。

周續之，字道祖，鴈門廣武人也。[1]其先過江，居豫章建昌縣。[2]續之八歲喪母，哀戚過於成人，奉兄如事父。豫章太守范甯於郡立學，[3]招集生徒，遠方至者甚衆。續之年十二，詣甯受業。居學數年，通《五經》《五緯》，號曰十經，[4]名冠同門，[5]稱爲顏子。[6]既而閑居讀《老》《易》，入廬山事沙門釋慧遠。[7]時彭城劉遺人遁迹廬山，[8]陶深明亦不應徵命，[9]謂之尋陽三隱。[10]劉毅鎮姑熟，[11]命爲撫軍參軍，徵太學博士，並不就。江州刺史每相招請，續之不尚峻節，頗從之游。常以嵇康《高士傳》得出處之美，[12]因爲之注。[13]

[1]鴈門：郡名。治廣武縣，在今山西代縣西南。　廣武：縣名。治所在今山西代縣西南。

[2]豫章：郡名。治南昌縣，在今江西南昌市。　建昌縣：縣名。東漢置。治所在今江西奉新縣西。南朝宋文帝時移治廢海昏城，在今江西永修縣艾城鎮。

[3]范甯：字武子，南陽順陽（今河南淅川縣）人。《晋書》卷七五有附傳。

[4]通《五經》《五緯》，號曰十經：按，《宋書》卷九三《周續之傳》作"通《五經》並《緯》《候》"。《建康實録》卷一四與本書同。

[5]名冠同門：按，《宋書·周續之傳》同。《建康實録》卷一四"名冠"下有"當時"二字，"同門"屬下句讀。

[6]顏子：本指孔子弟子顏回。後常用以借指安貧樂道的有德之士。事見《史記》卷六七《仲尼弟子列傳》。

[7]釋慧遠：《宋書·周續之傳》同，《建康實録》卷一四作"惠遠"。

[8]彭城：郡名。治彭城縣，在今江蘇徐州市。　劉遺人：按，《宋書·周續之傳》作"劉遺民"，此避唐太宗李世民諱改。劉遺民，名程之，字仲思。東晋、南朝宋時人。嘗爲柴桑令，後棄官，隱居廬山十餘年，卒於山中。見《續藏經·東林十八高賢傳》。參《隋書·經籍志》。

[9]亦不應徵命：《宋書·周續之傳》同，《建康實録》卷一四

作“亦居彭澤山”。

[10]謂之尋陽三隱：按，《宋書·周續之傳》此句下有“以爲身不可遣，餘累宜絶，遂終身不娶妻，布衣蔬食”之語，似不當省。

[11]姑熟：城名。亦作“姑孰”。在今安徽當塗縣。

[12]嵇康：字叔夜，譙國銍（今安徽宿州市）人。《晋書》卷四九有傳。

[13]因爲之注：《隋書·經籍志二》著録“《聖賢高士傳贊》三卷，嵇康撰，周續之注”。按，《舊唐書·經籍志上》《新唐書·藝文志二》並載：《上古以來聖賢高士傳讚》三卷，周續之撰。

武帝北討，世子居守，迎續之館于安樂寺，[1]延入講《禮》，月餘復還山。江州刺史劉柳薦之武帝，俄辟太尉掾，不就。武帝北伐，還鎮彭城，遣使迎之，禮賜甚厚，每曰“真高士也”。[2]尋復南還。武帝踐祚，復召之。[3]上爲開館東郭外，招集生徒，乘輿降幸，并見諸生，問續之《禮記》“慠不可長”、與我九齡“射於矍圃”之義，辯析精奥，稱爲名通。[4]

[1]安樂寺：佛寺名。東晋哀帝興寧中王坦之舍園爲寺。在今江蘇南京市，確址待考。

[2]每曰“真高士也”：按，《宋書》卷九三《周續之傳》“每”下有“稱之”二字，“真”上有“心無偏吝”四字。

[3]武帝踐祚，復召之：《宋書·周續之傳》此句下有“乃盡室俱下”五字。

[4]稱爲名通：《宋書·周續之傳》“名”作“該”。

續之素患風痺，不復堪講，乃移病鍾山。[1]景平元年卒。[2]通《毛詩》六義及《禮》論，[3]注《公羊》傳於世。[4]無子。兄子景遠，[5]有續之風。

［1］鍾山：山名。又稱紫金山。在今江蘇南京市東北中山門外。

［2］景平元年，卒：據《宋書》卷九三《周續之傳》，續之卒時年四十七。景平，南朝宋少帝劉義符年號（423—424）。

［3］通《毛詩》六義及《禮》論：按，據陸德明《經典釋文·序録》，"宋徵士鴈門周續之、豫章雷次宗、齊沛國劉瓛並爲《詩序義》"，又與雷次宗、蔡超等並注《喪服》。

［4］注《公羊》傳於世：按，各本同，中華本據《宋書·周續之傳》於"傳"下補"皆傳"二字。說見本書中華本校勘記。

［5］景遠：周景遠。仕宋，孝武帝時爲祠部郎中、領軍長史。事見《宋書·禮志》。

戴顒字仲若，譙郡銍人也。[1]父逵，[2]兄勃，[3]並隱遯有高名。顒十六遭父憂，幾於毁滅，因此長抱羸患。以父不仕，復脩其業。父善琴書，顒並傳之。凡諸音律，皆能揮手。會稽剡縣多名山，故世居剡下。顒及兄勃並受琴於父，父没，所傳之聲不忍復奏，各造新弄。勃制五部，顒制十五部，顒又制長弄一部，並傳於世。中書令王綏嘗攜客造之，[4]勃等方進豆粥，綏曰："聞卿善琴，試欲一聽。"不答，綏恨而去。

［1］譙郡：郡名。治譙縣，在今安徽亳州市。　銍：縣名。治所在今安徽宿州市西。

［2］逵：大德本同，汲古閣本、殿本、百衲本作"逵"。《宋

書》卷九三《戴顒傳》亦作“逵”。作“逵”是。逵，戴逵。字安道，東晋譙國（今安徽亳州市）人。《晋書》卷九四有傳。

[3]勃：戴勃。《晋書》卷九四有附傳。

[4]王綏：字彦猷，太原晋陽（今山西太原市）人。《晋書》卷七五有附傳。

桐廬縣又多名山，[1]兄弟復共游之，因留居止。勃疾，患醫藥不給。顒謂勃曰："顒隨兄得閑，非有心於語默，兄今疾篤，無可營療，顒當干禄以自濟耳。”乃求海虞令，[2]事垂行而勃卒，乃止。桐廬僻遠，難以養疾，乃出居吴下。[3]吴下士人共爲築室，聚石引水，植林開澗，少時繁密，有若自然。乃述莊周大旨，著《逍遥論》《禮記·中庸》篇。[4]三吴將守及郡内衣冠，[5]要其同游野澤，堪行便去，不爲矯介，衆論以此多之。

[1]桐廬：縣名。治所在今浙江桐廬縣西。

[2]乃求海虞令:《宋書》卷九三《戴顒傳》“乃”下有“告時”二字。

[3]乃：大德本、汲古閣本同，殿本作“及”。《宋書·戴顒傳》亦作“乃”。

[4]著《逍遥論》：按，《宋書·戴顒傳》同。《建康實録》卷一四作“著《逍遥篇論》”。　《禮記·中庸》篇：各本同，中華本據《宋書·戴顒傳》補作“注《禮記·中庸》篇”。

[5]三吴：地區名。六朝時指吴、吴興、會稽三郡。亦泛指長江下游一帶。

宋國初建、元嘉中徵，並不就。衡陽王義季鎮京口，[1]長史張邵與顒姻通，[2]迎來止黄鵠山，[3]山北有竹林精舍，[4]林澗甚美，顒憩于此澗。義季亟從之游，顒服其野服，不改常度。爲義季鼓琴，並新聲變曲；其三調《游弦》《廣陵》《止息》之流，皆與世異。文帝每欲見之，嘗謂黄門侍郎張敷曰：[5]"吾東巡之日，當宴戴公山下也。"[6]以其好音，長給正聲伎一部。[7]顒合《何嘗》《白鵠》二聲以爲一調，號爲清曠。

[1]京口：城名。在今江蘇鎮江市。

[2]張邵：字茂宗，吴郡吴（今江蘇蘇州市）人。本書卷三二、《宋書》卷四六有傳。

[3]黄鵠山：山名。又稱黄鶴山。在今江蘇鎮江市南。

[4]竹林精舍：佛寺名。又稱竹林寺。即今江蘇鎮江市南郊鶴林寺。

[5]張敷：字景胤，張邵子。本書卷三二、《宋書》卷四六有附傳。

[6]戴公山：山名。即黄鵠山。以戴顒隱此，故稱。

[7]正聲伎：指清商三調，包括平調、清調、瑟調，即宫調、商調、角調。《資治通鑑》卷一三八《齊紀四》武帝永明十一年胡三省注："江左以清商爲正聲伎。"

自漢世始有佛像，形制未工，逵特善其事，顒亦參焉。宋世子鑄丈六銅像於瓦官寺，[1]既成，面恨瘦，工人不能改，乃迎顒看之。顒曰："非面瘦，乃臂胛肥耳。"及減臂胛，瘦患即除，無不歎服。十八年卒，[2]無子。景陽山成，[3]顒已亡矣。上歎曰："恨不得使戴顒觀之。"

[1]瓦官寺：佛寺名。又作瓦棺寺、瓦官閣。東晋哀帝興寧中建，在今江蘇南京市西南集慶門附近。

[2]十八年：宋文帝元嘉十八年（441）。　卒：據《宋書》卷九三《戴顒傳》，顒卒時年六十四。

[3]景陽山：假山名。南朝宋文帝元嘉二十三年築於建康宫華林園中，其地在今江蘇南京市雞籠山南、乾河沿北臺城故址内。

翟法賜，尋陽柴桑人也。曾祖湯，[1]祖莊，[2]父矯，[3]並高尚不仕，逃避徵辟。法賜少守家業，立室廬山頂。喪親後，便不復還家，不食五穀，以獸皮及結草爲衣，雖鄉親中表莫得見焉。徵辟一無所就。後家人至石室尋求，因復遠徙，違避徵聘，遁迹幽深，卒於巖石間。

[1]湯：翟湯。字道淵，尋陽（今江西九江市）人。《晋書》卷九四有傳。

[2]莊：翟莊。字祖休。《晋書》卷九四有附傳。

[3]矯：翟矯。事見《晋書·翟湯傳》。

雷次宗字仲倫，豫章南昌人也。[1]少入廬山，事沙門釋慧遠，篤志好學，尤明《三禮》《毛詩》。隱退不受徵辟。

[1]南昌：縣名。治所在今江西南昌市。

宋元嘉十五年，徵至都，開館於鷄籠山，[1]聚徒教授，置生百餘人。會稽朱膺之、潁川庾蔚之並以儒學總監諸生。[2]時國子學未立，[3]上留意藝文，[4]使丹陽尹何尚之立玄學，[5]太子率更令何承天立史學，[6]司徒參軍謝元立文學，[7]凡四學並建。車駕數至次宗館，資給甚厚。久之，還廬山，公卿以下並設祖道。後又徵詣都，爲築室於鍾山西巖下，謂之招隱館，使爲皇太子、諸王講《喪服經》。次宗不入公門，乃使自華林東門入延賢堂就業。[8]二十五年，卒于鍾山。[9]子肅之頗傳其業。[10]

［1］鷄籠山：山名。又名龍山、欽天山，俗稱北極閣。即今江蘇南京市解放門内雞鳴山。位於東晋、南朝建康城西。

［2］朱膺之：會稽（今浙江紹興市）人。宋孝武帝孝建、大明中，歷太常丞、祠部郎中、領軍司馬等。事見《宋書·禮志》。　庾蔚之：潁川（今河南許昌市）人。宋孝武帝時爲太常丞，卒官員外散騎常侍。事見《宋書·禮志》，參《隋書·經籍志一》。　並以儒學總監諸生：《宋書》卷九三《雷次宗傳》“總監”作“監總”。

［3］國子學：學校名。又稱國學。西晋武帝咸寧二年（276）始置，與太學並立。以儒家經典教授生徒，官品第五以上子弟得入國子學。東晋沿置。南北朝時，或置國子學，或置太學，或兩學並置。

［4］上留意藝文：《宋書·雷次宗傳》“藝文”作“藝術”。

［5］何尚之：字彦德，廬江灊（今安徽霍山縣）人。本書卷三〇、《宋書》卷六六有傳。　玄學：《宋書·雷次宗傳》同，本書卷二《宋文帝紀》作“玄素學”。

［6］太子率更令：《宋書·雷次宗傳》同，本書《宋文帝紀》作“著作佐郎”。　何承天：東海郯（今山東郯城縣）人。本書卷三三、《宋書》卷六四有傳。

［7］謝元：陳郡陽夏（今河南太康縣）人。後遷尚書左丞，以擅挪資費錢二百萬被糾，遣歸田里，禁錮終身。事見《宋書·何承

天傳》。

[8]延賢堂：廳堂名。又名聽訟堂。三國吴時建，在建康宫華林園内。梁武帝天監七年（508）改名儀賢堂。

[9]卒於鍾山：據《宋書·雷次宗傳》，次宗卒時年六十三。

[10]頗傳其業：《宋書·雷次宗傳》此句下有“官至豫章郡丞”六字。

郭希林，武昌人也。[1]曾祖翻，[2]晋世高尚不仕。希林少守家業，徵召一無所就，卒。[3]子蒙亦隱居不仕。

[1]武昌人：《宋書》卷九三《郭希林傳》作“武昌武昌人”。武昌，郡名。治武昌縣，在今湖北鄂州市。

[2]翻：郭翻。字長翔。《晋書》卷九四有傳。

[3]卒：據《宋書·郭希林傳》，希林卒於文帝元嘉十年（433），時年四十七。

劉凝之字隱安，小名長生，[1]南郡枝江人也。[2]父期公，衡陽太守。兄盛公，高尚不仕。

[1]劉凝之字隱安，小名長生：《宋書》卷九三《劉凝之傳》及《建康實録》卷一四“隱安”“長生”分别作“志安”“長年”。

[2]枝江：縣名。治所在今湖北枝江市西南。

凝之慕老萊、嚴子陵爲人，[1]推家財與弟及兄子，立屋於野外，非其力不食。州里重其行，辟召一無所就。妻梁州刺史郭銓女也，[2]遣送豐麗，凝之悉散之屬親。[3]妻亦能不慕榮華，與凝之共居儉苦。[4]夫妻共乘蒲箄車,[5]出市買易，周用之外，輒以施人。爲村里所誣，一年三輸公調,[6]求輒與之。又嘗認其所著屐,[7]咲曰："僕著已敗，今家中覓新者備君。"[8]此人後田中得所失屐，送還不肯復取。

[1]老萊：即老萊子。傳爲春秋末楚國人。事見《史記》卷六三《老子韓非列傳》及張守節正義引《列仙傳》。　嚴子陵：嚴光。字子陵，一名遵，會稽餘姚（今浙江餘姚市）人。《後漢書》卷八三有傳。

[2]郭銓：順陽（今河南淅川縣）人。歷官南平太守、益州刺史、梁州刺史等。晋安帝義熙初，以黨附桓玄被殺。事見《晋書》卷七四《桓石民傳》、卷八一《毛璩傳》、卷八四《殷仲堪傳》等。

[3]凝之悉散之屬親：《宋書》卷九三《劉凝之傳》"屬親"作"親屬"。

[4]與凝之共居儉苦：《宋書・劉凝之傳》"居"作"安"。

[5]蒲箄車：一種製作粗陋以蒲草爲遮蔽的車。

[6]公調：賦税名。即户調。東漢末始按户徵收，初爲官府的臨時性徵調。漢獻帝建安九年（204），曹操下令"户出絹二匹，綿二斤"，將其固定化。晋户調式規定，丁男之户，每年輸絹三匹，綿三斤。南朝宋、齊每户每年輸布四匹，梁、陳每户每年輸布、絹各二丈，絲三兩，綿八兩，以及禄絹、禄綿若干。

[7]又嘗認其所著屐：各本同，中華本據《宋書・劉凝之傳》於"又"後補"有人"二字。

[8]今：大德本、汲古閣本、殿本及《宋書》舊本並同，中華本據《通志》改作"令"。　備君：大德本、殿本同，汲古閣本作"償君"。李慈銘《南史札記》："'備'即今'賠'字。"參中華本校勘記。

臨川王義慶、衡陽王義季鎮江陵，[1]並遣使存問。凝之答書曰頓首稱僕，[2]不爲百姓禮，人或譏焉。凝之曰："昔老萊向楚王稱僕，嚴陵亦抗禮光武，未聞巢、許稱臣堯、舜。"[3]時戴顒與衡陽王義季書亦稱僕。荆州年飢，義季慮凝之餒斃，餉錢十萬。凝之大喜，將錢至市門，覩有飢色者悉分與之，俄頃立盡。

[1]臨川王義慶：劉義慶。劉道憐子，劉道規嗣子，襲爵臨川王。本書卷一三、《宋書》卷五一有附傳。

[2]凝之答書曰頓首稱僕：各本同，中華本據《宋書》卷九三《劉凝之傳》删去"曰"字。按，《通志》卷一七八"答書"下亦有"曰"字。

[3]巢、許：指上古隱者巢父和許由。

性好山水，一旦攜妻子泛江湖，隱居衡山之陽，登高嶺，絶人迹，爲小屋居之。採藥服食，妻子皆從其志。卒年五十九。[1]

[1]卒年五十九：據《宋書》卷九三《劉凝之傳》，凝之卒於宋文帝元嘉二十五年（448）。

龔祈字蓋道，[1]武陵漢壽人也。[2]從祖玄之，父黎人，[3]並不應徵辟。祈風姿端雅，容止可觀。中書郎范述見之歎曰：[4]"此荆楚之僊人也。"自少及長，徵辟一無所就。時或賦詩，而言不及世事。卒年四十二。[5]

[1]龔祈字蓋道：按，各本同，中華本據《宋書》卷九三《龔祈傳》改“蓋道”作“孟道”。《册府元龜》卷八二三作“孟道”，《通志》卷一七八作“蓋道”，《太平御覽》卷五〇四引沈約《宋書》作“道孟”。

[2]武陵：郡名。治臨沅縣，在今湖南常德市。　漢壽：縣名。治所在今湖南常德市東北。

[3]父黎人：《宋書·龔祈傳》“人”作“民”，此避唐太宗李世民諱改。

[4]范述：仕宋，官至左軍長史。參《隋書·經籍志四》。

[5]卒年四十二：據《宋書·龔祈傳》，祈卒於文帝元嘉十七年（440）。

朱百年，會稽山陰人也。[1]祖凱之，晋左衛將軍。[2]父濤，揚州主簿。

[1]山陰：縣名。治所在今浙江紹興市。

[2]祖凱之，晋左衛將軍：《宋書》卷九三《朱百年傳》“凱”“左”分别作“愷”“右”。

百年少有高情，親亡服闋，攜妻孔氏入會稽南山，伐樵採若爲業，[1]以樵若置道頭，[2]輒爲行人所取，明旦已復如此，[3]人稍怪之，積久方知是朱隱士所賣，須者隨其所堪多少，留錢取樵若而去。或遇寒雪，樵若不售，無以自資，輒自榜船送妻還孔氏，天晴迎之。有時出山陰爲妻買繒采五三尺，[4]好飲酒，遇醉或失之。頗言玄理，時爲詩詠，往往有高勝之言。隱迹避人，唯與同縣孔顗友善。[5]顗亦嗜酒，相得輒酣對盡歡。

［1］伐檕採若：各本同，中華本作“伐樵採箬”。李慈銘《南史札記》：“慈銘案：‘檕’即‘樵’之俗字；‘若’即‘箬’之本字，‘箬’‘弱’皆後出俗字。”

［2］以檕若置道頭：各本及《宋書》舊本並同，中華本據《太平御覽》卷五〇四引於句首補一“每”字。按，《太平御覽》明言引自《宋書》而非本書，又《通志》卷一七八“以”上亦無“每”字。

［3］明旦已復如此：《宋書》卷九三《朱百年傳》“已”作“亦”。

［4］爲妻買繒采五三尺：按，《宋書·朱百年傳》“五三尺”作“三五尺”。此乃約舉之數，即五尺三尺或三尺五尺。

［5］孔顗：各本同，《宋書·朱百年傳》舊本作“孔凱”，中華本據《宋書》卷八四《孔覬傳》改作“孔覬”，應從改。下同。參《宋書·朱百年傳》中華本校勘記。孔覬，字思遠，會稽山陰（今浙江紹興市）人。本書卷二七有附傳，《宋書》卷八四有傳。

百年室家素貧，母以冬月亡，衣並無絮，自此不衣緜帛。嘗寒時就顗宿，衣悉裌布，飲酒醉眠，顗以卧具覆之，百年不覺也。既覺，引卧具去體，謂顗曰：“緜定奇温。”因流涕悲慟，顗亦爲之傷感。除太子舍人，不就。顔竣爲東陽州，[1]發教餉百年穀五百斛，不受。

［1］顔竣：字士遜，琅邪臨沂（今山東臨沂市）人。本書卷三四有附傳，《宋書》卷七五有傳。　東陽州：州名。即東揚州。南朝宋孝武帝孝建元年（454）分揚州置。治山陰縣，在今浙江紹興市。前廢帝永光元年（465）廢。梁、陳或置或省。隋滅陳，改爲吴州。

時山陰又有寒人姚吟，[1]亦有高趣，爲衣冠所重。竣餉吟米二百斛，吟亦辭之。

[1]姚吟：事親至孝。宋孝武帝孝建初，揚州辟文學從事，不就。事見《宋書》卷九一《許昭先傳》。

百年卒山中。[1]蔡興宗爲會稽太守，[2]餉百年妻米百斛。百年妻遣婢詣郡門奉辭固讓，時人美之，以比梁鴻妻。[3]

[1]百年卒山中：據《宋書》卷九三《朱百年傳》，百年卒於宋孝武帝孝建元年（454），時年八十七。按，《宋書》中華本校勘記引孫虨《宋書考論》："顏峻爲東揚州，在大明元年，百年尚存，蓋即是年卒，史誤作孝建。"

[2]蔡興宗：濟陽考城（今河南民權縣）人，蔡廓子。本書卷二九、《宋書》卷五七有附傳。

[3]梁鴻妻：孟光。扶風平陵（今陝西咸陽市）人。事見《後漢書》卷八三《梁鴻傳》。

關康之字伯愉，河東楊人也。[1]世居京口，[2]寓居南平昌。[3]少而篤學，姿狀豐偉。下邳趙繹以文義見稱，[4]康之與友善。特進顏延之等當時名士十許人，入山候之，見其散髮被黃布帊，席松葉，枕一塊白石而卧，了不相眄。延之等咨嗟而退，不敢干也。[5]晉陵顧悦之難王弼《易》義四十餘條，[6]康之申王難顧，遠有情理。又爲《毛詩》義，經籍疑滯，多所論釋。嘗就沙門支僧納學筭，妙盡其能。徵辟一無所就，棄絶人事，守志閑居。弟雙之爲臧質車騎參軍，[7]與質俱下至赭圻，[8]病卒，瘞於水濱。康之時得病小差，牽以迎喪，因得虛勞病，寢頓二十餘年。時有閒日，輒卧論文義。

[1]河東：郡名。治安邑縣，在今山西夏縣西北。　楊：縣名。治所在今山西洪洞縣東南。

[2]世居京口：《宋書》卷九三《關康之傳》同，《南齊書》卷五四《關康之傳》作“世居丹徒”。

[3]寓居南平昌：各本同，中華本據《宋書·關康之傳》改“居”作“屬”，應從改。南平昌，郡名。東晋明帝時僑置。寄治京口城，在今江蘇鎮江市。南朝齊明帝時省。

[4]趙繹：仕宋，爲陽羨令。參《隋書·經籍志四》。

[5]“特進顔延之等當時名士十許人”至“不敢干也”：《宋書·關康之傳》作“特進顔延之見而知之”。按，此段叙事爲李延壽所增補，《宋書·關康之傳》及《南齊書·關康之傳》均未見記載。

[6]顧悦之：或作顧悦。字君叔，晋陵無錫（今江蘇無錫市）人。《晋書》卷七七有附傳。　王弼：三國魏山陽（今河南焦作市）人。事見《三國志》卷二八《魏書·鍾會傳》及裴松之注。

[7]臧質：字含文，東莞莒（今山東莒縣）人。本書卷一八有附傳，《宋書》卷七四有傳。

[8]赭圻：城名。東晋桓温築，在今安徽蕪湖市繁昌區西北長江南岸。

宋孝武即位，遣大使巡行天下。使反，薦康之宜加徵聘，不見省。康之性清約，獨處一室，希與妻子相見，不通賓客。弟子以業傳受，尤善《左氏春秋》。齊高帝爲領軍時，素好此學，送本與康之，[1]康之手自點定。又造《禮論》十卷，[2]高帝絶賞愛之，及崩，遺詔以入玄宫。康之以宋明帝太始初與平原明僧紹俱徵，[3]辭以疾。[4]時又有河南辛普明、東陽樓惠明皆以篤行聞。[5]

[1]送本與康之：《南齊書》卷五四《關康之傳》"送本"作"送《春秋》《五經》"。

[2]又造《禮論》十卷：《南齊書·關康之傳》作"並得論《禮記》十餘條"。

[3]太始：即泰始。南朝宋明帝劉彧年號（465—471）。按，《宋書》卷九三《關康之傳》"太始初"作"泰始初"，《南齊書·關康之傳》作"太始中"。　明僧紹：字休烈（《南齊書》作"承烈"），平原鬲（今山東平原縣）人。本書卷五〇、《南齊書》卷五四有傳。

[4]辭以疾：《宋書·關康之傳》作"又辭以疾"，其下有"順帝昇明元年，卒，時年六十三"之語；《南齊書·關康之傳》作"不就"，其下有"晚以母老家貧，求爲嶺南小縣"之語。

[5]河南：郡名。治洛陽縣，在今河南洛陽市東北。按，河南辛普明事《南齊書》載於卷五五《吴達之傳》下，李延壽以其"少就康之受業"故移此。　東陽：郡名。治長山縣，在今浙江金華市。

普明字文達，少就康之受業，至性過人。居貧與兄共處一帳，[1]兄亡，仍帳施靈。[2]蚊甚多，通夕不得寢，而終不道侵螫。僑居會稽，會稽士子高其行，[3]當葬兄，皆送金爲贈，後至者不復受。[4]人問其故，答曰："本以兄墓不周，故不逆親友之意。今寔已足，豈可利亡者餘贈邪。"齊豫章王嶷爲揚州，徵爲議曹從事，不就。[5]

[1]居貧與兄共處一帳：按，《南齊書》卷五四《吴達之傳》"居貧"作"自少"，《太平御覽》卷五〇五引《南史》、《通志》卷一七八作"居貧"，《册府元龜》卷八五一作"自少"。

[2]仍帳施靈：按，各本同，中華本作"仍以帳施靈"，《南齊書·吴達之傳》作"以帳施靈座"。《太平御覽》卷五〇五引作"仍帳施靈"，《册府元龜》卷八五一作"以帳施靈座"，《通志》卷一七八作"仍以帳施靈座"。參本書中華本校勘記。

[3]會稽士子高其行：《南齊書·吴達之傳》作"鄰人嘉其義"。

[4]後至者不復受：《南齊書·吴達之傳》云"普明初受，後皆反之"。

[5]徵爲議曹從事，不就：按，《南齊書·吴達之傳》"議曹從事"下無"不就"二字，而有"年五十卒"四字。

惠明字智遠，立性貞固，有道術。居金華山，[1]舊多毒害，自惠明居之，無復辛螫之苦。藏名匿迹，人莫之知。宋明帝召不至，[2]齊高帝徵又不至。[3]文惠太子在東宫，[4]苦延方至，仍又辭歸。俄自金華輕棹西下，及就路，回之豐安。[5]旬日之間，唐寓之祆賊入城塗地，[6]唯豐安獨全，時人以爲有先覺。齊武帝敕爲立館。

[1]金華山：山名。又名長山、常山。在今浙江金華市北，爲道教第三十六洞天。

[2]宋明帝召不至：《南齊書》卷五四《徐伯珍傳》作“宋明帝聞之，敕出住華林園，除奉朝請，固乞不受，求東歸”。

[3]齊高帝徵又不至：按，此事未見《南齊書·徐伯珍傳》記述。

[4]文惠太子在東宫：以下至“時人以爲有先覺”，按，《南齊書·徐伯珍傳》作“永明三年，忽乘輕舟向臨安縣，衆不知所以。尋而唐寓之賊破郡。文惠太子呼出住蔣山，又求歸，見許”，與本書所叙差異頗大。文惠太子，蕭長懋。字雲喬，齊武帝長子。初封南郡王。武帝即位，立爲太子，未繼皇位而早卒。本書卷四四、《南齊書》卷二一有傳。

[5]豐安：縣名。治所在今浙江浦江縣西南。屬東陽郡。

[6]唐寓之：富陽（今浙江杭州市富陽區）人。齊武帝永明中，聚衆起事，兵敗被殺。事見本書卷四七《虞玩之傳》、卷七六《茹法亮傳》。

漁父者，[1]不知姓名，亦不知何許人也。太康孫緬爲尋陽太守，[2]落日逍遥渚際，見一輕舟陵波隱顯。俄而漁父至，神韻蕭灑，垂綸長嘯，緬甚異之。乃問：“有魚賣乎？”漁父笑而答曰：“其釣非釣，寧賣魚者邪？”緬益怪焉。遂褰裳涉水，謂曰：“竊觀先生有道者也，終朝鼓枻，良亦勞止。吾聞黄金白璧，重利也，駟馬高蓋，榮勢也。今方王道文明，守在海外，隱鱗之士，[3]靡然向風。子胡不贊緝熙之美，[4]何晦用其若是也？”[5]漁父曰：“僕山海狂人，不達世務，未辯賤貧，無論榮貴。”[6]乃歌曰：“竹竿籊籊，河水浟浟。[7]相忘爲樂，貪餌吞鉤。非夷非惠，[8]聊以忘憂。”於是攸然鼓棹而去。

[1]漁父者：按，沈約《宋書》未載此漁父事。《太平御覽》卷五〇五引《南史》、卷八三四引《宋書》幾與本傳全同。或疑李延壽采自別家《宋書》。又，《册府元龜》卷八〇九所叙漁父事亦同本傳。

[2]太康孫緬爲尋陽太守：《太平御覽》卷五〇五引《南史》、卷八三四引《宋書》同，《册府元龜》卷八〇九無"太康"二字。

[3]隱鱗：典出曹植《矯志》詩"仁虎匿爪，神龍隱鱗"。比喻賢能之士待時而動。按，《太平御覽》卷八三四引《宋書》、《册府元龜》同，《太平御覽》卷五〇五引《南史》作"隱淪"。

[4]緝熙：典出《詩·大雅·文王》："穆穆文王，於緝熙敬止。"又《詩·周頌·敬之》："日就月將，學有緝熙于光明。"因以指光明，或引申爲光輝。

[5]何晦用其若是也：《册府元龜》卷八〇九同，《太平御覽》卷五〇五引《南史》"晦用其"作"晦其用"。

[6]未辨賤貧，無論榮貴：《太平御覽》卷八三四引《宋書》同，《太平御覽》卷五〇五引《南史》"賤貧""無論"分别作"貴賤""無論"，《册府元龜》卷八〇九分别作"賤貧""何論"。

[7]潄潄：《册府元龜》卷八〇九同，《太平御覽》卷五〇五引《南史》、卷八三四引《宋書》並作"悠悠"。

[8]非夷非惠：謂折中而不偏激。語本揚雄《法言·淵騫》："不夷不惠，可否之間也。"夷指商末伯夷，惠指春秋魯國柳下惠，皆古代廉正之士。

緬字伯緒，[1]太子僕興曾之子也。有學義，宋明帝甚知之。位尚書左丞，東中郎司馬。[2]

[1]伯緒：《通志》卷一七八作"孝緒"。

[2]東中郎司馬：按，《隋書·經籍志四》作"東中郎長史"。

褚伯玉字元璩，吴郡錢唐人也。[1]高祖含，始平太守。父逷，征虜參軍。

[1]吴郡：郡名。治吴縣，在今江蘇蘇州市。　錢唐：縣名。治所在今浙江杭州市。

伯玉少有隱操，寡嗜慾。[1]年十八，父爲之昏。婦入前門，伯玉從後門出。遂往剡，居瀑布山。[2]性耐寒暑，時人比之王仲都。[3]在山三十餘年，隔絶人物。王僧達爲吴郡，[4]苦禮致之，伯玉不得已，停郡信宿，纔交數言而退。寧朔將軍丘珍孫與僧達書曰：[5]"聞褚先生出居貴館，此子滅景雲棲，不事王侯，抗高木食，有年載矣。自非折節好賢，何以致之。昔文舉棲冶城，[6]安道入昌門，[7]於兹而三焉。却粒之士，湌霞之人，乃可暫致，不宜久羈。君當思遂其高步，成其羽化。望其還策之日，暫紆清塵，亦願助爲譬説。"僧達答曰："褚先生從白雲游舊矣。古之逸人，或留慮兒女，或使華陰成市，[8]而此子索然，唯朋松石，介於孤峰絶嶺者，積數十載。近故要其來此，冀慰日夜。比談討芝桂，借訪荔蘿，若已窺煙液，[9]臨滄洲矣。知君欲見之，輒當申譬。"

[1]寡嗜慾：大德本、汲古閣本、殿本作"寡慾"。《南齊書》卷五四《褚伯玉傳》作"寡嗜欲"。

[2]瀑布山：山名。在今浙江嵊州市東。

[3]王仲都：西漢漢中（今陝西安康市）人，傳説中的神仙。

見《水經注·渭水》引桓譚《新論》。

［4］王僧達：琅邪臨沂（今山東臨沂市）人，王弘子。本書卷二一有附傳，《宋書》卷七五有傳。

［5］丘珍孫：吴興（今浙江湖州市）人。初爲建康令，以劫發不擒被糾，免官。宋文帝元嘉末，爲吴興太守府司馬。太子劉劭弑立，隨王劉誕起兵會稽，殺太守周嶠以應之。孝武帝即位，加號寧朔將軍。事見本書卷二九《蔡興宗傳》，《宋書·符瑞志下》、卷八二《周朗傳》及《南齊書》卷三九《陸澄傳》。

［6］文舉：郭文。字文舉，河内軹（今河南濟源市）人。《晋書》卷九四有傳。

［7］安道：戴逵，字安道。　昌門：城門名。又作閶門。即今江蘇蘇州市舊城西北門。

［8］或使華陰成市：謂東漢張楷隱居弘農山中，學者隨之，所居成市，"後華陰山南遂有公超市"。見《後漢書》卷三六《張楷傳》。按，華陰，縣名。治所在今陝西華陰市東南，東漢屬弘農郡。公超，張楷字公超。

［9］煙液：今本《南齊書·褚伯玉傳》及《册府元龜》卷六八七，《太平御覽》卷五〇五引蕭子顯《齊書》作"煙波"。按，或以爲"煙波"勝過"煙液"。

宋孝建二年，[1]散騎常侍樂詢行風俗，[2]表薦伯玉，加徵聘本州議曹從事，不就。齊高帝即位，手詔吴、會二郡以禮迎遣，又辭疾。上不欲違其志，敕於剡白石山立太平館居之。[3]建元元年卒，[4]年八十六。伯玉常居一樓上，仍葬樓所。孔珪從其受道法，[5]爲於館側立碑。

［1］孝建：南朝宋孝武帝劉駿年號（454—456）。

［2］樂詢：宋文帝元嘉中歷尚書郎、都水使者。見《宋書》卷

五三《庾炳之傳》及卷九五《索虜傳》。

［3］白石山：山名。在今浙江嵊州市西南。

［4］建元：南朝齊高帝蕭道成年號（479—482）。

［5］孔珪：《南齊書》卷五四《褚伯玉傳》作“孔稚珪”，此避唐高宗李治諱删“稚”字。孔稚珪，字德璋，會稽山陰（今浙江紹興市）人。本書卷四九、《南齊書》卷四八有傳。

顧歡，字景怡，一字玄平，[1]吴郡鹽官人也。[2]家世寒賤，父祖並爲農夫，[3]歡獨好學。年六七歲，知推六甲。家貧，父使田中驅雀，歡作《黄雀賦》而歸，雀食稻過半。父怒欲撻之，見賦乃止。鄉中有學舍，歡貧無以受業，於舍壁後倚聽，無遺亡者。[4]夕則然松節讀書，或然糠自照。及長，篤志不倦。聞吴興東遷邵玄之能傳《五經》文句，假爲書師，從之受業。[5]同郡顧顗之臨縣，[6]見而異之，遣諸子與游，及孫憲之並受經焉。[7]年二十餘，更從豫章雷次宗諮玄儒諸義。

［1］一字玄平：按，《南齊書》卷五四《顧歡傳》無此四字，《册府元龜》卷六〇六作“或云字玄平”。

［2］吴郡鹽官人也：大德本、汲古閣本、殿本“吴郡”作“吴興”。中華本據《南齊書·顧歡傳》改作“吴郡”。按，底本不誤。錢大昕《廿二史考異》云：“按鹽官縣屬吴郡，不屬吴興郡。陸氏《（經典）釋文》亦云‘吴郡人’。”鹽官，縣名。治所在今浙江海寧市鹽官鎮南杭州灣海中。

［3］家世寒賤，父祖並爲農夫：按，《南齊書·顧歡傳》作“祖赳，晋隆安末，避亂徙居”。

［4］亡：大德本、汲古閣本、殿本作“忘”。二字通。

[5]“聞吴興東遷邵玄之能傳《五經》文句”至“從之受業”：按，此事未見《南齊書·顧歡傳》記述。東遷，縣名。晋平吴分烏程縣置。治所在今浙江湖州市東。隋滅陳廢入烏程縣。

[6]顧顗之：按，大德本、殿本同，汲古閣本作“顧愷之”。《南齊書·顧歡傳》作“顧顗之”。本書卷三五、《宋書》卷八一、《梁書》卷五二《顧憲之傳》俱作“覬之”，當從改。顧覬之，字偉仁，吴郡吴（今江蘇蘇州市）人。本書卷三五、《宋書》卷八一有傳。又，《南齊書》卷四六《顧憲之傳》作“凱之”，亦訛。

[7]憲之：顧憲之。字士思，吴郡吴（今江蘇蘇州市）人。本書卷三五有附傳，《南齊書》卷四六、《梁書》卷五二有傳。　並受經焉：《南齊書·顧歡傳》“焉”作“句”。

母亡，水漿不入口六七日，廬于墓次，遂隱不仕。於剡天台山開館聚徒，[1]受業者常近百人。歡早孤，讀《詩》至“哀哀父母”，[2]輒執書慟泣，[3]由是受學者廢《蓼莪篇》，不復講焉。

[1]天台山：山名。位於今浙江中東部，地處寧波、紹興、金華、温州四市交界地帶。

[2]哀哀父母：見《詩·小雅·蓼莪》。

[3]泣：大德本、殿本同，汲古閣本作“哭”。《南齊書》卷五四《顧歡傳》亦作“泣”。

晚節服食，不與人通。每旦出户，山鳥集其掌取食。好黄、老，通解陰陽書，[1]爲數術多效驗。初以元嘉中出都，[2]寄住東府。[3]忽題柱云：“三十年二月二十一日”，因東歸。後元凶弒逆，[4]是其年月日也。

[1]好黄、老，通解陰陽書：《南齊書》卷五四《顧歡傳》“好”“通”分别作“事”“道”，並以“道”字屬上句，作“事黄老道，解陰陽書”。

[2]初以元嘉中出都：《南齊書·顧歡傳》“初”下無“以”字，“中”作“末”。

[3]東府：城名。即東府城，簡稱東城。在建康城東南，今江蘇南京市通濟門附近秦淮河北。東晋、南朝時爲宰相兼揚州刺史的府第。建康每有事，必置兵鎮守。梁末焚毁，陳遷至其東齊安寺，陳亡廢。

[4]元凶：劉劭。宋文帝長子、太子。本書卷一四、《宋書》卷九九有傳。按，《南齊書·顧歡傳》作“太初”，太初爲劉劭所改年號。

弟子鮑靈綬門前有一株樹，[1]大十餘圍，上有精魅，數見影。歡印樹，樹即枯死。山陰白石林多邪病，[2]村人告訴求哀，歡住村中爲講《老子》，[3]規地作獄。有頃，見狐狸、黿鼉自入獄中者甚多，即命殺之。病者皆愈。又有病邪者問歡，歡曰：“家有何書？“答曰：“唯有《孝經》而已。”[4]歡曰：“可取《仲尼居》置病人枕邊恭敬之，[5]自差也。”而後病者果愈。後人問其故，答曰：“善禳惡，正勝邪，此病者所以差也。”

[1]弟子鮑靈綬門前有一株樹：以下至“此病者所以差也”，《南齊書》卷五四《顧歡傳》無此大段靈異記述，爲李延壽采自他書以增補之。按，《太平御覽》卷七三七引蕭子顯《齊書》云云，幾與此段全同，或疑即采自李延壽書，而誤標爲蕭子顯書。又，同書卷七二三引吴均《齊春秋》，叙顧歡“隱於會稽山陰白石村”

事，與本書略同，或即李延壽所本之一。

[2]林：大德本、汲古閣本、殿本作“村”。《太平御覽》卷七三七亦作“村”。

[3]住：大德本、汲古閣本、殿本作“往”。《太平御覽》卷三七亦作“往”。

[4]《孝經》：書名。儒家經典之一。傳爲孔子作，實則孔門後學所撰。較爲集中地闡述了以“孝”爲中心的儒家倫理思想。現流行本是唐李隆基注、宋邢昺疏。全書共分爲十八章。

[5]《仲尼居》：本《孝經》全書首章首句三字語。此用作《孝經》的代稱。

齊高帝輔政，徵爲揚州主簿。[1]及踐祚乃至，稱“山谷臣顧歡上表”，進《政綱》一卷。[2]時員外郎劉思效表陳讜言，優詔並稱美之。歡東歸，上賜麈尾、素琴。

[1]徵爲揚州主簿：按，《南齊書》卷五四《顧歡傳》“徵”上有“悦歡風教”四字，“簿”下有“遣中使迎歡”五字。

[2]《政綱》：《南齊書·顧歡傳》作“《治綱》”，此避唐高宗李治諱改。

永明元年，詔徵爲太學博士，同郡顧黯爲散騎侍郎。黯字長孺，有隱操，與歡俱不就徵。[1]會稽孔珪嘗登嶺尋歡，[2]共談《四本》。[3]歡曰：“蘭石危而密，宣國安而疏，士季似而非，公深謬而是。[4]總而言之，其失則同；曲而辯之，其塗則異。何者？同昧其本而競談其末，猶未識辰緯而意斷南北。群迷暗争，失得無準，情長則申，意短則屈。所以《四本》並通，莫能相塞。夫中理唯一，豈容有二？《四本》無正，失中故也。”於是著《三名論》以正之。[5]尚書劉澄、臨川王常侍朱廣之，並立論難，與之往復；而廣之才理尤精詣也。廣之字處深，吴郡錢唐人也，善清言。

[1]俱：大德本、汲古閣本、殿本無“俱”字。《南齊書》卷五四《顧歡傳》有“俱”字。

[2]會稽孔珪嘗登嶺尋歡：以下至“失中故也”，此段記述爲《南齊書·顧歡傳》所無。

[3]《四本》：又稱《四本論》。魏晋之際玄學清談的重要命題。“本”指本論，著重探討才能與德行、儒家與道家的相互關係；“四”指有關該命題的“才性同”“才性異”“才性合”“才性離”四種觀點。參《三國志》卷二一《魏書·傅嘏傳》、清侯康《補三國藝文志·道家類》。

[4]“蘭石危而密”至“公深謬而是”：蘭石、宣國、士季、公深，並三國魏人，四本論諸説的代表人物。蘭石，傅嘏。字蘭石，北地泥陽（今陕西銅川市耀州區）人，主“才性同”説。宣國，李豐。字宣國，或云字安國，馮翊（今陕西大荔縣）人，主“才性異”説。士季，鍾會。字士季，潁川長社（今河南長葛市）人，主“才性合”説。公深，王廣。字公淵，此避唐高祖李淵諱改，太原祁（今山西祁縣）人，主“才性離”説。見《世説新語·文學》劉孝標注引《魏志》。

[5]於是著《三名論》以正之：《南齊書·顧歡傳》作“歡口不辯，善於著筆。著《三名論》，甚工，鍾會《四本》之流也”。

初，歡以佛道二家教異，學者互相非毁，乃著《夷夏論》曰：

夫辯是與非，宜據聖典。[1]道經云："老子入關之天竺維衛國，[2]國王夫人名曰净妙，老子因其晝寢，乘日精入净妙口中，後年四月八日夜半時，剖右腋而生。[3]墜地即行七步，於是佛道興焉。"此出《玄妙内篇》。[4]佛經云"釋迦成佛，有塵劫之數"。[5]出《法華》《無量壽》。[6]或"爲國師道士，儒林之宗"。出《瑞應本起》。[7]

[1]夫辯是與非，宜據聖典：《南齊書·顧歡傳》此句下有"尋二教之源，故兩標經句"十字。

[2]入關：按，《南齊書·顧歡傳》同。中華本校勘記："王鳴盛《十七史商榷》六四以爲入關當作出關，下引袁粲駁語亦誤。"天竺維衛國：南亞古國名。通常依梵文音譯作"迦維羅衛""迦維羅越"。即佛祖釋迦牟尼誕生地。故址或以爲在今尼泊爾境内，或以爲在今印度北方邦的比普拉瓦。

[3]剖右腋而生：《南齊書·顧歡傳》"右"作"左"。

[4]《玄妙内篇》：道教經典名。又稱《玄妙内經》。早期天師道經典。

[5]塵劫：佛教稱一世爲一劫，無量無邊劫爲塵劫。後亦泛指塵世劫難。

[6]《法華》《無量壽》：並佛教經典名。《法華》，大乘佛教初期經典之一，傳爲釋迦牟尼佛晚年在王舍城靈鷲山所説之法。通行的漢譯本爲後秦鳩摩羅什譯《妙法蓮華經》八卷，另有西晋竺法護譯《正法華經》和隋闍那崛多、達摩笈多譯《添品妙法蓮華經》。《無量壽》，佛教"净土三經"之一，叙述釋迦牟尼佛在王舍城耆闍崛山所説之法。傳世有多種譯本，各本稍有出入，以三國曹魏康

僧鎧譯《佛説無量壽經》爲主要傳本。

[7]《瑞應本起》：佛教經典。《佛説太子瑞應本起經》之略名。三國吴支謙譯。叙述釋迦牟尼佛從初轉法輪以後的化導事迹。爲重要佛傳文獻。

歡論之曰：五帝、三皇，不聞有佛；[1]國師道士，無過老、莊；儒林之宗，孰出周、孔。若孔、老非聖，[2]誰則當之？然二經所説，如合符契。道則佛也，佛則道也，其聖則符，其迹則反。或和光以明近，或曜靈以示遠。道濟天下，故無方而不入，智周萬物，故無物而不爲。其入不同，其爲必異，各成其性，不易其事。是以端委搢紳，諸華之容；剪髮曠衣，群夷之服。擎跽罄折，[3]侯甸之恭；狐蹲狗踞，荒流之肅。棺殯椁葬，中夏之風；[4]火焚水沉，西戎之俗。全形守禮，繼善之教；毁貌易性，絶惡之學。豈伊同人，爰及異物，鳥王獸長，往往是佛。無窮世界，聖人代興，或昭五典，[5]或布三乘。[6]在鳥而鳥鳴，在獸而獸吼，教華而華言，化夷而夷語耳。雖舟車均於致遠，而有川陸之節，佛道齊乎達化，而有夷夏之别。若謂其致既均，其法可换者，而車可涉川，舟可行陸乎？今以中夏之性，效西戎之法，既不全同，又不全異。下育妻孥，[7]上絶宗祀。[8]嗜欲之物，皆以禮伸，孝敬之典，獨以法屈。悖禮犯順，曾莫之覺，弱喪忘歸，孰識其舊。且理之可貴者道也，事之可賤者俗也，捨華效夷，義將安取？若以道邪？道固符合矣。若以俗邪？俗則大乖矣。屢見刻舷沙門，守株道士，交諍小大，[9]互相彈射。或域道以爲兩，或混俗以爲一，是牽異以爲同，破同以爲異，則乖争之由，淆亂之本也。

[1]不聞有佛：《南齊書》卷五四《顧歡傳》作“莫不有師”。

[2]若孔、老非聖：《南齊書·顧歡傳》“聖”作“佛”。

[3]擎跽罄折：《南齊書·顧歡傳》“罄”作“磬”。

[4]中夏之風：《南齊書·顧歡傳》“風”作“制”。

[5]五典：亦作五常、五倫。語出《尚書·舜典》：“慎徽五典，五典克從。”指父義、母慈、兄友、弟恭、子孝五種倫理道德，以及父子有親、君臣有義、夫婦有别、長幼有序、朋友有信五種人倫關係。

[6]三乘：佛教語。謂三種淺深不同的超度生死到涅槃彼岸的解脱之法。即從他人聽聞佛法而悟道的聲聞乘（小乘），依十二因緣之理而悟道的緣覺乘（中乘、辟支佛乘），以成佛爲目標的佛乘（大乘、菩薩乘）。參《魏書·釋老志》。

[7]下育妻孥：各本同，中華本據《弘明集》卷七改“育”作“棄”。

[8]上絶宗祀：《南齊書·顧歡傳》“絶”作“廢”

[9]交諍：按，《南齊書·顧歡傳》同。《弘明集》卷七作“空争”。

尋聖道雖同，而法有左右，始乎無端，終乎無末，泥洹仙化，各是一術。佛號正真，道稱正一，一歸無死，真會無生。在名則反，在實則合。但無生之教賒，無死之化切，切法可以進謙弱，賒法可以退夸强。佛教文而博，道教質而精，精非麤人所信，博非精人所能。佛言華而引，道言實而抑，[1]抑則明者獨進，引則昧者競前。佛經繁而顯，道經簡而幽，幽則妙門難見，顯則正路易遵。此二法之辯也。

[1]道言實而抑：按，《南齊書》卷五四《顧歡傳》同。《弘明集》卷七"抑"作"析"。下同。

聖匠無心，方圓有體，器既殊用，教亦異施。[1]佛是破惡之方，道是興善之術，興善則自然爲高，破惡則勇猛爲貴。佛迹光大，宜以化物。道迹密微，利用爲己。優劣之分，大略在兹。

[1]教亦異施：按，大德本、汲古閣本、殿本"異"作"易"。《南齊書》卷五四《顧歡傳》作"異"。

夫蹲夷之儀，婁羅之辯，各出彼俗，自相聆解。猶蟲喔鳥聒，[1]何足述效。

[1]猶蟲喔鳥聒：按，大德本、汲古閣本、殿本"喔"作"躍"。《南齊書》卷五四《顧歡傳》作"嚾"。《弘明集》卷七、《册府元龜》卷八三〇並作"喧"。

歡雖同二法，而意黨道教。宋司徒袁粲託爲道人通公駁之。[1]其略曰：

[1]袁粲：字景倩，陳郡陽夏（今河南太康縣）人。本書卷二六有附傳，《宋書》卷八九有傳。

白日停光，恒星隱照，誕降之應，事在老先，似非入關，方昭斯瑞。[1]又西域之記，佛經之説，俗以膝行爲禮，不慕蹲坐爲恭。道以三遶爲虔，不尚踞傲爲肅。豈専戎土，爰亦兹方。襄童謁帝，膝行而進，趙王見周，三環而止。今佛法垂化，或因或革。清信之士，容衣不改，息心之人，服貌必變。變本從道，不遵彼俗，俗風自殊，[2]無患其亂。

[1]方昭：《南齊書》卷五四《顧歡傳》作“方炳”，此避唐高祖李淵父李昞諱改。

[2]俗風自殊：《南齊書·顧歡傳》“俗風”作“教風”。

孔、老、釋迦，其人或同，觀方設教，其道必異。孔、老教俗爲本，[1]釋氏出世爲宗，發軫既殊，其歸亦異。[2]又仙化以變形爲上，泥洹以陶神爲先。變形者白首還緇，而未能無死；陶神者使塵惑日損，湛然常存。泥洹之道，無死之地，乖詭若此，何謂其同？

[1]孔、老教俗爲本：《南齊書》卷五四《顧歡傳》“教俗”作“治世”，此避唐高宗李治、太宗李世民諱改。

[2]其歸亦異：按，《南齊書·顧歡傳》此句下有“符合之唱，自由臆説”八字。

歡答曰：

案道經之作，著自西周，佛經之來，始乎東漢。年踰八百，代懸數十。若謂黄、老雖久而濫在釋前，是吕尚盜陳恒之齊，劉季竊王莽之漢也。又夷俗長跽，[1]法與華異，翹左跂右，全是蹲踞。故周公禁之於前，仲尼誡之於後。又佛起於戎，[2]豈非戎俗素惡邪？道出於華，豈非華風本善邪？今華風既變，惡同戎狄，佛來破之，良有以矣。佛道實貴，故戒業可遵；戎俗實賤，故言貌可棄。今諸華士女，氏族弗革，[3]而露首編踞，[4]濫用夷禮。[5]

[1]又夷俗長跽：按，《南齊書》卷五四《顧歡傳》“又”上有“經云，戎氣强獷，乃復略人頰車邪”十三字。

[2]又佛起於戎：按，《南齊書·顧歡傳》“佛”上有“舟以濟川，車以征陸”八字。

[3]今諸華士女，氏族弗革：《南齊書·顧歡傳》“氏族”作“民族”。此避唐太宗李世民諱改。

[4]編：大德本、汲古閣本、殿本作“偏”。《南齊書·顧歡傳》亦據其南監本、殿本等本及《南史》改爲“偏”。

[5]濫用夷禮：按，《南齊書·顧歡傳》此句下有“云於翦落之徒，全是胡人，國有舊風，法不可變”十八字。

又若觀風流教，其道必異。佛非東華之道，道非西夷之法，[1]魚鳥異川，[2]永不相關。安得老、釋二教，交行八表。今佛既東流，道亦西邁，故知俗有精麄，教有文質。然則道教執本以領末，佛教救末以存本。請問所歸，異在何許？[3]若以翦落爲異，則胥靡翦落矣；若以立像爲異，則俗巫立像矣。此非所歸，歸在常住，常住之象，常道孰異。

[1]道非西夷之法：《南齊書》卷五四《顧歡傳》“西夷”作“西戎”。

[2]魚鳥異川：《南齊書·顧歡傳》“川”作“淵”，此避唐高祖李淵諱改。

[3]請問所歸，異在何許：《南齊書·顧歡傳》作“請問所異，歸在何許”。

神仙有死，權便之説。神仙是大化之總稱，非窮妙之至名。至名無名，其有者二十七品。[1]仙變成真，真變成神，或謂之聖，各有九品。品極則入空寂，無爲無名。若服食茹芝，延壽萬億，壽盡則死，藥極則枯，此脩考之士，非神仙之流也。

[1]其有者二十七品：各本同，《南齊書》卷五四《顧歡傳》“有者”作“有名者”，中華本據《南齊書》補“名”字。按，《册府元龜》卷八三〇亦有“名”字。應據補。

明僧紹《正二教論》，[1]以爲“佛明其宗，老全其生。[2]守生者蔽，明宗者通。今道家稱長生不死，名補天曹，大乖老、莊立言本理”。文惠太子、竟陵王子良並好釋法，[3]吴興孟景翼爲道士，[4]太子召入玄圃，[5]衆僧大會。子良使景翼禮佛，景翼不肯。子良送《十地經》與之,[6]景翼造《正一論》,大畧曰:"《寶積》云,[7]'佛以一音廣説法'。老子云,'聖人抱一以爲天下式'。一之爲妙,空玄絶於有境,神化贍於無窮。[8]爲萬物而無爲,處一數而無數。莫之能名,强號爲一。在佛曰'實相',在道曰'玄牝'。[9]道之大象,即佛之法身。以不守之守守法身,以不執之執執大象。但物有八萬四千行,説有八萬四千法。法乃至於無數,行亦達於無央,[10]等級隨緣,須導歸一。歸一曰回向,向正即無邪。邪觀既遣,億善日新。三五四六,隨用而施,獨立不改,絶學無憂。曠劫諸聖,共遵斯一。老、釋未始於嘗分,迷者分之而未合。億善徧脩,脩徧成聖,雖十號千稱,終不能盡。終不能盡,豈可思議。"司徒從事中郎張融作《門律》云:[11]"道之與佛,逗極無二。[12]吾見道士與道人戰儒墨,[13]道人與道士辨是非。昔有鴻飛天首,[14]積遠難亮,越人以爲鳧,楚人以爲乙。人自楚、越,鴻常一耳。"[15]以示太子僕周顒。[16]顒難之曰:[17]"虚無法性,其寂雖同,位寂之方,[18]其旨則别。論所謂'逗極無二'者,爲逗極於虚無,當無二於法性邪。足下所宗之本一物爲鴻乙耳,[19]驅馳佛道,無免二末,[20]未知高鑒,緣何識本?輕而示之,[21]其有旨乎。"往復文多不載。

[1]明僧紹《正二教論》:按,僧紹文載於《弘明集》卷六。

[2]佛明其宗,老全其生:《南齊書》卷五四《顧歡傳》及《册府元龜》卷八三〇並同,《弘明集》卷六"佛"作"神"。

[3]竟陵王子良:蕭子良。字雲英,齊武帝第二子。高帝建元

四年（482），武帝即位後，封爲竟陵王。本書卷四四、《南齊書》卷四〇有傳。

［4］孟景翼：字輔明，或曰字道輔，吴興（今浙江湖州市）人，一説平昌安丘（今山東安丘市）人。南朝道士。歷宋、齊，梁武帝天監二年（503）置大小道正，以爲大道正，“屢爲國講説”。見《太平御覽》卷六六六、卷六七五引《道學傳》。

［5］玄圃：苑囿名。南朝齊文惠太子蕭長懋建於建康臺城北，在今江蘇南京市雞籠山南。按，《南齊書·顧歡傳》及《册府元龜》卷八三〇作“玄圃園”。

［6］《十地經》：佛經名。又稱《佛説十地經》《十住經》等。主要宣講菩薩修行的十個位階（即十地），爲大乘佛教經典之一。

［7］《寶積》：佛經名。全稱《大寶積經》。佛教重要經典，與《般若》《大集》《華嚴》《涅盤》合稱大乘五大部。按，《大寶積經》至唐代菩提流志“新譯”二十六會、三十九卷始成合編本，此處指魏晋以來“舊譯”諸小本《寶積》的異譯本。

［8］瞻：大德本、汲古閣本、殿本作“贍”。《南齊書·顧歡傳》亦作“贍”。

［9］牡：大德本、汲古閣本、殿本作“牝”。《南齊書·顧歡傳》亦作“牝”。

［10］行亦達於無央：按，《南齊書·顧歡傳》“達”作“逮”。《册府元龜》卷八三〇亦作“達”。

［11］張融：字思光，吴郡吴（今江蘇蘇州市）人。釋道兼修，神解過人。本書卷三二有附傳，《南齊書》卷四一有傳。　《門律》：按，融文載《弘明集》卷六，題作“《門論》”。

［12］遥極無二：各本同，中華本據《南齊書·顧歡傳》改“遥”作“逗”。按，“逗”謂物相投合，故得“無二”；“遥”則遠也。依下文載周顒難曰“論所謂逗極無二者，爲逗極於虚無”，可知“遥”爲“逗”之訛字，又，《弘明集》卷六、《册府元龜》卷八三〇俱作“逗極”。應改作“逗”。

［13］道人：僧侣、沙門。六朝時稱僧侣爲道人，以與道士相區別。參《南齊書》中華本校勘記。

［14］昔有鴻飛天首：按，《南齊書·顧歡傳》及《册府元龜》卷八三〇並同。《弘明集》卷六“首”作“道”。

［15］人自楚、越，鴻常一耳：按，《南齊書·顧歡傳》及《册府元龜》卷八三〇並同。《弘明集》卷六作“人自楚、越耳，鴻常一鴻乎”。

［16］周顒：字彦倫，汝南安成（今河南汝南縣）人。通音律，長於佛理，兼善《老子》《周易》。本書卷三四有附傳，《南齊書》卷四一有傳。

［17］顒難之曰：按，周顒文載《弘明集》卷六，題作“《難張長史門論》”。

［18］位寂之方：按，《南齊書·顧歡傳》及《册府元龜》卷八三〇並同。《弘明集》卷六“位”作“住”。

［19］一物爲鴻乙耳：按，《南齊書·顧歡傳》及《册府元龜》卷八三〇並同。“乙”字費解，《弘明集》卷六無此字。

［20］無免二末：按，《南齊書·顧歡傳》及《册府元龜》卷八三〇並同。《弘明集》卷六“末”作“乖”。

［21］示：按，大德本、汲古閣本、殿本作“宗”。《南齊書·顧歡傳》亦作“宗”。

歡口不辯，善於著論。[1]又注王弼《易》二《繫》，學者傳之。知將終，賦詩言志曰：“五塗無恒宅，三清有常舍。精氣因天行，游魂隨物化。鵬鵾適大海，蜩鳩之桑柘。達生任去留，善死均日夜。委命安所乘，何方不可駕。翹心企前覺，融然從此謝。”自剋死日，自擇葬時，[2]卒於剡山，[3]時年六十四。身體香軟，[4]道家謂之屍解仙化焉。[5]還葬舊墓，木連理生墓側。縣令江山圖表狀，[6]武帝詔歡諸子撰歡文議三十卷。

［1］善於著論：按，《南齊書》卷五四《顧歡傳》、《册府元龜》卷八三〇“論”作“筆”。《通志》卷一七八作“長於著論”。

［2］自擇葬時：按，《南齊書·顧歡傳》無此四字，《通志》卷一七八則有之。

［3］剡山：山名。即今浙江嵊州市西北城隍山南支。

［4］身體香軟：按，《南齊書·顧歡傳》“香”作“柔”。《通志》卷一七八亦作“香”。

［5］道家謂之屍解仙化焉：按，《南齊書·顧歡傳》無此九字，《通志》卷一七八則有之。

［6］江山圖：南朝人。仕宋，位員外散騎侍郎。入齊，官至永嘉太守。事見《魏書》卷九七《島夷劉裕傳》、《隋書·經籍志四》。

又始興人盧度字孝章，[1]亦有道術。少隨張永北侵魏。[2]永敗，魏人追急，阻淮水不得過。[3]度心誓曰：“若得免死，從今不復殺生。”須臾見兩楯流來，接之得過。然後隱居廬陵西昌三顧山，[4]鳥獸隨之。夜有鹿觸其壁，度曰：“汝壞我壁。”[5]鹿應聲去。屋前有池養魚，皆名呼之，次第來取食乃去。逆知死年月，與親友別。永明末，以壽終。

［1］始興：郡名。治曲江縣，在今廣東韶關市東南。　字孝章：按，《南齊書》卷五四《盧度傳》無此三字。

［2］張永：字景雲，吴郡吴（今江蘇蘇州市）人。本書卷三一、《宋書》卷五三有附傳。

[3]淮水：水名。即今淮河。

[4]然後隱居廬陵西昌三顧山：各本同，中華本據《南齊書·盧度傳》删“然”字。按，《通志》卷一七八亦無此“然”字。廬陵，郡名。治石陽縣，在今江西吉水縣東北。西昌，縣名。治所在今江西泰和縣西。三顧山，山名。在今江西泰和縣南。

[5]汝壞我壁：按，各本及《南齊書·盧度傳》並同。中華本據《太平御覽》卷九〇六引蕭子顯《齊書》及《通志》卷一七八於“汝”下補“勿”字。

杜京産字景齊，吴郡錢唐人也。祖運，劉毅衛軍參軍。父道鞠，州從事，善彈棋。

京産少恬静，閉意榮宦，[1]頗涉文義，專脩黄、老。會稽孔顗，[2]清剛有峻節，一見而爲款交。郡命主簿，[3]州辟從事，稱疾去。與同郡顧歡同契。始寧東山開舍授學。[4]齊建元中，武陵王曄爲會稽，[5]齊高帝遣儒士劉瓛入東爲曄講，[6]瓛故往與之游，曰：“杜生，當今之臺、尚也。”[7]京産請瓛至山舍講書，傾資供待。子栖躬自屣履，爲瓛生徒下食。孔珪、周顒、謝瀹並致書以通殷勤。[8]

[1]閉：大德本、汲古閣本同，殿本作“閑”。《南齊書》卷五四《杜京産傳》作“閉”。

[2]孔顗：各本及《通志》卷一七八作“孔顗”，中華本據《南齊書·杜京産傳》改作“孔覬”。

[3]郡命主簿：按，各本及《通志》卷一七八同，《南齊書·杜京産傳》“命”作“召”。當以“召”字爲是。

[4]始寧東山開舍授學：各本及《南齊書·杜京産傳》同，中

華本據《通志》卷一七八於“始”前補“於”字。始寧，縣名。治所在今浙江紹興市上虞區南曹娥江東岸。東山，山名。在今浙江紹興市上虞區西南。

［5］武陵王曄：蕭曄。字宣照，齊高帝第五子。本書卷四三、《南齊書》卷三五有傳。

［6］劉瓛：字子珪，小名阿稱，沛國相（今安徽濉溪縣）人。博通《五經》，儒學冠於當時，聚徒講學，受業者衆多。本書卷五〇、《南齊書》卷三九有傳。

［7］“瓛故往與之游”至“尚也”：按，《南齊書·杜京産傳》無此十五字。臺、尚，東漢二隱士合稱。臺指臺佟，尚指尚長，亦作“向長”。《後漢書》卷八三並有傳。參皇甫謐《高士傳》。

［8］謝瀹：大德本、汲古閣本同，殿本作“謝瀹”。應作“謝瀹”。謝瀹，字義潔，陳郡陽夏（今河南太康縣）人。本書卷二〇有附傳，《南齊書》卷四三有傳。

永明十年，珪及光禄大夫陸澄、祠部尚書虞宗、太子右率沈約、司徒右長史張融表薦京産，[1]徵爲奉朝請，不至。於會稽日門山聚徒教授。[2]建武初，徵員外散騎侍郎。京産曰：“莊生持釣，豈爲白璧所回。”[3]辭疾不就，卒。[4]

［1］陸澄：字彦淵（本書避唐高祖李淵諱作“彦深”），吴郡吴（今江蘇蘇州市）人。本書卷四八、《南齊書》卷三九有傳。　虞宗：大德本、汲古閣本、殿本作“虞悰”。應作“虞悰”。虞悰，字景豫，會稽餘姚（今浙江餘姚市）人。本書卷四七、《南齊書》卷三七有傳。　沈約：字休文，吴興武康（今浙江德清縣）人。本書卷五七、《梁書》卷一三有傳。

［2］日門山：山名。即今浙江餘姚市南太平山。

[3]莊生持釣，豈爲白璧所回：此借典《莊子·秋水》“莊子釣於濮水”，用以婉拒徵辟。

[4]辭疾不就，卒：據《南齊書》卷五四《杜京産傳》，卒於齊東昏侯永元元年（499），時年六十四。

會稽山陰人孔道徽，[1]守志業不仕，與京産友善。道徽父祐，[2]至行通神，隱於四明山，[3]嘗見山谷中有數百斛錢，視之如瓦石不異。采樵者競取，入手即成沙礫。曾有鹿中箭來投祐，祐爲之養創，愈然後去。太守王僧虔與張緒書曰：[4]“孔祐，敬康曾孫也。[5]行動幽祇，德標松桂，引爲主簿，遂不可屈。此古之遺德也。”道徽少厲高行，能世其家風。隱居南山，終身不窺都邑。豫章王嶷爲揚州，辟西曹書佐，不至。鄉里宗慕之。道徽兄子總，有操行，遇飢寒不可得衣食，縣令吴興丘仲孚薦之，[6]除竟陵王侍郎，竟不至。

[1]會稽山陰人孔道徽：按，《南齊書》卷五四《杜京産傳》無“山陰人”三字，“孔道徽”作“孔道徵”。

[2]道徽父祐：以下至“竟不至”，《南齊書·杜京産傳》無此段帶叙道徽及其父祐、兄子總諸人事迹。

[3]四明山：山名。在今浙江嵊州市東北。

[4]王僧虔：琅邪臨沂（今山東臨沂市）人。本書卷二二有附傳，《南齊書》卷三三有傳。　張緒：字思曼，吴郡吴（今江蘇蘇州市）人。本書卷三一有附傳，《南齊書》卷三三有傳。

[5]敬康：孔愉。字敬康，會稽山陰（今浙江紹興市）人。《晋書》卷七八有傳。

[6]丘仲孚：字公信，吴興烏程（今浙江湖州市）人。本書卷

七二有附傳，《梁書》卷五三有傳。

永明中，會稽鍾山有人姓蔡，[1]不知名，隱山中，養鼠數千頭，[2]呼來即來，遣去即去。言語狂易，時謂之謫仙，不知所終。

[1]鍾山：地名。在今浙江桐廬縣中南部。

[2]隱山中，養鼠數千頭：按，《南齊書》卷五四《杜京産傳》“山”上無“隱”字，“數千”作“數十”。

京産高祖子恭以來及子栖世傳五斗米道不替。[1]栖字孟山，[2]善清言，能彈琴。[3]刺史齊豫章王嶷聞其名，辟議曹從事，[4]仍轉西曹書佐。[5]竟陵王子良數致禮接。國子祭酒何胤掌禮，[6]又重栖，以爲學士，[7]掌昏冠儀。[8]以父老歸養。[9]栖肥白長壯，及京産病，旬日間便皮骨自支。京産亡，水漿不入口七日，晨夜不罷哭，不食鹽菜。每營買祭奠，身自看視，號泣不自持。朔望節歲，絶而復續，嘔血數升。時何胤、謝朏並隱東山，[10]遺書敦譬，誡以毁滅。至祥禫，[11]暮夢見其父，慟哭而絶。初，胤兄點見栖歎曰：[12]“卿風韻如此，雖獲嘉譽，不永年矣。”卒時年三十六，當時咸嗟惜焉。

[1]子恭：杜子恭。東晋吴郡錢唐（今浙江杭州市）人。“通靈有道術，東土豪家及京邑貴望，並事之爲弟子”。見《宋書》卷一〇〇《自序》。　五斗米道：早期民間道教。東漢張陵所創。以初時入道者須交五斗米，故稱。

[2]栖：杜栖。《南齊書》卷五五有傳。

[3]能彈琴:《南齊書・杜栖傳》此句下有“飲酒，名儒貴遊多敬待之”及周顒與杜京産書諸事。

[4]議曹從事：官名。又稱議曹從事史。南朝州府皆置，掌謀議。員數無定制，地位隨州之大小。

[5]西曹書佐：官名。又稱州西曹書佐。南朝及北魏、北齊、隋俱置。掌諸吏及選舉事，位在别駕、治中下，與主簿相亞而略低，但在諸從事上。

[6]何胤：字子季，廬江灊（今安徽霍山縣）人。本書卷三〇有附傳，《南齊書》卷五四、《梁書》卷五一有傳。

[7]學士：官名。魏晋南北朝皆置。爲文學侍從，掌典禮、編纂、撰述等事。

[8]昏冠儀：婚禮和冠禮的儀注。

[9]以父老歸養：按,《南齊書・杜栖傳》此句下有“怡情壟畝”四字。

[10]謝朏：字敬冲，陳郡陽夏（今河南太康縣）人。本書卷二〇有附傳，《梁書》卷一五有傳。　東山：山名。在今浙江杭州市臨安區西南。

[11]祥禫：喪祭名。除去孝服時舉行的祭祀。《禮記・雜記下》:“期之喪，十一月而練，十三月而祥，十五月而禫。”又，本書卷二四《王准之傳》:“晋初用王肅議，祥禫共月，故二十五月而除。遂以爲制。”

[12]胤兄點：何點。字子晳，廬江灊（今安徽霍山縣）人。本書卷三〇、《南齊書》卷五四有附傳，《梁書》卷五一有傳。　栖：大德本、殿本同，汲古閣本作“而”。《南齊書・杜栖傳》亦作“栖”。

建武二年，剡縣有小兒年八歲，與母俱得赤班病，母死，家人以小兒猶惡，不令其知。小兒疑之，問云："母嘗數問我病，昨來覺聲羸，今不復問，何也？"因自投下牀，扶匐至母尸側，頓絶而死。鄉鄰告之縣令宗善才，求表廬，事竟不行。